大河向东

他们为什么凝聚在毛泽东旗帜下

THE GREAT RIVER FLOWS EAST:
Why They Gathered Under The Banner Of Mao Zedong

陈冠任 著

U0792815

中共党史出版社

图书在版编目（CIP）数据

大河向东：他们为什么凝聚在毛泽东旗帜下 / 陈冠任著.
— 北京：中共党史出版社，2020.7（2024.4 重印）
ISBN 978-7-5098-5271-2

Ⅰ.①大… Ⅱ.①陈… Ⅲ.①中国人民解放军—将军
— 列传 Ⅳ.① K825.2

中国版本图书馆 CIP 数据核字（2019）第 122429 号

书　　名：大河向东——他们为什么凝聚在毛泽东旗帜下
作　　者：陈冠任

出版发行：中共党史出版社
责任编辑：安胡刚
社　　址：北京市海淀区芙蓉里南街 6 号院 1 号楼　邮编：100080
网　　址：www.dscbs.com
经　　销：新华书店
印　　刷：香河县闻泰印刷包装有限公司
开　　本：787mm×1092mm　1/16
字　　数：364 千字
印　　张：26.5
版　　次：2020 年 7 月第 1 版
印　　次：2024 年 4 月第 4 次印刷
书　　号：ISBN　978-7-5098-5271-2
定　　价：81.00 元

此书如有印装质量问题，请联系中共党史出版社读者服务部　电话：010-83072535
版权所有·侵权必究

内 容 简 介

周恩来说：有了毛泽东同志的领导和指示……许多重要关键上，保证了我们党丝毫没有迷失了方向，没有走错了道路。

邓小平说：毛泽东思想培育了我们整整一代人。

宋庆龄说：他思想敏锐，识见远大，令人钦佩。

叶剑英说：毛主席是很伟大的。不论过去和现在，我们都仰仗毛主席！

中国的历史证明：跟着毛泽东走，就是胜利。

毛泽东是中国人民的救星，也是一代共产党人敬仰和追随的领袖。毛泽东为什么能让这些杰出的人至死追随？或者说，他们为什么坚定地凝聚在毛泽东的旗帜下？这一直是一个红色历史谜团。

本书选择周恩来、邓小平、宋庆龄、叶剑英等党和国家领导人与毛泽东交往的历史进行叙述，以史料和当事人口述的方式，真实揭开毛泽东与他们鲜为人知的个人关系。

这是一本通俗性的党史和国史读物，希望读者读后会有所裨益。

本书与《大河向东：他们为什么追随毛泽东》为姊妹篇。

目 录

第一章 周恩来:“毛泽东同志的方向,就是中国共产党的方向”

第二章　邓小平："毛泽东思想培育了我们整整一代人"

第三章　宋庆龄："他的思想敏锐，识见远大，令人钦佩"

★第一章★

周恩来：

“毛泽东同志的方向，就是中国共产党的方向”

1."毛、周身上有许多共同的东西"

熟悉中国领导人的美国记者海伦·福斯特·斯诺说:"在中国漫长革命的三巨头政治中,如果毛泽东是头脑,朱德是心脏,那么周恩来就是执行之手。"①

有意思的是,周恩来与朱德见面比较早,但是与毛泽东见面比党内其他人要晚得多。

然而,他们在彼此见面前,做过不少相似的革命工作,比如组织学生团体,比如办宣传刊物,比如参加学潮,等等;不少人与两人有过交集,比如蔡和森、徐特立、蔡畅、李富春、李立三、黄爱等很多人在他们见面前就与毛泽东和周恩来认识。

毛泽东和周恩来各自不同的家庭出身和经历,决定他们早期走出了各自不同的人生轨迹,并且没有见面的机会。

对于周恩来的家庭,埃德加·斯诺说:

---

①[美]海伦·福斯特·斯诺:《三巨头执行之手》,方钜成、姜桂侬主编:《西方人看周恩来》,中国和平出版社 1989 年版,第 143 页。

周恩来是一个大官僚家庭的儿子,祖父曾任清朝大官,父亲是一个杰出的教书先生,母亲不同凡俗(是个博览群书的妇女,甚至真的喜爱现代文学!),他本人似乎注定要做个读书人的,因为他从很小的时候起就表现出有突出的文学天赋。[①]

实质上,周恩来祖父周起魁也不是什么“清朝大官”,出身也不是一个“大官僚家庭”。周家本在浙江省绍兴县,周起魁到江苏淮安当师爷时,全家搬到淮安定居。周起魁一生并不是那么显赫。

师爷不算是官职,是由主官聘请的幕僚,……他们在幕后替县官出主意,县官一般要仰仗他们。……周起魁因为当师爷来到淮安,后来,……做过海州直隶州知州。[②]

周恩来的父亲周劭纲

因此,周恩来在淮安度过了童年。

①埃德加·斯诺:《西行漫记》,董乐山译,生活·读书·新知三联书社 1979 年版,第 44 页。

②金冲及主编:《周恩来传》(一),人民出版社、中央文献出版社 2008 年版,第 2 页。

1910年，周恩来随伯父去东北读书，先在铁岭的银岗书院读了半年，再去沈阳求学，1913年考入天津南开学校，就此开始了革命生涯。

毛泽东比周恩来大五岁，出生于湖南湘潭县一个富裕农民家庭。毛泽东向埃德加·斯诺介绍过自己的家庭：

> 我父亲原是一个贫农，年轻的时候，因为负债过多而只好去当兵。他当了好多年的兵。后来，他回到我出生的村子，做小生意和别的营生，克勤克俭，攒积下一点钱，买回了他的地。
>
> 这时我家有15亩田地，成了中农，靠此每年可以收60担谷。一家五口一年共吃35担——即每人七担左右——这样每年还有25担剩余。我的父亲利用这些剩余，又积蓄了一点资本，后来又买了七亩地，这样我家就有"富"农的地位了。①

毛泽东的父亲毛顺生

毛泽东和周恩来的家庭完全不一样，求学经历也比周恩来复杂得多。

毛泽东和周恩来在读书时成绩都很优异。但是，毛泽东小学毕业后，就被父亲留在

①埃德加·斯诺：《西行漫记》，董乐山译，生活·读书·新知三联书社1979年版，第105—106页。

家里务农,后父亲要送他到米店当学徒,毛泽东和父亲抗争,才又获得读书机会,挑着米担子来到了东山学堂。1911 年春,他考入长沙一所中学。谁知 10 月辛亥革命爆发,他投笔从戎,辍学加入了革命军。但他当了半年兵就结束了军旅生涯,再在湖南省立图书馆自修。1913 年春,他考入湖南省立第四师范学校预科。

次年秋,毛泽东所在的班级并入湖南省立第一师范学校。

在这里,正如毛泽东所说:“逐渐地团结了一批学生在我的周围,形成了一个核心”。① 这批学生包括萧子升、蔡和森、罗章龙、向警予、李立三等人。

与此同时,1914 年,周恩来在南开学校和三位同学发起成立了敬业乐群会,并创办了会刊《敬业》。但是,开始他很谦虚,没有担任会长。

> 周恩来对“敬业乐群会”的发起和工作开展尽了极大的努力,但他却积极推举张瑞峰担任会长,自己担任智育部长。后来才先后担任副会长、会长。②

1917 年夏,周恩来从南开学校毕业,友人借给他一笔路费,帮助他东渡日本,准备复习参加日本大学入学考试。

10 月 7 日,俄国十月革命爆发,毛泽东和周恩来都被这场轰动世界的大事件吸引,开始接触马克思主义。

这时毛泽东的社会活动日益扩大。

> 1917 年 10 月学友会改选时,他(毛泽东——引者注)担任总

①埃德加·斯诺:《西行漫记》,董乐山译,生活·读书·新知三联书社 1979 年版,第 123 页。

②金冲及主编:《周恩来传》(一),人民出版社、中央文献出版社 2008 年版,第 18 页。

> 务，还兼教育研究部部长，从前这两个职务都是由教员担任的。学友会会长由学监方维夏代理，毛泽东实际上主持工作。学友会开展了许多课余活动，如成绩展览会、讲演会、辩论会、运动会等。①

1918 年 4 月，在教师杨昌济的引导下，毛泽东与萧子升、蔡和森等人组建了一个政治性团体——新民学会。8 月，毛泽东和蔡和森等人开始组织新民学会会员赴法勤工俭学。

此时，在日本的周恩来开始阅读陈独秀主办的《新青年》。

> 《新青年》对他（周恩来——引者注）产生了巨大的影响。他在过几天的日记中写道："晨起读《新青年》，晚归复读之。于其中所持排孔、独身、文学革命诸主义极端的赞成。"②

《新青年》是对周恩来启蒙和引路作用的刊物。不过，毛泽东对《新青年》的阅读比周恩来要早，在 1916 年前后。毛泽东后来回忆《新青年》对自己的影响说："我在师范学校学习的时候，就开始读这个杂志了。我非常钦佩胡适和陈独秀的文章。……一时成了我楷模。"③ 这份杂志对毛泽东和周恩来都起了非常重要的作用。如果说他们在早年有交集的话，《新青年》就是他们共同阅读过且对其后来接受马克思主义思想起了启蒙作用的一本刊物。

他们的第二个交集，是中共创始人之一李大钊。

1918 年夏，毛泽东等人在湖南第一师范毕业后，来到了北京，准备赴

---

①金冲及主编：《毛泽东传》（一），人民出版社、中央文献出版社 2008 年版，第35 页。

②金冲及主编：《周恩来传》（一），人民出版社、中央文献出版社 2008 年版，第 30 页。

③埃德加·斯诺：《西行漫记》，董乐山译，生活·读书·新知三联书社 1979 年版，第 125 页。

法勤工俭学。在杨昌济的介绍下,毛泽东认识了北京大学图书馆主任李大钊,并在他的帮助下在图书馆当了一名助理员。在这里,毛泽东还认识了陈独秀、蔡元培等著名人物。毛泽东在李大钊等人的影响下,开始具体了解马克思主义。

周恩来(前左一)在南开学校时与人合影

1919年春,湖南青年赴法勤工俭学工作已经就绪。但毛泽东决定留在国内,研究中国问题。他在上海送蔡和森、萧子升等人踏上赴法勤工俭学之路后于4月6日回到了长沙。

这时周恩来了解了日本社会情况后感到失望,并得知母校南开学校决定创办大学部,也于4月上旬从东京回到了天津。

5月4日,著名的五四运动爆发。天津、长沙的学生群起响应。周恩来和毛泽东分别参加五四运动。

5月14日,天津学生成立了学生联合会。周恩来在南开学校开始投身运动。

> 为着把运动坚持下去并引向深入,6月下旬,学联决定创办《天津学生联合会报》。周恩来……在南开学校曾先后主办《敬业》和《校风》,他的才能为许多人所熟知。所以,谌志笃、马骏(学联正、副会长——引者注)去看他,邀请他出来主办这份报纸。周恩来答应得很爽快。……随后,他也搬进南开学校和学生运动中许多骨干分子一起居住,还劝说已在南京金陵大学读书、回天津度假的南开学校老

同学潘世纶(述庵)留下来,帮他一起办报。[1]

在周恩来的努力下,7月21日,第一期《天津学生联合会报》印刷面世。由此,周恩来成为天津学生界主要领导人之一。

毛泽东是湖南学生运动的直接领导者。5月中旬,北京大学学生邓中夏回长沙联络湖南学生。毛泽东和他在北京大学时就熟悉,两人商量改组湖南学生联合会。5月25日,长沙20余名各校学生代表开会,宣布成立新的湖南学生联合会,毛泽东负责宣传。于是,长沙20多所学校统一罢课,声援北京的爱国运动。

与此同时,湖南学生联合会推举毛泽东出面创办机关刊物,经过讨论起名《湘江评论》。这比周恩来《天津学生联合会报》早一个星期。7月14日,毛泽东任主编的《湘江评论》周刊创刊。

《湘江评论》影响很大。

> 这个杂志只存在一个多月,在湖南却发生了很大影响……不少进步青年,如任弼时、郭亮、萧劲光,就是在《湘江评论》的直接影响下开始觉悟的。这个杂志,在省外也引人注目。北京、上海、成都的一些报刊,都转载过它的文章。[2]

周恩来是否知道《湘江评论》不得而知。《天津学生联合会报》中间被军阀勒令停刊,但复刊后又出了一百几十号,一度每日发行两万份,在北京、上海、南京也可以买到。长沙的毛泽东是否知道这份杂志,也不得而知。

在五四运动的浪潮中,9月16日,周恩来、马骏、郭隆真、刘清扬、邓颖

---

①金冲及主编:《周恩来传》(一),人民出版社、中央文献出版社2008年版,第44页。

②逄先知、金冲及主编,中共中央文献研究室编:《毛泽东传(1893—1949)》(一),中央文献出版社2011年版,第53页。

超等20余名天津青年领袖建立了一个组织——觉悟社。

这是一个类似新民学会的青年团体。

觉悟社一成立，第一个活动是请李大钊在9月21日到觉悟社讲话。那是觉悟社成立后的第五天。李大钊是北京大学教授,是五四运动中有着很高声望的马克思主义者。他对觉悟社不分男女的组合和出版刊物的做法非常赞成。①

李大钊

周恩来和毛泽东都与李大钊有交集，并且李大钊对两人都有很大的影响。

随后，周恩来考入南开学校大学部，并继续参加学联领导工作。1920年1月,周恩来等人向直隶省公署要求启封被查封的天津学生联合会和天津各界联合会,在说理斗争中,被警察逮捕。他被关押近6个月后才被释放。

不久，周恩来也踏上了赴法国勤工俭学之旅。

这一年周恩来22岁。

1920年12月中旬,周恩来到达了法国,很快与早一年到达这里的蔡和森、徐特立等新民学会会员会合。

①金冲及主编:《周恩来传》(一),人民出版社、中央文献出版社2008年版,第49页。

周恩来同志到法国不久，就与蔡和森等同志建立了联系，并且很快参加了他们刚刚组织起来的工学互助社……[①]

对与蔡和森等人的交往，周恩来后来感叹说："我认为对我来说收获最大的是同蔡和森的友谊。"[②]

蔡和森在湖南第一师范时就与毛泽东十分要好，是与毛泽东一起组建新民学会的主要人物。

蔡和森等人虽身在国外，一直和长沙的毛泽东和新民学会保持十分紧密的联系。李维汉回忆：

蔡和森是学会领导者之一。他来到蒙达尼后，新民学会在法会员的中心很快就转移到了蒙达尼。他和国内的毛泽东同志有密切的通信联系，使国内国外两部分会员连成一个整体。[③]

陈毅正是在法国期间与蔡和森等人接触，才知道了毛泽东。周恩来与蔡和森交往，知道新民学会的成员毛泽东，这使得他在向着马克思主义信仰转变过程中对毛泽东有了一定的了解。

在周恩来早期与毛泽东的诸多交集中，还有一个不得不说的人物，那就是黄爱。

黄爱是湖南常德县人，1919年春考入天津直隶专门工业学校，五四运动爆发后成为天津学联执行部成员，并在《天津学生联合会报》与周恩来一起工作过，后来成为觉悟社第一批社友。由于和周恩来赴京向北洋政府示

---

①丁江海、刘仙元、廖永武：《周恩来同志的早期革命活动》，原载《历史研究》1977年第1期。

②[英]狄克·威尔逊：《周恩来传》，国际文化出版公司2013年版，第83页。

③李维汉：《回忆与研究》（上），中共党史资料出版社1986年版，第16页。

周恩来(第一排左四)等人在法国

威被捕,被学校开除。

1920年9月,他回到长沙,后与湖南甲种工业学校时的同学庞人铨一起组织了湖南劳工会,会员发展到7000人,成为湖南工人运动中的一股主要力量。1921年夏,毛泽东参加中共一大后回到湖南,开始领导工人运动。在毛泽东的教育下,黄爱和庞人铨加入了中国社会主义青年团,并改组湖南劳工会,使之成为毛泽东和中共湖南省支部指导的工人团体。

1922年1月,在毛泽东的策划下,湖南第一纱厂工人发动大罢工。黄爱和庞人铨担任现场总指挥,湖南军阀赵恒惕政府借谈判假意答应工人的复工要求。1月16日夜,黄爱和庞人铨等候与资方签订协议时,被军警逮捕,随即于次日清晨被杀害。黄爱被砍三刀后仍奋力高喊:“大牺牲,大成功!”

黄爱和庞人铨殉难后,毛泽东两次在长沙举行追悼会,发行纪念特刊。天津各界联合会也通电全国,进行声援。正在德国的周恩来听到噩耗,百感交集,极为悲愤。为表达对黄爱的赞颂,写下了题为《生离死别》的长诗,其中说：

壮烈的死，
苟且的生。
贪生怕死，
何如重死轻生！

生别死离，
最是难堪事。
别了，牵肠挂肚；
死了，毫无轻重，
何如作个感人的永别！

没有耕耘，
哪来收获？
没播革命的种子，
却盼共产花开！
梦想赤色的旗儿飞扬，
却不用血来染它，
天下哪有这类便宜事？

……①

黄爱在周恩来手下工作过，也在毛泽东手下工作过，毛泽东悼念黄爱，周恩来也悼念黄爱。黄爱这个热血青年，成为他们关系中的又一个连接点。

①丁江海、刘仙元、廖永武：《周恩来同志的早期革命活动》，《历史研究》1977年第1期。

在欧洲期间,周恩来也接受了共产主义。随着中国共产党的成立,他和赵世炎决定成立类似的共产主义组织。为此,他们约上了在蒙达尼的工学世界社负责人李维汉。

为了把蔡和森、李立三等被押送回国后勤工俭学学生中留下的先进分子团聚起来,周恩来、赵世炎在这年年底或第二年初托人带信约蒙达尼的李维汉到巴黎一个旅馆会面,商议成立旅欧青年中的共产主义组织的事。①

李维汉是新民学会会员,也是到法国勤工俭学的。他领导的工学世界社和在蒙达尼的新民学会一样,受毛泽东和蔡和森的直接领导,其中不少社员就是原新民学会会员。李维汉回忆:

约在 1922 年 6 月,我们在巴黎近郊森林里集会,宣告旅欧少年共产党正式成立,世炎任书记,恩来负责宣传,我负责组织。各用一个代号,叫乐生、伍豪、罗迈。

这个组织的成立,标志着周恩来完全转为一名共产主义者了。从此,他开始了职业革命家生涯,后来他又组织了中共旅欧总支部。

李维汉回忆:

周恩来、赵世炎是中共旅欧组织的创立者。我回国后不久,恩来和世炎等在法国、比利时和德国分别建立了党的支部,后联合成立中国共产党旅欧总支部。恩来在 1924 年回国以前,一直领导旅欧

---

①金冲及主编:《周恩来传》(一),人民出版社、中央文献出版社 2008 年版,第 71 页。

总支部的工作。这期间，党员和团员都有不少发展，许多团员加入了党。

周恩来和毛泽东尽管出身不一样，但是早期的那些交集，正是他们追求进步和探索救国救民道路经历的相似之处。比较他们的这些经历和交集，金冲及说：

毛、周身上有许多共同的东西，就是对人类美好理想的追求、把中华民族从苦难中拯救出来的极大责任感，政治上的远见卓识，宽阔的胸襟，顽强的意志，高度原则性和灵活性的巧妙结合，包括对克服困难、挫折表现出来的韧性等等，这些恐怕是主要的。①

这些品质和经历决定了他们必定会走到一起。

2."周恩来同志坚定地站在毛泽东同志一边"

作为后来著名的长期搭档，周恩来和毛泽东第一次见面，是在国共合作时期的广州。

1924年7月，周恩来从法国回国，9月抵达广州。

10月间，中共中央决定重新建立广东区委，由周恩来担任委员

①张素华、边彦军、吴晓梅编著：《说不尽的毛泽东——百位名人学者访谈录》(上)，辽宁人民出版社1993年版，第544页。

长,并兼宣传部部长。广东区委的工作范围不只是广东一省,而是负责领导广东、广西、厦门和香港等地的党的工作。所以,人们通常把它称为两广区委。[①]

这时毛泽东在党中央担任组织秘书,相当于后来的中央组织部部长。周恩来回国后的任职,属于党内要职安排,其工作安排很可能经过了毛泽东的手。但毛泽东此时在国民党上海执行部工作,不在广州,若对周恩来的安排经过了他的手的话,也只是文件上的批准,两人没有见过面。

周 恩 来

因为国共合作,周恩来又被任命为黄埔军校政治部主任。美国记者埃德加·斯诺记述:

他(周恩来——引者注)在1924年回国,已是个著名的革命组织者,回国后立即在广州与孙逸仙汇合,后者当时与中国共产党和苏俄合作,准备发动国民革命。

周恩来26岁就成了广州政治生活中的一个领袖人物,被任命为著名的黄埔军校秘书,做了布留赫尔将军的亲信,布留赫尔将军当时是黄埔军校的第一号俄国顾问,现在是苏联远东红军司令。对当时担任黄埔军校校长蒋介石来说,这个年轻的共产党员是个尅

①金冲及主编:《周恩来传》(一),人民出版社、中央文献出版社2008年版,第93页。

星。但是蒋介石还是不得不任命他为黄埔军校政治部主任，那是因为周恩来在激进的学员中间影响很大。

在国共合作内部充满了斗争。12月，由于上海执行部国民党右派捣蛋，毛泽东告假，回湖南养病。随后，他在家乡韶山开展农民运动。直到1925年9月，毛泽东因参加国民党第二次全国代表大会筹备工作，才回到广州。

此时周恩来已离开黄埔军校，担任国民革命军第1军政治部主任、第1军第1师党代表、东征军总政治部主任。作为国共两党的著名领导人，毛泽东来到广州后，他们可能见过面并彼此认识。因为，除了参加党内会议外，此时与周恩来、毛泽东有交集的另两个人也来到了广州。

他们就是李富春和蔡畅。

蔡畅是蔡和森的妹妹，新民学会会员，在长沙时与毛泽东很熟悉，1919年随蔡和森等人赴法勤工俭学。李富春是长沙人，中学毕业后也被毛泽东等人送去法国勤工俭学。正是在法国，李富春和蔡畅相恋并结婚。

> 在哥哥蔡和森家，她（蔡畅）和李富春相识，两人志趣相投，产生了爱情。……1923年初，李富春和蔡畅在巴黎结婚，证婚人是邓小平。[①]

而李富春在法国时又与周恩来一起在旅欧中国社会主义青年团工作。1923年11月，旅欧中国社会主义青年团第三任书记刘伯坚奉命回国，李富春接任书记。随后，在该团第四次代表大会上，李富春当选为执委会委员长，周恩来则为宣传部主任。随后，国民党旅欧支部成立，周恩来担任执

①房维中、金冲及主编：《李富春传》，中央文献出版社2001年版，第25页。

行部总务部主任,李富春为宣传部主任。两人开始了合作共事。

毛 泽 东

这次李富春和蔡畅从欧洲回国,于8月底抵达广州后就住在周恩来主持的中共广东区委。

1926年1月,国民党第二次全国代表大会在广州举行,毛泽东和周恩来都参加了会议。毛泽东时为国民党中央候补执行委员,在会上多次发言,还在主席台向大会做了宣传报告。在会议期间,周恩来肯定见到了毛泽东。周恩来为东征总政治部主任,又是党内同志,毛泽东是否认识他,尚无记载。

但是,毛泽东随后在其主编的《政治周报》第三期《东征纪略》一文中,专门谈及了周恩来在第二次东征中领导的政治工作,并且说:

> 革命军与别的军队的最大不同点就是他军队里面的政治宣传,这是革命军打胜仗的根本原因。这种政治宣传工作,在平时要紧,在战时更发要紧。在战时要使人民与军队合作以协力对付敌人,全靠这种工作做得好。此次东征,组织了伟大的政治宣传队,设立东征军总政治部为之统率,以第1军政治部主任周恩来为总政治部主任。①

这是可查到的毛泽东第一次提及周恩来的名字。时间为1926年3月。

---

①肖裕声、吴启炎:《功著南天,铁流千里——周恩来同志在第一次国内革命战争时期创建军队政治工作活动》,原载《解放军报》1980年1月8日。

此时，毛泽东为国民党中央宣传部代理部长，他对周恩来组织政治宣传队给予如此肯定，且用“伟大”，自然是对周恩来及其领导的政治工作已经很熟悉了。

十几天后，他们终于坐在一起，并且进行了一次交谈。

这是在蒋介石发动中山舰事件的1926年3月20日晚上。对此，周恩来于1943年11月27日在中央政治局会议发言中做了详细回忆：

> 3月20号事变是国共关系一个关键。这以前是广东省委主张进攻，上海中央主张退守。事变打击主要对象是俄顾问、黄埔共产党、省港纠察队。我在富春家遇毛，毛问各军力量，主张反击。
>
> 我听了毛的话找季山嘉，他说不能破裂。而当时的军事力量是可以反蒋的，黄埔有500余党员，只要我们强硬，国民党左派是拥护我们反蒋的。

这是至今为止能见到的周恩来和毛泽东第一次面对面交谈的记载，且出自周恩来本人之口。

两人这次相见完全是巧合，是因为中山舰事件。军事科学院教授单秀法有一个周恩来在中山舰事件前后的记载：

> 3月17日，蒋介石就去电，要周恩来回广州。周恩来回广州后，发现蒋介石与国民党右派来往密切，神色不对。“报告了张太雷同志。当时的苏联顾问不重视这事，把一个大问题当做小问题、儿戏对之。陈延年同志因三月二十日前一二天从上海才回到广州，方针上也掌握得不大稳。”① 3月20日上午10时，周恩来接到包惠僧的电话报告后，立即去蒋介石的临时住所广州造币厂。周恩来一到造币厂，他的卫士就被收缴了武器，周恩来实际上也被软禁了。直

①《周恩来选集》上卷，人民出版社1980年版，第120页。

到蒋介石与他派往造币厂的部队当晚撤回去,周恩来与他的卫士才得以回来。当时蒋介石对共产党提出两个条件:第一,共产党员要退出第1军;第二,不退出的要交名单。①

周恩来从蒋介石软禁处出来后,立即赶去时任国民革命军第2军副党代表李富春家里,结果恰好遇到了在此的毛泽东。

事件发生的当天晚上,毛泽东就赶到苏联军事顾问团的住所,同顾问团代理团长季山嘉商量对策。中共广东区委书记陈延年也在那里,他们俩都主张反击,毛泽东建议动员在广州的国民党中央执监委员,密赴肇庆叶挺独立团驻地开会,通电讨蒋,削其兵权。但遭到拒绝。随后,他又到国民革命军第2军副党代表李富春家里了解情况,正好碰上第1军副党代表兼政治部主任周恩来。②

尽管周恩来、毛泽东两人的相遇有些巧合,但他们对中山舰事件的判断和处理方法,则是一致的,且主张反击。在这个问题上,周恩来和毛泽东首次走到了一起。这次的“一致”,显示出周恩来、毛泽东看问题的准确性,也体现出两人作为中共高级领导人在政治上已渐趋成熟。

这次见面,虽然匆匆,但周恩来和毛泽东就此开始了正式的交往。

为了搞好政治教育,周恩来同志先后请恽代英、萧楚女、张秋人、熊雄、聂荣臻等同志担任军校的政治教官,邀请毛泽东、张太雷、

---

①单秀法:《毛泽东与周恩来》,中国青年出版社2008年版,第31页。

②逄先知、金冲及主编,中共中央文献研究室编:《毛泽东传(1893—1949)》(一),中央文献出版社2011年版,第106页。

苏兆征等同志作专题报告。[1]

据查,毛泽东确到黄埔军校讲过课,但不是周恩来邀请的。因为周恩来已于 1925 年 9 月下旬卸任黄埔军校政治部主任。金冲及考证:

> 8 月 25 日,黄埔军校改编为国民革命军第 1 军,在组织上同黄埔军校分开了。9 月下半月,周恩来被任命为第 1 军少将政治部主任兼第 1 师党代表。……周恩来离开黄埔军校后,军校政治部主任由邵力子接任,副主任是从法国回国的共产党员鲁易。

毛泽东是 1926 年 9 月到达广州的,即周恩来担任黄埔军校政治部主任时他一直在湖南。所以,周恩来无在这次见面之前或者之后邀请毛泽东到黄埔军校讲课的可能。毛泽东去黄埔军校讲课,是其他人所邀。

周恩来没邀请过毛泽东去黄埔军校讲课,但毛泽东邀请周恩来去过他主持的广州农民运动讲习所讲过课。

中山舰事件后,由于中共领导人陈独秀采取退让政策,共产党人退出国民党,周恩来于 4 月卸职第 1 军政治部主任,负责中共广东区委军事工作。5月 3 日,毛泽东主持的广州农民运动讲习所开学。农讲所邀请周恩来前去讲课,主讲《军事运动与农民运动》。

时在农讲所的湖南籍学员王首道回忆:

> 在农讲所,他(周恩来)给我们讲授《军事运动与农民运动》。他运用马克思主义的基本原理和毛泽东同志的光辉思想,以他亲身参加武装斗争的实践经验,阐述了军事运动与农民运动的重要性及其

---

①肖裕声、吴启炎:《功著南天,铁流千里——周恩来同志在第一次国内革命战争时期创建军队政治工作活动》,原载《解放军报》1980 年 1 月 8 日。

相互关系,指出:我们党领导的海陆丰农民运动,把广大农民组织起来,建立了农民自己的武装——农民自卫军,就能把地主阶级打下去,如果没有农民自己的武装,就不能巩固农民专政。……当时,周恩来同志在我们党内担任着重要工作,还要到农讲所来讲课,他很忙,经常工作到深夜。他那年轻英俊、机智勇敢的形象和忘我工作、平易近人的高贵品德,给我们留下了难忘的印象。

周恩来和邓颖超在广州

毛泽东在农讲所开设了25门课程,请了16人为教员,周恩来为其中之一。可见毛泽东对周恩来的赞赏。

这时毛泽东与陈独秀就农民运动问题发生分歧。周恩来则站在毛泽东这边,不仅在农讲所讲课中支持农民运动,还撰写了不少文章歌颂农民运动。1926年12月,周恩来调任中央组织部秘书。在离开广州时,他在中共两广区委机关刊物《人民周刊》上连续撰文歌颂农民运动,并大声疾呼:“民众武装十分重要,……农民自卫军,工人自卫队的组织,亦为势所必需。”①

对此,王首道回忆说:

在激烈的阶级斗争和党内两条路线斗争中,周恩来同志坚定地站在毛泽东同志一边,对以蒋介石为头子的国民党右派和陈独秀右倾机会主义作过坚决的斗争。

①周恩来:《现时广东的政治斗争》,《人民周刊》第38期。

在党的初创时期,陈独秀等领导人缺乏足够的理论准备和实践经验去解决中国革命的根本问题,遇到复杂的事情很难把握正确方向,不是“左”了,就是右了。但在事关对待蒋介石反共和农民问题等重大事件上,毛泽东和周恩来是高度一致。这种一致性,体现出他们看待问题的深刻洞察力和正确性,由此也奠定了他们在后来中国革命迈入关键时刻抉择的一致性。

毛泽东和周恩来后来成为党和军队的主帅和助手,于此时就已经开始了构筑基础。正是这样的一致性,使得他们在中国革命的曲折过程中可以并且最终走到了一起。而他们的这种走到一起,不仅铸就了他们个人的辉煌,也使得中国革命最终走向胜利。

3.“毛主席英明、伟大,没有井冈山的斗争,就没有今天”

如果说毛泽东和周恩来是党和人民军队的卓越领导人,那么至少在1927年夏季前,他们还都不是党内举足轻重的关键性人物。真正使周恩来、毛泽东一跃成为中国革命的重要领导人,则是从南昌起义和秋收起义开始。

参加南昌起义的,有朱德、贺龙、李立三、张国焘、刘伯承、陈毅、聂荣臻、林彪等多人,但这场起义的真正领导人不是他们,而是周恩来。

1927年5月,在大革命的危急时刻,党中央召开了五届一中全会,周恩来当选中央政治局委员,毛泽东为中央候补委员。从党的五大起,周恩来在党内的地位便高于毛泽东。7月12日,周恩来与张国焘、李维汉、李立三、张太雷组成临时中央常委会,并决定由周恩来领导发动南昌起义。

时在中央军委工作的聂荣臻回忆:

那天晚上,恩来同志在会后到了军委,对在军委工作的几个同志进行了传达。他传达的大意是,国共分裂了,我们没有别的办法,只有起义。今天,中央会议上做了决定,要在南昌举行起义。恩来同志还说,会议决定组织前敌委员会,指定他为书记。他传达完后,就指定贺昌、颜昌颐和我,组成前敌军委,我为书记。①

8 月 1 日,南昌起义爆发,周恩来等人打响了中国共产党武装反对国民党反动派的第一枪。南昌起义后,部队南下,在广东遭到国民党重兵围堵,几经激战,最后战败,只剩下朱德和陈毅率领的 25 师余部辗转在湘粤边界。11 月初,周恩来等人辗转香港回到上海,继续在党中央工作。

南昌起义一个月后,9 月 9 日, 毛泽东领导湘赣边界发动了声势浩大的秋收起义。随后,毛泽东移兵江西的井冈山地区,经过艰苦努力,创建出中国第一个红色根据地,由此也使得南昌起义失败后,朱德和陈毅率领的南昌起义余部辗转到湘南后,奔上井冈山,找到了最后的落脚地。两军会师后组建了红 4 军,中国革命又出现崭新局面。

这两次武装起义中,周恩来和毛泽东没有交集,毛泽东没参与南昌起义,周恩来也没参与秋收起义。但后来两人都对对方领导的起义给予了高度评价。1933 年 7 月,毛泽东为主席的中华苏维埃共和国临时中央政府决定以南昌起义爆发的 8 月 1 日定为红军纪念日,由此确立了人民军队的建军节。而周恩来对秋收起义的评价更高。南昌起义纪念馆工作人员回忆:

1961 年 9 月 18 日,敬爱的周总理在省委负责同志的陪同下来到我馆。……当我们要求周总理谈谈南昌起义时,周总理怀着崇敬

①聂荣臻:《学习恩来的优秀品德,继承他的遗愿》,引自《不尽的思念》,中央文献出版社 1987 年版,第 15 页。

> 的感情说：要宣传井冈山。当时提出在农村建立革命根据地的只有毛主席。毛主席英明、伟大，没有井冈山的斗争，就没有今天。

这一段话，虽然是周恩来在几十年后说的，但这个认识，可能在他南昌起义失败回到上海后，经过一段时间，获悉毛泽东在井冈山红火的斗争情况时就有了。这从他于1928年春支持朱德等人向井冈山靠近的湘赣边区发展的思想就可以看出来：

> 南昌起义失败后，朱德、陈毅率领留在三河坝的第25师余部，经闽、赣、粤边，到达湖南。2月2日，周恩来在常委会议上提出：朱德部队既已到湖南边界，不宜回广东，在湘南发动暴动也是好的。3月9日，他在常委会议上又提出：朱德军队要坚决留湖南，向茶陵、攸县为好，毛泽东的部队还是在遂川。①

4.“周恩来又站出来支持毛泽东”

在中国共产党早期斗争中，周恩来和毛泽东的“一致性”，除大革命失败前后对农民问题认识的“一致性”外，周恩来与毛泽东的另一次“一致性”，也即他对毛泽东一次至关重要的支持，则是古田会议前对红4军内部争执的处理。

①金冲及主编：《周恩来传》(一)，人民出版社、中央文献出版社2008年版，第177—178页。

客观地说,在红军初创时期,除1927年11月依从共产国际代表对毛泽东的批评外,周恩来对毛泽东应该说都是支持的。

周恩来代表党中央对红4军来信的拟稿和处理,就是周恩来对毛泽东的理解和支持的又一体现。

1928年1月,中央政治局第七次会议决定周恩来兼任中央组织局主任,这样,他便开始以政治局常委兼组织局主任的身份负责处理中央的日常工作。

朱毛会师后,井冈山红色割据形势一派大好,也引起了蒋介石的注意。可湘赣敌军第一、二次“会剿”井冈山,都被毛泽东领导根据地军民打破。1929年1月,蒋介石发起第三次“会剿”。为了打破新的“会剿”,毛泽东和朱德率领红4军主力离开井冈山,转战闽赣粤边界。由于脱离了根据地,红4军在转战中极其艰苦。2月7日,党中央给红4军发去《给润之、玉阶两同志并湘赣边特委的信》,后被称为“二月来信”。

> 这封信是在革命形势严重时写的。中央指出目前红军应将力量分成小部队的组织,散入湘赣边界各乡村进行土地革命。同时,“决定朱、毛两同志有离开部队来中央需要。”“因为朱、毛两同志留在部队中,目标即大,徒惹敌人更多的注意,分编更多不便。”中央还强调:“两同志得到中央决定后,不应图于一时群众的依依而忽略了更重大的更艰巨的责任,应毅然地脱离部队,速来中央。”①

这封信虽是以党中央名义发出的,但不可否认也会有周恩来的思想。信是2月发出的,但毛泽东接到此信时已是4月。两个月中,形势发生了很大的变化。

---

①胡长水、李瑗:《毛泽东之路:横空出世》,中国青年出版社1993年版,第405页。

据陈毅回忆，在转战期间，朱德、毛泽东和陈毅等人几次商量过分兵，但分开一天没走多远几人又合兵一起。[①] 即，分兵不是办法，红4军难以分开。朱毛已成为了红4军的灵魂。正因为此，朱毛就不能离开红4军，所以，“二月来信”令他们“毅然地脱离部队”，则是不可取的。并且，这时红4军已夺取福建省的长汀，鉴于蒋桂争夺两湖的战争一触即发，毛泽东已决定不再返回井冈山，留在闽西、赣南开辟新的红色根据地。这样，毛泽东认为，执行“二月来信”，不利于红色根据地的发展。

经红4军前委讨论后，4月5日，毛泽东以前委名义致信党中央，表示了不同意见，并直率地指出：“中央此信对客观形势及主观力量都太悲观了……我们感觉党在以前犯了盲动主义的错误，现时却在一些地方颇有取消主义的倾向了。”[②]

接着，毛泽东具体阐述了红军必须集中、领导不能离开的理由。

> 他说，以连或营为单位，单独行动，分散在农村中，用游击的战术发动群众，避免目标，我们从前年秋天就计划起，而且多次实行都失败的。因为，(一)红军不是本地人，与地方武装的赤卫队完全不同。而边境各县的农民只愿在本县赤卫队当兵，不愿入红军。(二)分开则领导机关不健全，恶劣环境中应付不来，容易失败。(三)容易被敌人各个击破。(四)愈是恶劣环境，部队愈需集中，领导者愈须坚强奋斗，方能应付敌人，只有在好的环境里才好分兵游击。[③]

周恩来收到这封信后是什么态度呢？

这时他的认识也发生了变化。在毛泽东答复“二月来信”前一天，4月4日，在中央常委会讨论红4军情况时他发言说：朱毛出来问题，原则上是如

---

①张明金：《陈毅元帅：井冈山时期的林彪》，原载《党史博览》2003年第10期。
②胡长水、李瑗：《毛泽东之路：横空出世》，中国青年出版社1993年版，第405页。
③胡长水、李瑗：《毛泽东之路：横空出世》，中国青年出版社1993年版，第405页。

此,但现在实际情形要写得灵活一些。之后,党中央发出经周恩来修改过的给毛泽东、朱德指示信,其中不再坚持两人一定要离开红4军,只是说:

> 润之、玉阶两同志……若一时还不能来,中央希望前委派一得力同志前来与中央讨论问题。①

其实,这时周恩来并不完全赞同毛泽东对蒋桂战争的思想。但他对朱毛脱离部队的意见有了松动。正因为这个松动,使得毛泽东和朱德得以继续留在红4军。

周恩来和邓颖超在上海

收到毛泽东的4月来信后,6月12日,中央政治局讨论了这封信。在发言中,周恩来说:中央2月7日的信所谈到的分散问题是有些毛病。目前的形势,全国的混战期是延长的,这于红军的发展有很大的便利,常委已通过召集一个军事会议,现在很需要朱、毛处来一个得力的人。对其他处红军,军事会议也应详加讨论。②

从这里看,周恩来对红4军分散问题、军阀混战于中国革命是否有利、朱毛是否离队等看法,与毛泽东趋于一致。也就是说,周恩来完全肯定或接

①金冲及主编:《周恩来传》(一),人民出版社、中央文献出版社2008年版,第211页。

②金冲及主编:《周恩来传》(一),人民出版社、中央文献出版社2008年版,第212页。

受了毛泽东的思想。

这个“一致性”,除周恩来自己对形势的分析和判断外,毛泽东似乎在其中起了某种主导或者引领的作用。

在此期间,毛泽东、朱德领导红4军三克龙岩,解放长汀、永定、龙岩三个县城,震动闽西,并且开创出了闽西工农武装割据的新局面。可是,在形势大好的背景下,红4军高层内部前期积累的对根据地建设、单纯军事观点、极端民主化、旧军队打骂作风等问题的分歧则暴露出来。

6月8日,毛泽东在白砂召开前委扩大会议,党中央派来的代表刘安恭抓住毛泽东当初不赞成中央分散红军的策略等问题,指责毛泽东不服从中央,自创原则,挑起了党内争端。结果,会议上发生争论,支持和反对的两方发生争执。毛泽东生气地请求更换前委书记。

6月22日,红4军召开党的第七次代表大会,以统一思想、解决红军建设中存在的问题。但是,会上陈毅采取了调和的态度:

> 你们朱毛吵架,一个晋国,一个楚国,你们两个大国天天在吵架,我这个郑国在中间不好办。跟哪个走,站在哪一边?我就是怕红军分裂,怕党分裂。我是希望你们两个团结。①

与会者认为,红4军内部发生这些争执,作为前委书记的毛泽东应负的责任要大一些。经全体出席者表决,毛泽东的前委书记职务被撤,陈毅当选为前委书记。随后,毛泽东离开红军前去洋蛟养病。

毛泽东坚决不让步的态度引起了陈毅的重视。周恩来等人来信一再要求“派一得力的人”前去上海向党中央汇报红4军的情况,于是,陈毅便决定亲自前往上海。

8月下旬,陈毅来到上海。

---

①张明金:《陈毅元帅:井冈山时期的林彪》,原载《党史博览》2003年第10期。

8月29日，中央政治局举行临时会议,听取陈毅的报告,并决定以周恩来、李立三、陈毅三人组成委员会,由周恩来召集,负责起草一个对红4军工作的指示文件。

陈 毅

在听了陈毅的汇报后,周恩来认为毛泽东是正确的,果断地站在了毛泽东一边,随后对红4军七大会议和前委扩大会议处置内部分歧的方法提出了四点批评:

第一，红军是生长于敌人肉搏中的，它的精神主要的应是对付敌人,前委没有引导群众对外斗争,自己不提办法,而将问题交下级讨论,客观上有放任内部斗争、关门闹纠纷的精神;第二,没有从政治上指出正确路线,使同志们得到一个政治领导来判别谁是谁非,只是在组织上来回答一些个人问题;第三,这次扩大会议、代表大会的办法,是削弱了前委的权力,客观上助长了极端民主化的发展;第四,对朱、毛问题没有顾及他们在政治上责任的重要,公开摆到群众中,没有指导地任意批评,而一般同志的批评大半又是一些唯心的推测,这样不但不能解决纠纷,而且只有使纠纷加重。……朱、毛两人仍留前委工作,毛泽东应仍任前委书记,并须使红4军全体同志了解并接受。[1]

①金冲及主编:《周恩来传》(一),人民出版社、中央文献出版社2008年版,第213页。

从这四点批评来看,第一点即是批评红 4 军内的“极端民主化”思想;第二点即是批评“不认识军队中政治领导的作用”(按后来毛泽东起草的古田会议决议,此条归于“单纯军事观点”内);第三点即是批评削弱和放弃党的领导的做法;第四点还是批评“极端民主化”。而这些问题,正是毛泽东在红 4 军内部争执中所坚决反对的。

按照周恩来谈话的精神,陈毅起草了一封指示信。经过周恩来等人审定后,即由陈毅带回红 4 军。这便是 9 月 28 日的《中共中央给红军第 4 军前委的指示信》,即“九月来信”。信中对红 4 军内部争执的重要问题都给予了回应,且完全支持了毛泽东的正确思想。信中指出:

……红军的来源只有收纳广大的破产农民,此种农民固然有极浓厚的非无产阶级意识表现,但只有加强无产阶级意识的领导,才可以使之减少农民意识,决不是幻想目前红军可以吸收广大工人成份来改变红军倾向的。

……坚决地废除肉刑。

……党的一切权力集中于前委指导机关,这是正确的,绝不能动摇。不能机械地引用“家长制”这个名词来削弱指导机关的权力,来作极端民主化的掩护。

……红军中右倾思想如取消观念、分家观念、离队观念与缩小团体倾向,极端民主化,红军脱离生产即不能存在等观念,都非常错误,皆源于同志理论水平低,党的教育缺乏。这些观念不肃清,于红军前途有极大危险,前委应坚决以斗争的态度来肃清之。

……凡红军一切行动务要避免单纯的军事行动,要与群众斗争取得密切联系。[①]

---

①《周恩来选集》(上卷),人民出版社 1980 年版,第 37—42 页。

毛泽东(左一)和红军战士在一起

这封信对毛泽东的正确观点做出了正面而不是含糊的肯定。

在陈毅启程回闽西时,周恩来嘱咐他说:回去后,要请毛泽东复职,并召开一次党的会议,统一思想,分清是非,做出决议,维护毛泽东和朱德的领导。①

“九月来信”使得红4军解决了长期以来存在的一些重大争论,毛泽东重新回到了红4军领导层。随后,毛泽东等人召开了著名的古田会议。古田会议做出了八个决议,这些决议使得红军开始被打造成一支党领导下的新型人民军队。古田会议决议的形成,周恩来做出了很大的贡献。

如果说“九月来信”是红军建设的一个转折点,那么有人说这是周恩来和毛泽东“合作建军”,不无道理。

“1929年到红4军‘七大’把毛泽东的前委书记选掉之后,周恩来又站

①金冲及主编:《周恩来传》(一),人民出版社、中央文献出版社2008年版,第213页。

出来支持毛泽东。”[①] 这种支持,说明周恩来认可毛泽东建设新型人民军队的思想,两个人的看法是一致的。周恩来对毛泽东的支持,是建立在他对红军建设的正确看法之上的。但是,这些思想是毛泽东提出来的,周恩来的肯定,表明他在红军建设等方面和毛泽东的思想是一致的。是毛泽东先有了这些思想,才后有周恩来的支持、认可。这也印证金冲及对周恩来、毛泽东两个人关系的看法:

在两人的关系中,当然毛泽东起着主导的作用。[②]

这种主导的作用,从一个侧面说明尽管这时周恩来在党内的地位比毛泽东高,但“毛泽东在政治上……比周恩来要高”,因为毛泽东“一下子就能提纲挈领地对形势作出全盘分析,提出一整套适应新形势的理论、方针、政策,造成一个新的格局”。[③] 而周恩来的高明就在于,一旦毛泽东提出了一个新的理论、方针、政策,他就能够心领神会,能够拨去迷雾认识到它的正确性,而后准确地甚至创造性地加以贯彻、落实。有人把周恩来、毛泽东几十年的合作关系称为“谋事在毛,成事在周”,不无道理。从红军初创时期周恩来对红4军的几封指示信的处理来看,周恩来和毛泽东合作关系的格局在无形之中就有了。

---

①张素华、边彦军、吴晓梅编著:《说不尽的毛泽东——百位名人学者访谈录》(上),辽宁人民出版社、中央文献出版社1995年版,第534页。

②张素华、边彦军、吴晓梅编著:《说不尽的毛泽东——百位名人学者访谈录》(上),辽宁人民出版社、中央文献出版社1995年版,第537页。

③张素华、边彦军、吴晓梅编著:《说不尽的毛泽东——百位名人学者访谈录》(上),辽宁人民出版社、中央文献出版社1995年版,第534页。

5.“在会议中我对泽东同志的批评采取了温和态度……另外却指正了后方同志对他的过分批评”

周恩来和毛泽东建立亲密的合作关系,经过了一个较长的曲折过程。因为两人之前终究仅仅只是几面之交,且彼此参加革命的经历也大不相同,因此,经过一个认识的过程,是难以避免的。

有人研究周恩来、毛泽东前期的相知过程,认为他们对中国革命有很多“一致与不一致”;甚至,国外还有一些说法认为,“中央苏区时期党内的主要矛盾是毛泽东、周恩来之间的矛盾”。[①] 但是,金冲及不赞同后者。

事实上,即便是在中央苏区时期,周恩来、毛泽东之间有过“不一致”,但要说在重大路线上存在严重分歧,则不尽然。因为随着两人走到一起工作,他们的“一致”就胜过“不一致”,“一致”多于“不一致”。

在中央苏区时期,可能影响周恩来、毛泽东关系的有三件较大的事,一是苏区中央局书记的更替;一是打赣州之争;一是宁都会议对毛泽东的批判。从周恩来在这三件事中的处理来看,他对毛泽东的认识在复杂的形势之下经历了一个转变的过程。

周恩来主持党中央工作,有两年多,从 1928 年 1 月至 1930 年 3 月。在这一期间,党的六大的路线基本上是正确的。[②] 可是,1929 年 12 月,远在

①张素华、边彦军、吴晓梅编著:《说不尽的毛泽东——百位名人学者访谈录》(上),辽宁人民出版社、中央文献出版社 1995 年版,第 530、531 页。

②金冲及主编:《周恩来传》(一),人民出版社、中央文献出版社 2008 年版,第 226 页。

莫斯科的共产国际通过决议案，指责中共中央犯了三个右倾错误：一是富农问题，认为周恩来等人没有坚持反对富农的政策；二是“勾结俞作柏”，认为党中央派邓小平到广西与俞作柏、李明瑞等人联系，发动左右江起义，是“勾结军阀”行为；三是在赤色工会问题上有动摇，反对全国暴动。[①] 由此，周恩来不得不前往莫斯科报告工作，党中央工作则由中央政治局常委兼宣传部部长李立三主持。

结果，李立三一上台就推行“左”倾冒险错误。

“左”倾冒险错误虽然只持续了几个月时间，但使革命受到巨大损失，尤其是白区党组织损失严重。1930 年 8 月，周恩来从莫斯科返回上海后，立即纠正“左”倾冒险错误。9 月 24 日，党的六届三中全会在上海秘密召开。会议在后期补选李维汉、毛泽东等为中央政治局候补委员，朱德为中央候补委员，并且决定以瞿秋白为党中央实际领导人。

> 值得重视的是：毛泽东被重新选入政治局和朱德等被选入中央委员会，虽因他们远处苏区而不能立刻在中央起明显的作用，但这对以后事态的发展有着无法忽视的重要作用。[②]

从秋收起义前瞿秋白邀请毛泽东到党中央来工作一事看，瞿秋白、毛泽东的个人关系是不错的。但这次朱毛进入中央领导层，仍不能排除周恩来的作用。因为，在会议前，周恩来仍是党内重要决策人。全会虽然选举瞿秋白为党中央实际领导人，但周恩来仍是六届三中全会的实际主持人。列席会议的聂荣臻回忆：

> 恩来是这次全会的实际主持人，但他很谦虚，总是把秋白推到前台，让他主持会议，作报告，发表结论性意见。

---

①金冲及主编：《周恩来传》(一)，人民出版社、中央文献出版社 2008 年版，第 232 页。

②金冲及主编：《周恩来传》(一)，人民出版社、中央文献出版社 2008 年版，第 244 页。

另外,补选毛泽东为中央政治局候补委员,是在全会召开前的 9 月 20 日中央政治局会议上做出的决议,亦即周恩来主持中央工作期间。因此,毛泽东再进中央政治局,有着周恩来的因素。

苏区中央局的设立,也是起始于这个全会后期的决定。

> 10 月 3 日,政治局第二次会议上决定:由向忠发、周恩来、徐锡根三人组成中央常委会;由周恩来、项英、毛泽东、余飞、袁炳辉、朱德和当地一人组成苏区中央局,负责指导全国各苏维埃区域与红军的工作。因为周恩来一时难以离开中央,派项英先去。17 日,政治局会议又确定由项英、毛泽东、周恩来、任弼时、朱德、吴振鹏、余飞,再加当地二人为苏区中央局成员,以周恩来为书记,由项英暂时代理。①

也就是说,党中央决定由周恩来担任苏区中央局书记。

1931 年初,项英抵达中央苏区。1 月 15 日,苏区中央局在江西宁都县小布村成立,项英代理书记。随后,中央政治局继续加强了苏区中央局的领导力量。

> 中共中央政治局为加强苏区中央局的领导,在 1931 年 2 月 6 日和 2 月 13 日先后两次召开会议,决定增派任弼时、王稼祥、顾作霖到苏区中央局工作,指定以项英、毛泽东、任弼时、王稼祥、朱德、顾作霖和苏区一人为苏区中央局委员;以项英、毛泽东、任弼时、王稼祥四人为常委,项英为代理书记,任弼时负责组织工作,王稼祥负责宣传工作,毛泽东负责军事。②

---

①金冲及主编:《周恩来传》(一),人民出版社、中央文献出版社 2008 年版,第 245 页。

②江小华:《中共苏区中央局的由来及其历任领导人》,《党史博览》2013 年第 9 期。

由于这个分工，项英虽然是代理苏区中央局书记，但并没影响毛泽东对红军的实际指挥。黄克诚回忆：

> 项英当时虽然是苏区中央局代理书记，但由于他刚从上海来此不久，又不大懂得军事指挥，缺乏对敌作战经验，所以，在当时作战指挥上，毛泽东仍然能够起主要作用……[①]

随后，毛泽东指挥红军在五个月内连续取得打破蒋介石的第二、三次"围剿"的巨大胜利。经过反"围剿"作战指挥的亲身比较，任弼时、王稼祥等人认为，毛泽东"有独特见解，有才干"，项英"则觉犹豫不决(特别在军事行动上)，领导战争能力弱"。加上项英在处理富田事变时认为"不能肯定富田事变是AB团取消派的暴动"，并主张用党的会议方式来解决党内分歧，任弼时、王稼祥等人认为，项英的思想与临时中央定性的富田事变是"AB团所准备所执行的反革命行动"并要求"严厉的消灭AB团与一切反革命组织"的政策相悖。[②] 10月11日，任弼时、王稼祥等人向临时中央发出"十月真电"，其中提出：

毛泽东在中央苏区

---

①《黄克诚回忆录》(上)，解放军出版社1989年版，第143页。

②江小华：《中共苏区中央局的由来及其历任领导人》，《党史博览》2013年第9期。

> 项英因解决富田事变,完全错误,认为是党内派别斗争,因此丧失信仰,工作能力不够领导。中央局决以毛泽东代理书记,请中央批准。提议扩大中央局人数,以彭德怀、林彪(4军长)、周以栗(总政治部主任)、曾山(省政府主席)、陈毅(赣南特委书记)为中央局委员,请批准。①

临时中央接到电报,一方面批评苏区中央局,指出其成员变动应“由中央解决”;另一方面只好同意:“中央局书记由泽东代理。”②

就这样,毛泽东代理了苏区中央局书记。

这时周恩来还在上海。促使他前往中央苏区,除“十月真电”外,主要因为党内外一连串重大事件的发生。

党的六届三中全会后, 在中宣部工作的王明等人进行小组织活动,攻击瞿秋白、周恩来等人对李立三错误的处理不坚决,是右倾。他们的活动获得了共产国际东方部副部长米夫的支持。在米夫的策划下,1931 年 1 月,党中央召开六届四中全会,王明一跃成为党中央的实际领导人,周恩来以中央政治局常委身份兼任中央军委书记,负责中央军委和苏区工作。

随后,又接连发生几个重大事件。先是 4 月下旬,中央政治局候补委员顾顺章在武汉被捕叛变,幸亏在上海的党中央机关事先得到情报才得以安全转移。接着,6 月,向忠发擅自外出,被敌人逮捕,又发生叛变,周恩来等人陷入危险境地,党中央不得不暂停了周恩来的工作。

9 月下旬,在共产国际远东局和王明等人操纵下,党中央成立由博古、张闻天、康生、陈云、卢福坦、李竹生六人组成的临时中央局,由博古负总责;且王明离开上海去莫斯科。周恩来不再是中央政治局成员,于是决定

---

①江小华:《中共苏区中央局的由来及其历任领导人》,《党史博览》2013 年第 9 期。

②江小华:《中共苏区中央局的由来及其历任领导人》,《党史博览》2013 年第 9 期。

前往中央苏区。

1931年12月底，周恩来辗转千里，到达江西瑞金，与毛泽东、朱德、任弼时、项英、王稼祥见面，并就任苏区中央局书记。

这就是周恩来就任苏区中央局书记的经过。

从这个过程来看，国外一些人说“毛泽东、周恩来的矛盾是权力之争，说周恩来到中央苏区就夺了毛泽东的权”，无疑是一种庸俗历史观的猜测。对于这个猜测性的说法，金冲及也认为不能成立：

> 因为成立苏区中央局是1930年六届三中全会后几天政治局决定的。书记一开始就是周恩来。它不是只负责中央苏区，而是负责指导全国各苏区和红军。因为那时在上海的中共中央离不开周恩来，所以，书记由先去苏区的项英代理，后来因为“AB团”问题，说项英右倾，再加上项英军事上弱一些，改由毛泽东代理。1931年周恩来到了苏区，书记一职自然由他担任。这怎么能说夺权呢？比如，这个位子本来是你的，你没到的时候请别人先代坐着。你来了他自然让给你。这哪有什么夺位子的问题？

金冲及的这个解释简单、明白。但是，此时还是由毛泽东主持苏区中央局工作。原因很简单：

> 周恩来担任苏区中央局书记后，为便于了解、熟悉情况，仍由毛泽东主持苏区中央局的工作。[①]

周恩来让毛泽东主持，虽然有让自己了解情况的因素，也有尊重毛泽东的因素。

---

①江小华：《中共苏区中央局的由来及其历任领导人》，《党史博览》2013年第9期。

其实,此时毛泽东已多次受党中央批评,处境困难。为什么?在周恩来到达瑞金前,党中央曾于9月1日发出一个《给苏区中央局并红军总前委的指示信》,批评毛泽东和苏区中央局是“游击主义路线”“富农路线”,犯了“缺乏明确的阶级路线和充分的群众工作”[①] 的错误(在赣南会议被归纳为“狭隘的经验论”错误)。

这封指示信就是由周恩来起草的。[②]

对于信中对毛泽东的批评,《周恩来传》说:“这些批评是不正确的,反映了当时中央工作指导中的‘左’的错误。”[③] 也就是说,周恩来对毛泽东的批评,有着他受主导中央工作的“左”倾思想影响的因素。

但是,这封指示信发出后,“十月真电”的到来,表明此信并没起到什么效果,反而毛泽东还取代项英代理了苏区中央局书记,这引起了“左”倾思想主导的临时中央的注意,于是对毛泽东的批评加码了:

> 按照中共临时中央的要求,11月1日至5日,在瑞金县叶坪村,苏区中央局召开了中共苏区第一次代表大会(史称赣南会议)。大会贯彻执行了王明“左”倾教条主义错误,批评了毛泽东的“狭隘经验论”。[④]

据此,苏区中央局也开了一次小会,对毛泽东进行了猛烈的批评和攻击,甚至有人指着鼻子说毛泽东是“富农路线”“狭隘的经验论”。[⑤] 随后在苏区党代会上,毛泽东受到不点名的批评。会议决定取消红一方面军总司令、总政委和总前委,成立中央革命军事委员会,毛泽东因此再次被排除红

①金冲及主编:《周恩来传》(一),人民出版社、中央文献出版社2008年版,第263页。

②金冲及主编:《周恩来传》(一),人民出版社、中央文献出版社2008年版,第239页。

③金冲及主编:《周恩来传》(一),人民出版社、中央文献出版社2008年版,第263页。

④江小华:《中共苏区中央局的由来及其历任领导人》,《党史博览》2013年第9期。

⑤胡长水、李瑗:《毛泽东之路:横空出世》,中国青年出版社1993年版,第489页。

军领导层之外，专做地方政府工作了。

可以说，周恩来在这个时期对毛泽东的一些做法是不赞同的。他的这种不赞同，不是出于“夺权”的目的，而是另有深层次的原因：一则，他对中央苏区的指导方针受“左”倾路线的影响；二则，他长期在上海，对毛泽东本人缺乏实际的了解。

这种影响接着体现在打赣州之争上。

正式决定打赣州，源自于临时中央 1932 年 1 月发出的《关于争取革命在一省与数省首先胜利的决议》。这个决议要求红军“将中央区、闽粤赣、赣东北、湘鄂赣、湘赣边各苏区联系成整个一片的苏区，并以占取南昌、抚州、吉安等中心城市，来结合目前分散的苏维埃根据地，开始湘鄂赣各省的首先胜利”。① 这个决议实质上与当初李立三“左”倾冒险错误没什么区别。正是在这个指示下，周恩来和苏区中央局决定攻打赣州。

那么，周恩来与毛泽东在打赣州上是否有过争执呢？

值得一说的是，开始周恩来与毛泽东是反对打的。

周恩来在上海时就曾有拿下赣州的思想。来到瑞金后，他和毛泽东就此交换意见。毛泽东表示反对，周恩来也接受了毛泽东的观点。随后，电告临时中央说打赣州不行，困难太大。金冲及后来谈到这个问题时也证实：

> 周恩来到中央苏区时也向临时中央表示过：进攻中心城市有困难。临时中央复电说，至少要在抚州、吉安、赣州中选择一个城市打。

面对临时中央“三选一”的指示，毛泽东还是不同意。苏区中央局只好开会研究这个问题。但是，在“左”倾情绪影响下，多数人主张打赣州，尤其是作为主力军之一的红三军团。军团长彭德怀后来回忆：

---

①金冲及主编：《周恩来传》（一），人民出版社、中央文献出版社 2008 年版，第 272 页。

毛泽东、周恩来和博古等在一起

> 我接到这项命令也是乐意执行的。还在第一次苏维埃代表大会时,中央局某负责同志曾问过我,可不可以打下赣州?我说:赣州守军马旅估计有6000人,地方靖卫团两千人,共8000人,如有时间,蒋介石又不来增援,是可以打下的。①

于是,周恩来改变了支持毛泽东的态度。金冲及认为周恩来转而支持打赣州,原因与彭德怀的思想是差不多的:

> 当时许多人认为打赣州有很多有利的地方,那时以为城内守军只有一个旅(后来发现情报搞错了)。如果以三军团为主,再加上一军团、五军团,赣州能拿下来。打下赣州就和湘赣根据地连成一片,很有利呀!部队里很多人也表示有把握。周恩来那时刚刚到中央苏区,也支持了这种意见。②

---

①《彭德怀自述》,人民出版社1981年版,第173页。

②张素华、边彦军、吴晓梅编著:《说不尽的毛泽东——百位名人学者访谈录》(上),辽宁人民出版社、中央文献出版社1995年版,第533页。

周恩来态度的转变源自于对军情判断的改变。这个思想代表了当时多数人的看法。在这样的判断之下，毛泽东的反对更加无效，受到更加激烈的批评。

当时就有人扬言："打开赣州再和毛泽东算账！"①

在大家都支持打赣州且认为一定能打下的情绪下，朱德却支持了毛泽东的看法，但是也没起作用。

在会议表决时，打赣州的计划获得通过。②

随后，尽管身为中革军委主席朱德不同意打，中军革委还是下达了攻取赣州的军事训令。

从这个过程来看，周恩来起初被毛泽东说服了，且致电临时中央不主张打，因此在会议前期是不可能与毛泽东发生激烈争执。而他最后之所以决定打赣州，一是对敌情判断的失误，二是多数人要打。与毛泽东发生争论的，主要是红三军团方面的人，而不是周恩来。周恩来只是最后做结论的人。

毛泽东的反对，使得他在一些人心目中原本就有的"右倾"的印象更加深。不久，他不再主持苏区中央局了：

1932 年 1 月中旬，毛泽东在瑞金叶坪主持召开中共苏区中央局主要成员会议，报告三次反"围剿"的情况和九一八事变后的全国

①江小华：《中共苏区中央局的由来及其历任领导人》，《党史博览》2013 年第 9 期。

②胡长水、李瑗：《毛泽东之路：横空出世》，中国青年出版社 1993 年版，第 492—493 页。

形势。毛泽东在谈话时没有说日本占领东北就是为了进攻苏联,也没有提“武装保卫苏联”之类的话。有的苏区中央局成员便就此批评毛泽东是“典型的右倾机会主义”等。毛泽东沉默,一言不发。会议陷入僵局,只好中途更换主持人。会后不久,毛泽东便辞去苏区中央局代理书记职务,向苏区中央局请病假,退隐到瑞金城郊的东华山古庙养病去了。[①]

2 月 4 日,红军集中几个兵团的兵力向赣州城发起攻击。

然而,事情果如毛泽东所料。从 2 月 4 日至 3 月 7 日,历时 33 天,广大红军战士浴血奋战,仍然久攻不克。赣州城墙坚固,红军四次爆破,均未成功。是役,红军伤亡 3000 余人,红 4 军第 11 师政委张赤男、红 13 军第 37 师政委欧阳健等十名团以上干部壮烈牺牲。战斗到最危险的时候,大家无计可施,项英派人急去东华山请毛泽东下山退敌。毛泽东早饭未吃,立即冒雨疾行赶去赣州城下,才使前线解危。3 月 7 日,红军主力被迫撤出了围城之战。

金冲及说:“打赣州,毛泽东不赞成打是对的;周恩来赞成是错的。但这不能说是路线斗争。”为什么呢?金冲及说:

> 赣州的实际守军比情报中所说的要多一倍,打了一个月打不下来,国民党增援部队又来了,只好撤围。这一仗没有打好。但如果认为只要主张打赣州就涉及到打不打中心城市的路线之争,那么这以前的打吉安呢?吉安也不小啊!还有接下来的打漳州,漳州也不比赣州小。这里,主要不是打不打中心城市的问题,而是对敌情的判断错误。[②]

---

①江小华:《中共苏区中央局的由来及其历任领导人》,《党史博览》2013 年第 9 期。

②张素华、边彦军、吴晓梅编著:《说不尽的毛泽东——百位名人学者访谈录》(上),辽宁人民出版社、中央文献出版社 1995 年版,第 533 页。

即打赣州不是路线之争,而是敌情判断之争。包括彭德怀在内的多数人对敌情的判断是错的,毛泽东的判断是准确的。为什么偏偏就他的判断准确呢?毛泽东也是从教训中得来的:

> 其实,红4军第三次入闽前,毛泽东也打过一次赣州,结果没有打下来,为此他曾总结出七条经验教训,教训之一就是对敌情的判断错误。毛泽东的高明,常常在于他有了一次教训后,下次就记住了,不再干了。别人不一定那样。①

打赣州的失败证明了毛泽东的正确,但赣州城下撤兵后,苏区中央局在江口圩召开扩大会议。会上再次发生激烈争执。多数人仍主张红军主力向北发展,继续去夺取赣江流域各中心城市。毛泽东再次反对,主张向敌人力量比较薄弱而群众基础较好的赣东北和闽北方向发展,再次被批评为对夺取中心城市过分恐惧的"右倾机会主义观念"。结果,会议还是遵从了多数人的意见。

这次会议是由周恩来主持的。

这个时期多数人对教训的汲取没毛泽东高明。周恩来再次支持了反对毛泽东意见的一方,为什么?因为这次是打不打中心城市的"路线之争"了。周恩来的支持,则是涉及他的党性问题,即执行党中央决定的坚决性。尽管我们不知周恩来此时对毛泽东的真实看法,但从后来他对毛泽东意见的真诚采纳,至少说明此时他不是完全否定毛泽东的。这也决定了他不会是对毛泽东"斗争坚决"的人。他几次做出否定毛泽东意见的结论,主要是遵从多数人的意见和临时中央的指示,贯彻"打中心城市"的决策。

1932年3月18日,红军分为中、西两路军向北发展,准备去夺取赣江

---

①张素华、边彦军、吴晓梅编著:《说不尽的毛泽东——百位名人学者访谈录》(上),辽宁人民出版社、中央文献出版社1995年版,第533页。

流域的中心城市。毛泽东随林彪、聂荣臻率领的中路军行动。

行军途中,毛泽东一再建议林彪和聂荣臻改向敌人力量薄弱的闽西进军,得到了两人的支持。3 月 21 日,林彪、聂荣臻向中革军委建议:“行动问题,我们完全同意毛泽东意见。”

> 3 月 27 日和 28 日,周恩来在瑞金主持召开苏区中央局会议讨论这个问题,决定将中路军改称东路军,同意由毛泽东以中央政府主席身份率领东路军攻打闽西的龙岩,并向东南方向发展。这对毛泽东是一个很大的支持。①

随后,毛泽东以个人名义致电周恩来,提出一个大胆的建议:东路军远离根据地,直下敌人力量薄弱的福建漳州。周恩来立即做出了反应:

> 周恩来接到毛泽东的电报后,立即从瑞金赶到长汀,在 4 月 1 日召开会议。②

从瑞金到长汀约 100 里的路程,周恩来立即出发并召开会议,说明了他对毛泽东建议的高度重视。会议听取福建省委关于漳州地区情况的报告后,周恩来同意了毛泽东的建议。

> 此后,毛泽东即以临时中央政府主席身份率东路军远征漳州。周恩来随中革军委留驻长汀,筹集给养,支援东征作战。③

---

①逄先知、金冲及主编、中央文献研究室编:《毛泽东传(1893—1949)》(一),中央文献出版社 2011 年版,第 285 页。

②逄先知、金冲及主编、中央文献研究室编:《毛泽东传(1893—1949)》(一),中央文献出版社 2011 年版,第 286 页。

③胡长水、李瑗:《毛泽东之路:横空出世》,中国青年出版社 1993 年版,第 495 页。

红军攻克漳州时打下的敌飞机

在毛泽东、周恩来一前一后的配合下，4月20日，东路军胜利攻占漳州城，俘敌副旅长以下官兵1674人，除缴获各种枪炮外，还缴获飞机两架，给福建之敌张贞部以歼灭性打击，达到了剪除粤军一翼的目的，对巩固闽西苏区，发展闽南游击战争有重要作用。这次战役再次证明了毛泽东的军事路线是正确的。5月3日，毛泽东以个人名义致电临时中央局，电文第一句就直接指出："电悉。中央的政治估量和军事战略，完全是错误的。"① 然后，向临时中央陈述自己的意见，批评他们的错误。

毛泽东此举让在上海的临时中央极为不满。

5月20日，临时中央给苏区中央局发出一份行文很长的指示电，批评毛泽东在三次反"围剿"中是"纯粹防御路线""游击主义"，"泽东及其他纯粹防御路线的拥护者"的消极态度"将削弱我们的防御力量，将不能扩大与巩固苏区"。同时，也批评周恩来到苏区后，对毛泽东的"有些错误已经纠正，或部分的纠正，在某些工作上有相当的转变"，但没有"彻底的转变，或

①毛泽东：《政治形势、军事战略和东西路军任务》，转引自胡长水、李瑗：《毛泽东之路：横空出世》，中国青年出版社1993年版，第495页。

者还未开始,或者没有达到必要的成绩”。①

正如金冲及所说的,周恩来是一个完美的执行者,② 在临时中央的严厉批评下,周恩来承认自己“犯了不可容许的迟缓、等待这样右倾机会主义错误”。③ 但是,这个检讨是否表明周恩来真和临时中央完全达到了一致,即认为毛泽东是“右倾机会主义”?这很难说。这个检讨表明了周恩来是一个党性很强的人,但从随后第四次反“围剿”作战的分歧来看,说周恩来对毛泽东的认识在这次检讨中再一次改变了,却不尽然。

6月,蒋介石调动大军对红军发动第四次“围剿”。如何对敌作战又成为十分紧迫的问题。毛泽东认为应先攻打敌人薄弱的乐安、宜黄、南丰、南城,先扫清北上通路的障碍,打通与赣东北根据地的联系,然后再图进展。但是,苏区中央局多数人提出“继续与敌人决战”,“迅速地夺取赣江流域中心城市,来实现江西首先胜利。”即主力在赣州上游渡河,沿赣江西岸北进,同蒋军主力决战。④

当分歧又一次出现时,周恩来却再次倾向了毛泽东这一边:

> 7月21日,周恩来以苏区中央局书记身份迅速来到红一方面军总部,同在前方的毛泽东、朱德、王稼祥会合。苏区中央局书记由任弼时代理。了解了实际情况后,周恩来很快同意了毛泽东的意见。⑤

接下来,周恩来采取了一系列支持毛泽东等人的做法。

---

①胡长水、李瑗:《毛泽东之路:横空出世》,中国青年出版社1993年版,第496—497页。

②张素华、边彦军、吴晓梅编著:《说不尽的毛泽东——百位名人学者访谈录》(上),辽宁人民出版社、中央文献出版社1995年版,第527—529页。

③金冲及主编:《周恩来传》(一),人民出版社、中央文献出版社2008年版,第251页。

④胡长水、李瑗:《毛泽东之路:横空出世》,中国青年出版社1993年版,第498页。

⑤胡长水、李瑗:《毛泽东之路:横空出世》,中国青年出版社1993年版,第498页。

7月25日23时,周、毛、朱、王就当前作战方向问题联名致电苏区中央局,提出:"我们再三考虑,认为赣江上游敌军密接,在任何一点渡河出击赣敌,都有被敌人断绝危险,如攻新城、南康,将引起粤赣敌人分进合击,或隔江对峙,造成更不利条件。""因此,决经赣江下游先取万安,求得渡河,解决陈罗(指敌陈诚、罗卓英)等4个师主力以取吉安等城市。如敌人渡河东决战更好。"①

同一日,周、毛、朱、王联名就毛泽东的任职向苏区中央局提出建议:

> 我们认为,为前方作战指挥便利起见,以取消政府主席一级,改设总政治委员为妥,即以毛任总政委。作战指挥权属总司令总政委,作战计划与决定权属中革军委,关于行动方针中央局代表有决定权。②

在此之前,苏区中央局曾提出由周恩来任红一方面军总政委。几人联名提议改由毛泽东担任总政委后,7月29日,周恩来写信给苏区中央局,再次陈述由毛泽东任总政委的理由:一、如果由自己任总政委,将"弄得多头指挥,而且使政府主席将无事可做",毛泽东"以政府主席名义在前方,实在不便之至"。二、"泽东的经验与长处还须尽量使他发展"。三、"有泽东负责,方能指挥适宜"。③ 因此,他希望中央局再三考虑前方意见。

周恩来为什么支持临时中央并不看好的毛泽东,是因为他经过一年多的苏区工作,确实看到了毛泽东的"经验与长处"。而他所言毛泽东的"经验和长处还须尽量发展",恰恰是对他1931年在中央指示信中指责毛泽东"狭隘的经验论"的否定。他说:"有泽东负责,方能指挥适宜",是对毛泽东的信任,至少是军事指挥上正确的信任。虽然他又认为毛泽东要"改正错

①胡长水、李瑗:《毛泽东之路:横空出世》,中国青年出版社1993年版,第498页。

②金冲及主编:《周恩来传》(一),人民出版社、中央文献出版社2008年版,第278页。

③金冲及主编:《周恩来传》(一),人民出版社、中央文献出版社2008年版,第278页。

误”,但肯定的方面多过了否定的方面。对此,胡长水、李瑗说:

朱 德

> 虽然周恩来对毛泽东的认识也有不全面之处,但在当时情况下,能做到这一点,已属不易了。

这表明了周恩来对毛泽东了解的加深。

在周恩来等人的支持下,8 月初,苏区中央局召开兴国会议。经过反复讨论,最后接受了毛泽东的建议,决定红军主力北上消灭乐安、宜黄、南丰之敌。8 月 8 日,中革军委主席朱德,副主席王稼祥、彭德怀联名发布《红一方面军总政委毛泽东已到军工作的命令》:

> 奉中央政府命令,特任毛泽东同志为红军第一方面军总政治委员,现毛同志已到军工作。我第一方面军全体战士今后应坚决在朱总司令与毛总政治委员领导之下,为发展革命战争争取革命在江西及邻近几省首先胜利而努力。仰我全体战士一体知照。[①]

与此同时,苏区中央局还决定,在前方组织最高军事会议,由周恩来、毛泽东、朱德、王稼祥组成,以周恩来为主席,负责处理前方的行动方针和作战计划。

就这样,在周恩来的力持之下,毛泽东又回到红军领导岗位上来了。

---

①胡长水、李瑗:《毛泽东之路:横空出世》,中国青年出版社 1993 年版,第 499 页。

8月15日，毛泽东、朱德以总政委、总司令名义联名向红军发布消灭乐安之敌的训令。

第二日，红一方面军集中优势兵力，向乐安之敌发起突然进攻。17日攻占乐安。随后转兵进攻宜黄。20日攻克宜黄。23日乘胜占领南丰。在乐安、宜黄战役中，毛泽东运用集中优势兵力、各个击破的原则，指挥红军打得迅猛异常，速战速决，全歼国民党一个师，俘敌5000余人，缴获长短枪4000余支，不仅江西之敌全部被调动，而且直接援助了鄂豫皖与湘鄂西两个苏区的反“围剿”作战。

接着，毛泽东、周恩来等人准备攻打南城，发现敌军十分强大后转兵回师到根据地内。而苏区中央局和临时中央则要求他们继续向北出击，威胁南昌城。于是，前方和后方再次发生分歧。

9月23日，周、毛、朱、王致电苏区中央局并转临时中央，申述他们对目前军事行动方针的意见：“出击必须有把握的胜利与消灭敌人一部，以便各个击破敌人，才是正确策略，否则急于求战而遭不利，将造成严重错误”。[①]

周恩来完全站在和毛泽东、朱德等人这一边。为此，他还力图去说服后方的苏区中央局：

> 第二日（即9月24日），周恩来又从宁都写信给苏区中央局，强调说：“行动计划已电告。据我们看来，这是目前情形中最好的办法。”[②]

但是，他们的行动计划还是遭到在后方的苏区中央局的反对。9月25日，苏区中央局复电周、毛、朱、王：“我们不同意你们分散兵力，先赤化南

①胡长水、李瑗：《毛泽东之路：横空出世》，中国青年出版社1993年版，第500—501页。

②金冲及主编：《周恩来传》（一），人民出版社、中央文献出版社2008年版，第280页。

丰、乐安,逼进几个城市来变换敌情,求得有利群众条件来消灭敌军”的计划。

双方的分歧仍在继续。

同一日,周、毛、朱、王再次致电苏区中央局,继续申述他们关于行动方针的主张,并提请召开苏区中央局全会讨论分歧意见。紧接着,毛泽东、朱德于第二日果断发布《敌大举进攻前部队向北工作一时期的训令》,决定继续执行原定行动计划。可是,这个训令让后方的苏区中央局十分恼怒。

29 日,苏区中央局回电:“我们认为这完全是离开了原则,极危险的布置。中央局决定暂时停止行动,立即在前方开中央局全体会议。”“我们四人(即任弼时、项英、顾作霖、邓发)并伯承同志明日下午由瑞出发,星夜兼程,计沃(2 号)晚可到前方。”①

在这一段时间中,周恩来包括王稼祥与毛泽东、朱德站在一起,与临时中央和后方苏区中央局发生严重分歧,在作战方针上对立。这表明身在前方的周恩来是实事求是的,是支持毛泽东等人的。金冲及说:

> 宁都会议前关于军事问题的那一场争论,前方的周毛朱王四个人意见是一致的,都是和后方中央局的争论。后方说你们不进攻,是消极等待主义。前方认为不能在不利条件下急于求战,主张先在那里发动群众,诱敌深入,集中兵力,等待战机,在运动中消灭敌人。前后方之间来来回回的电报多啦,不是一两句话说得完的。

由于双方分歧严重,电报来往不起作用。任弼时、项英、顾作霖、邓发和刘伯承到达宁都后,苏区中央局全体会议于 10 月 3 日至 8 日召开。史称这次会议为宁都会议。

①胡长水、李瑗:《毛泽东之路:横空出世》,中国青年出版社 1993 年版,第 503 页。

这次会议“开展了中央局从未有过的反倾向的斗争”，[①] 而斗争的矛头主要是指向毛泽东。因为毛泽东是前方军事方针实际上的主要决策者。在会上，毛泽东申明了自己的观点。但在强烈的攻击氛围中，他的辩白根本不起作用。

作为苏区中央局书记的周恩来在这次会议中的态度如何呢？

周恩来是在会议中途从前线飞马赶过来参加会议的。

> 他一方面主动承担责任；一方面温和地批评了毛泽东，承认“前方同志在会议前与发言中确有以准备为中心的观念，泽东表现最多，对中央指示迅速击破一面开始不同意，有等待倾向”，但不同意把毛泽东召回后方的意见。周恩来指出：“泽东积年的经验多偏于作战，他的兴趣亦在主持战争”，“如在前方则可吸引他贡献不少意见，对战争有帮助”。[②]

为此，周恩来提出两个方案选择：“一种是由我负主持战争全责，泽东仍留前方助理；另一种是泽东负指挥战争全责，我负监督行动方针的执行。”[③] 朱德、王稼祥也不同意调毛泽东回后方。但“大多数同志认为毛同志承认与了解错误不够，如他主持战争，在政治与行动方针上容易发生错误”。而毛泽东本人的态度是，既然不能取得中央局的全权信任，坚决不赞成第二个方案。最后，会议只好通过周恩来提出的第一个方案，即让毛泽东留在前方“助理”，又批准他“暂时请病假，必要时到前方”。[④]

这就是有名的宁都会议。

---

①金冲及主编：《周恩来传》(一)，人民出版社、中央文献出版社 2008 年版，第 282 页。

②胡长水、李瑗：《毛泽东之路：横空出世》，中国青年出版社 1993 年版，第 504 页。

③金冲及主编：《周恩来传》(一)，人民出版社、中央文献出版社 2008 年版，第 282 页。

④逄先知、金冲及主编，中共中央文献研究室编：《毛泽东传(1893—1949)》(一)，中央文献出版社 2011 年版，第 300 页。

左起:顾作霖、任弼时、朱德、邓发、项英、毛泽东、王稼祥

会后,苏区中央局一些人对周恩来的态度仍很不满,致电临时中央,抱怨他在会上“不给泽东错误已明确的批评,反而有些地方替他解释掩护”,认为他“在斗争上是调和的,是模糊了已经展开了的斗争战线”。①

实际上,周恩来在会上对项英的批评甚过了对毛泽东。金冲及说:

(宁都会议——引者注)现在就苦在没有会议记录,具体讲些什么,无从查找。不过看一看后方给中央的电报,也可以知道他们对周并不满意,说他是调和,说他批评项英甚至超过了批评毛泽东。②

在宁都会议后,周恩来给临时中央的报告中说:“在会议中我对泽东同志的批评是采取了温和态度”,“另外却指正了后方同志对他的过分批评。”③

①金冲及主编:《周恩来传》(一),人民出版社、中央文献出版社2008年版,第282页。

②张素华、边彦军、吴晓梅编著:《说不尽的毛泽东——百位名人学者访谈录》(上),辽宁人民出版社、中央文献出版社1995年版,第532页。

③金冲及主编:《周恩来传》(一),人民出版社、中央文献出版社2008年版,第282—283页。

博 古

这就是周恩来在宁都会议上对毛泽东的态度。

他的这个态度受到临时中央负责人博古的批评。博古说:

> 分散工作的观点,我是坚决反对的。在这里泽东又表现他一贯的观念,同时伍豪不能将自己正确路线与自己的权威与之作坚决斗争,而表示没有办法,又暴露一次调和以至投降的弱点。①

其中的“伍豪”即是周恩来。事实上,周恩来并不是没有办法,而是支持了毛泽东、朱德等人。

随后,在临时中央的指示下,苏区中央局改变宁都会议上毛泽东留在前方“助理”周恩来的决定,调回后方,主持中央临时政府工作。不久,临时中央宣布由周恩来兼任红一方面军总政委。

宁都会议及其随后的决定的后果是严重的。“宁都会议解除了毛泽东在红军中的领导职务,迫使他暂时离开红军。这不仅是对毛泽东的打击,而且最后导致了第五次反‘围剿’的失败和中央革命根据地的丧失。”②

1936 年 9 月,毛泽东在中央政治局扩大会议上回顾这次会议时说:宁都会议是“反冒险主义与冒险主义的斗争,是路线的斗争。”③ 但是,有意

①逄先知、金冲及主编,中共中央文献研究室编:《毛泽东传(1893—1949)》(一),中央文献出版社 2011 年版,第 297 页。

②逄先知、金冲及主编,中共中央文献研究室编:《毛泽东传(1893—1949)》(一),中央文献出版社 2011 年版,第 298 页。

③胡长水、李瑗:《毛泽东之路:横空出世》,中国青年出版社 1993 年版,第 506 页。

思的是,毛泽东在会议上与之斗争的对象,并不是后来一些人认为的周恩来。纵观宁都会议的前后,这次会议不是周恩来、毛泽东之间有矛盾,也不存在周恩来、毛泽东争权的事实。但是,为什么这个时期总会出现周恩来支持毛泽东而又不断去做检讨的情况呢?金冲及分析周恩来、毛泽东关系时说:

从总的看,毛泽东在政治上当然比周恩来要高,周恩来后来对毛泽东那样心悦诚服并不是偶然的。我的印象,周恩来大体上还是在共产国际及中共中央制定的方针之下,也就是在这个大框架下,对事情考虑得很周密,有条有理地去做。他那精力充沛、机智果断地处理各种复杂问题的能力,是别人很少能做到的。而毛泽东比周恩来又要高出一大头:只要时局有个变动,毛泽东一下子就能提纲挈领地对形势作出全盘分析,提出一整套适应新形势的理论、方针、政策,造成一个新的格局。毛泽东的秘书林克说,毛泽东敢想别人不敢想的问题,敢说别人不敢说的话,敢做别人不敢做的事。这是周难以达到的。后来周对毛的心悦诚服是真诚的。至于对中央苏区时期,说党内的主要矛盾是毛泽东、周恩来的矛盾,这是不了解实际情况的人的说法。

相反,通过这些风波尤其是宁都会议,反而加深了毛泽东和周恩来之间的了解和信任。会后,周恩来曾专门到毛泽东的住处探望。

李维汉回忆:

周恩来说,撤销毛泽东红军总政委职务时毛泽东说,需要我的时候,打个招呼,我就来。后来博古等没有让毛泽东出来再担负红军领导工作。

毛泽东与“左”倾路线的做法坚决不让步,却对周恩来有这样的态度,完全是对周恩来个人的信任，这也表明此时的周恩来与毛泽东是站在一起的。周恩来对毛泽东也表示出了尊重之情：

> 此后，周恩来对毛泽东仍很尊重。14 日，红一方面军发布的战略计划上，最后仍列上三个人的名字："总司令朱德，总政委毛泽东，代总政委周恩来。"周恩来还在计划上注明："如有便，请送毛主席一阅。"①

事实上，周恩来在宁都会议前后支持毛泽东的态度，自然不是博古所说的"没有办法"或者"调和"，说是"认同"，倒比较合适。周恩来从之前指责毛泽东是右倾，是"狭隘的经验论"，到站在毛泽东等人这边与苏区中央局多次电文辩驳，到宁都会议指正"后方同志对他的过分批评"，这些做法是周恩来对毛泽东深入了解的结果。而随着这种了解的进一步深入，他对毛泽东更多的是尊重而不是批评了。

而毛泽东对周恩来"军事工作我还愿意做"的表态，与他既不获信任就不负全责的坚决态度相比，多少是对周恩来的惺惺相惜及其工作的支持。正是宁都会议前后的风波，周恩来、毛泽东之间因为相互了解而彼此建立起了信任。以后，尽管党和红军因脱离了毛泽东的正确领导而步步迈上灾难的深渊，但是，周恩来、毛泽东之间的这种信任，最终成为了长征路上纠正"左"倾错误的重要力量。也是因为这种信任，也使得毛泽东再次回到了党和红军的领导岗位上来。

因此，宁都会议不仅不是周恩来、毛泽东争权，反而加深了他们之间的了解和信任。

---

①胡长水、李瑗：《毛泽东之路：横空出世》，中国青年出版社 1993 年版，第 504 页。

6.“它是周恩来和毛泽东之间紧密结合的开端,这种结合终生未变”

1934 年 10 月,由于第五次反“围剿”作战失败,党中央不得不率领中央红军被迫离开苏区,开始战略性大转移。就在这样漫无目的地的转移途中,周恩来和毛泽东再次走到一起了。

毛泽东、周恩来和朱德等在一起

早在六七月的时候,因为前方战况不利,党中央成立了由博古、李德和周恩来组成的三人团准备战略转移,但政治上由博古做主,军事上由李德做主;周恩来只负责执行且不能参与重大决策。① 周恩来虽于 1934 年 2 月当选中革军委副主席,事实上此时也已被排挤在红军领导权之外了。但是,他与毛泽东在宁都会议前后建立起来的信任和交往没有中止。

8 月中旬,周恩来病倒了。红一方面军总部卫生员李佑福记述了毛泽

①金冲及主编:《周恩来传》(一),人民出版社、中央文献出版社 2008 年版,第 306—307 页。

东、周恩来此时的交往：

> 总政委患的是伤寒病，一连十几天不能退烧……朱德同志和毛泽东同志差不多每天几次进总政委的房间看他（当时他们都住在一个院）。有一天，毛泽东同志来看望总政委，两人谈了一两个小时话，离开时，毛泽东同志对我说：“小鬼，总政委需要很好的休息。”对此，我一时摸不着头脑，就去问康大姐，康大姐说：“意思是，如果总政委睡了或在痛苦时，来人看望不要让进去。”从此，我就按他的话去做了。

10 月 21 日下午，还没有病愈的周恩来踏上了战略大转移的征途。没有人通知毛泽东走。他看见大部队出动，便自己带着警卫员出发。在随后的征程中，没有人管毛泽东，周恩来却关注着他，并利用自己的身份进行保护。

离开中央苏区后，红一方面军连续闯过蒋介石重兵布设的三道封锁线，来到了湘江边。在突破第四道封锁线时，红军在湘江边激战了一个星期，部队从八万人锐减到三万人，付出了巨大的代价。在万分危急中，毛泽东是如何过湘江的呢？毛泽东的警卫员闽中一回忆：

> 湘水横流浪滔天，湘江两岸枪声急。蒋介石在这早布下了第四道封锁线，调集了 40 万大军，分成三路，从四面八方向我军包围拢来，前堵后追，企图消灭我军于湘江之侧，情况万分紧急。我军激战七昼夜，终于来到了湘江渡口，在弹雨纷飞中横渡湘水。这天，我护卫着毛主席奔向渡口。离渡口指挥部不远，就听得一位指挥员在询问：“毛主席过江了没有？”
>
> “没有！”渡江指挥部的同志回答说。
>
> 这位指挥员就踮起脚尖，用焦急的眼光在过江队伍中扫视。这时正好毛主席赶到，那指挥员一见，立即迎上前去。这位指挥员不

> 是别人而正是周恩来副主席。周副主席走到毛主席身边,扼要地报告了敌情,请毛主席迅速过江。毛主席说:“我们一起过吧。”周副主席摇摇手说:“不,你先过,你先过。我还要到后面去交代任务。”于是我们只好跟毛主席先上了浮桥,然后大步奔向对岸。我们过了湘江,看到周副主席还站在渡口,目送着毛主席过江。

此情此景,几十年之后,老红军闽中一还记忆犹新,并且感叹:“当时,毛主席被王明机会主义路线所排斥,而周副主席已经从斗争实践中认识到了毛主席的路线英明正确,衷心地爱戴毛主席,深切地关怀着毛主席。”[①]作为历史见证人,闽中一的话是可信的。

经过失败的挫折和之前胜利的比较,此时周恩来已经完全认识到了毛泽东的正确。与此同时,张闻天、王稼祥、刘伯承、聂荣臻等越来越多的人也开始意识到毛泽东的正确。于是,毛泽东的正确主张开始在红军中又起作用了。

越过湘江之后,12 月 11 日,红一方面军经过艰苦行军,占领湖南的通道县城。这时蒋介石已判明红军将北上同湘西的红二、六军团会合,并在通往湘鄂西的道路上构筑了四道碉堡线,集结重兵准备将红军一网打尽。若按原计划行进,红军将钻入敌人预设的口袋。毛泽东力主红军放弃北上同红二、六军团会合的计划,改向敌人力量薄弱的贵州,以摆脱敌人。12 月 12 日,在通道的临时会议上,毛泽东的意见得到了王稼祥、张闻天和周恩来等人的赞同。虽然博古、李德仍然坚持北出湘西同二、六军团会合,但遭到大多数人反对。会后,红军改向贵州方向前进。15 日,进入黎平。

然而,对于红军下一步方向的争论并没有结束。

12 月 18 日,中央政治局在黎平召开会议,讨论行动方向。会上,多数人和李德发生激烈的争论。周恩来主持会议,也站到了毛泽东一边。周恩来

①闽中一:《山山水水记深情》,《解放日报》1977 年 1 月 11 日。

后来回忆:

> 从湘桂黔交界处起,毛主席、王稼祥、洛甫即批评军事路线,一路开会争论。从老山界到黎平,在黎平争论尤其激烈。这时李德主张折入黔东。这也是非常错误的,是要陷入蒋介石的罗网。毛主席主张到川黔边建立川黔根据地,我决定采取毛主席的意见,循二方面军原路西进渡乌江北上。李德因争论失败大怒。此后我与李德的关系也逐渐疏远。我对军事错误开始有些认识。军事指挥与以前也不同,接受毛泽东的意见,向前方只指出大方向,使能机动。①

在周恩来的坚持下,黎平会议接受了毛泽东的转兵主张。"周恩来能同毛泽东站在一起,坚决支持毛泽东的正确主张,是很自然的。"② 这个"很自然",不是说红军到了穷途末路周恩来才意识到毛泽东的正确,而是他在长征前就对毛泽东的正确有了深刻的体会。而毛泽东的改向主张一旦变成行动,红军就争取了主动,立即把蒋介石的几十万追兵甩在了湘西。

1935 年 1 月 7 日,红军胜利占领贵州遵义城。1 月 15 日至 17 日,党中央召开中央政治局扩大会议。这次会议,是王稼祥与毛泽东商议后由王稼祥出面提议,并得到张闻天、周恩来、朱德等人的支持而召开的。

在会上,博古做政治报告,为自己的错误军事领导进行辩护。接着,周恩来做军事问题的副报告,指出红军军事失利的原因是在军事领导上发生了战略战术的错误,做了自我批评,也批评了博古和李德。随后,张闻天(洛甫)做反对"左"倾军事路线报告,毛泽东接着进行长篇发言。毛泽东在发言中指出博古、李德等的军事领导是错误的,表现为进攻中的冒险主义、防御

---

①周恩来:《党的历史教训(节录)》,中共中央党史资料征集委员会、中共中央档案编:《遵义会议文献》,人民出版社 1985 年版,第 64 页。

②金冲及主编:《周恩来传》(一),人民出版社、中央文献出版社 2008 年版,第 311 页。

中的保守主义和转移中的逃跑主义。毛泽东发言后,王稼祥站起来,支持毛泽东的意见,批评博古、李德在军事上的错误领导。

王稼祥

周恩来是党中央最高领导三人团成员、中军革委副主席、红军总政委。他是什么态度呢?聂荣臻回忆说:

> 他(周恩来)从长期的实践中,已经认识到毛泽东同志的见解是正确的,也赞成毛泽东同志出来领导。

在王稼祥发言后,周恩来也接着发言。在发言中,“周恩来……支持毛泽东对第五次反‘围剿’中单纯防御路线的批评,并全力推举由毛泽东来领导今后红军的行动”。[①] 聂荣臻回忆:

> 周恩来、王稼祥同志他们两个人的态度对开好遵义会议起了关键作用。

王稼祥是红军总政治部主任。周恩来和王稼祥两人既是博古等人倚重的干部,也是党和红军中的主要领导人。他们的态度可以左右和决定会议的走向。他们对博古、李德等人的批评和对毛泽东的支持是否成为大家的共识尤为重要。

①胡长水、李瑗:《毛泽东之路:横空出世》,中国青年出版社1993年版,第532—533页。

为什么?军事科学院毛泽东思想研究所所长单秀法说:

在博古、李德受到批判时,周恩来实际上是党内、军内最高领导人,又是遵义会议的组织者。如果周恩来在取消博古与李德对军队的领导权、是否让毛泽东出来领导红军这个根本问题上态度不明确,或者利用共产国际的权威,仍维持“三人团”的领导(这种可能性是存在的,遵义会议没有马上取消博古负总责的情形就是证明),那便难于开好遵义会议。①

对于会议中的支持与反对情况,陈云在传达提纲中说:

扩大会中恩来同志及其他同志完全同意洛甫及毛王的提纲和意见,博古同志没有完全彻底的承认自己的错误,凯丰同志不同意毛、张、王的意见。②

经过与会者三天的激烈讨论,会议终于做出几个至关重要的决定:

(一)毛泽东同志选为常委。

(二)指定洛甫同志起草决议,委托常委审查后,发到支部讨论。

(三)常委中再进行适当的分工。

(四)取消三人团,仍由最高军事首长朱、周为军事指挥者,而恩来同志是党内委托的对于指挥军事上下最后决心的负责者。③

---

①单秀法:《毛泽东与周恩来》,中国青年出版社 2008 年版,第 108 页。

②陈云:《遵义政治局扩大会议传达提纲》,《遵义会议文献》,人民出版社 1985 年版,第 42 页。

③陈云:《遵义政治局扩大会议传达提纲》,《遵义会议文献》,人民出版社 1985 年版,第 42 页。

会后,中央政治局常委分工,以毛泽东为周恩来军事上的帮助者。这样,毛泽东重新回到了党中央和红军的领导地位,与周恩来成为了军事指挥上的搭档。

> 由于王稼祥、张闻天大力支持毛泽东,也由于周恩来与毛泽东的通力合作——这种合作既有毛泽东对周恩来的批评和信任,又有周恩来对毛泽东的全力支持,顺利地召开了遵义会议,从组织上取消了李德、博古对红军的指挥权,肯定了毛泽东军事路线的正确性,重新恢复了毛泽东对红军的领导……①

遵义会议结束后十几天就是农历春节,家家户户开始迎新年。由于艰苦转战和对“左”倾路线的紧张斗争,毛泽东消瘦了很多,身边的警卫员很想弄点好吃的东西给他改善一下伙食,可总弄不到什么东西。一天,突然来了意外的惊喜。闽中一回忆:

> 有一天,我在家里值班,忽然,从院子里传来了一阵脚步声。我回头一看,那不是周副主席的警卫员吗?他手捧一个大土碗,笑嘻嘻地向我走来。我赶紧迎上前去问:“看你这个高兴劲,准有什么喜事!”他笑而不答,把大碗往桌上一放,说:“你看,这是什么?”我仔细一看,啊,这是一大碗红烧蹄膀。我忙问:“这是哪里弄来的?”那个战士说,“是周副主席让我送来的。”这个警卫员还告诉我,这蹄膀是国家保卫局李克农部长看见周副主席身体不好,特地捎给他的,而周副主席却硬是亲手用刀切了一大半给毛主席送来。我双手捧起了碗,心里一阵激动。周副主席呀,你总是时时想到毛主席,处

---

①单秀法:《毛泽东与周恩来》,中国青年出版社2008年版,第109页。

处关心毛主席，你比我们警卫战士想得更周到细致呀！……晚上，毛主席开完会回来了，他惊奇地问:“这么好的蹄膀哪里带来的？”我把刚才的情况如实讲了。毛主席听后沉默了一会，认真地对我说:“下次可不能再收,你看看周副主席行军作战,多么辛苦呀,要注意他的身体！”我更加激动了,眼泪差点掉下来！①

一只被切成了两半的蹄膀,就是周恩来、毛泽东之间相互尊重、相互关心之情的证明。闽中一后来说:“我觉得,在我们党内激烈的路线斗争的关键时刻,周副主席送的不仅仅是半只蹄膀,而是献给党,献给毛主席的一颗火红的忠心啊！”此话不无道理。

遵义会议是党和红军的命运的一次重大转折,对周恩来、毛泽东关系来说也是一个大转变。遵义会议后,名义上周恩来是军事上下最后决心者,但实际上毛泽东很快成为了军事上的最高指挥者。周恩来后来回忆:

从遵义一出发,遇到敌人一个师守在打鼓新场那个地方,大家开会都说要打,硬要去攻那个堡垒,只毛主席一个人说不能打,打又是啃硬的，损失了更不应该，我们应该在运动战中去消灭敌人嘛！但别人一致通过要打,毛主席那样高的威信还是不听,他也只好服从。但毛主席回去一想,还是不放心,觉得这样不对,半夜里提马灯又到我那里来,叫我把命令暂时晚一点发,还是想一想。我接受了毛主席的意见,一早再开会议把大家说服了。这样,毛主席才说:既然如此,不能像过去那么多人集体指挥,还是成立一个几人的小组,由毛主席、稼祥和我,三人小组指挥作战。从那个时候一直到渡金沙江,从1月、2月出发,到了5月,这是相当艰难困苦的一个时期,

①闽中一:《山山水水记深情》,《解放日报》1977年1月11日。

> 走“之”字路,四渡赤水河。从土城战斗渡了赤水河。我们赶快转到三省交界即四川、贵州、云南交界地方。有个庄子名字很特别,叫“鸡鸣三省”,鸡一叫三省都听到。就在那个地方,洛甫做了书记,换下了博古。

在“鸡鸣三省”换下博古,实际上是党内总负责人的正式移交。党中央于2月5日决定以张闻天接替博古负党中央总的责任,并成立由毛泽东、周恩来、王稼祥组成的中央三人军事指挥小组,负责指挥全军的军事行动。

毛泽东地位的提升,使得周恩来、毛泽东关系由宁都会议前的“周主毛辅”,转变为遵义会议后的“毛主周辅”格局。[①] 著名的英籍华人作家韩素音也是持如此观点,认为在周恩来、毛泽东关系中,“遵义会议是一个分水岭,是一个分界线”。[②] 并且,她肯定这个崭新的转变:

> 这次会议确立了毛泽东在全党和红军中至高无上的地位,它是周恩来和毛泽东之间紧密结合的开端,这种结合终生未变。这并不是一个轻松的联盟,因为它是由一些相反相成的因素构成的:一致与不和,忠诚与怨恨。这两位伟人彼此之间有一种互相吸引的魅力,因为他们在性格上、思想上和体魄上都完全不同。只有了解中国历史传统的人,才有可能理解这种结合。
>
> ……
>
> 周恩来发现了毛泽东。他发现了一个高瞻远瞩的天才,在这个天才身上,他倾注了自己对中国深挚的感情。

---

①单秀法:《毛泽东与周恩来》,中国青年出版社2008年版,第96页。

②韩素音:《周恩来与他的世纪》,中央文献出版社1992年版,第160页。

新中国成立后在尼泊尔见过周恩来的英国人狄克·威尔逊说：

> 在1935年遵义会议上，他（周恩来）作了戏剧性的转变，从毛的上司和批评者，变成毛的下属和支持者。这种不寻常的合作关系，后来决定了人民共和国的整个活动范围和进程……

这种转变使得周恩来从属于毛泽东的领导了。但他对这种角色的转变没有怨言，是愉快接受的。这种没有怨言和愉快接受，既源自于为韩素音所说的周恩来对毛泽东的"发现"，也源自于他对毛泽东的"心悦诚服"。

单秀法认为"毛主周辅"这种格局是非常合理的：

> 周主毛辅的关系转变为毛主周辅后，他们才在这种既符合中国革命实际，又真实反映两人本质关系的历史框架中，各自发挥了雄才大略和聪明才智，不仅胜利地摆脱了蒋介石几十万大军的围追堵截，挽救了红军，取得了长征的伟大胜利，而且为整个中国革命的胜利提供了组织保证。

因此，在遵义会议后，党和红军在毛泽东的领导下一改以前被动挨打的劣势，迅即变得主动起来，进入了一个重新焕发出巨力的新阶段。

7.“如果没有毛泽东,周恩来不会成为今天这样的周恩来”

在谈到周恩来和毛泽东的“一致”和“不一致”时,金冲及说:

> 照我看,他们两人对中国革命和建设的大目标是一致的,而且周恩来对毛泽东确实心悦诚服。否则就无法解释他们之间为什么能建立起这样亲密而默契的合作关系。当然,他们之间对有些问题的看法也有差别以至分歧。但他们之间一直没有发生过正面的尖锐的冲突,这和其他不少领导人显然不同。

长征中的周恩来

产生这种“看法的差别以致分歧”的一个重要原因,就是金冲及所说的:“我的印象,周恩来大体上还是在共产国际及中共中央制定的方针之下,也就是在这个大框架下,对事情考虑得很周密,有条有理地去做。”[①] 这个“大框子”也是周恩来的党性,遵义会议前是,遵义会议后也是,可以说持续了很长一段时间。而毛泽东则不拘泥于

①张素华、边彦军、吴晓梅编著:《说不尽的毛泽东——百位名人学者访谈录》(上),辽宁人民出版社、中央文献出版社 1995 年版,第 534 页。

这个“大框子”,更勇于从实际出发以制定更实用有效的方针和政策。

在遵义会议后,在毛泽东的领导下,党和红军逐渐摆脱困境,走出了一个崭新的局面,周恩来、毛泽东之间也形成了高度的默契,是党内外工作中的一对难得的好搭档。但是,全面地探究周恩来、毛泽东关系,还不得不涉及抗战时期周恩来在武汉前后与毛泽东的分歧。

韩素音说:“在武汉沦陷前, 王明和博古一直与周恩来在办事处里共事。这就避免了与毛的直接冲突,但却使周恩来成了嫌疑分子。”[①] 韩素音的说法不完全正确,但也不是空穴来风。单秀法说:

> 自从王明于1937年11月29日回到延安后, 毛泽东和王明的关系使周恩来处于一个非常敏感的位置,毛周之间出现了一些“嫌疑”性的东西,具体要从1937年12月的中央政治局会议即“十二月会议”说起。[②]

1937年12月的中央政治局会议是因王明的建议而召开的。王明在六届四中全会后不久就离开中国去了莫斯科, 担任中共驻共产国际代表,后当上共产国际执委和主席团委员、候补书记,一直在国外遥控博古等人,是遵义会议前党中央的实际领导人。中央苏区时期的“左”倾错误,都是博古等人执行他的指令造成的。这一次,王明在回国前先后会见了苏共领导人斯大林和共产国际执行委员会总书记季米特洛夫,可以说是带着共产国际的最高指示来的。并且,季米特洛夫还曾认为王明在中共应取代毛泽东:

> 在他回国之前, 共产国际书记处于8月10召开专门会议……季米特洛夫认为,……中国共产党……“需要能在国际形势中辨明

①韩素音:《周恩来与他的世纪》,中央文献出版社1992年版,第156页。

②单秀法:《毛泽东与周恩来》,中国青年出版社2008年版,第132页。

方向、有朝气的人去帮助中共中央”。此人不是别人,正是王明。①

毛泽东真诚地欢迎王明等人回国一起工作,在机场迎接时把他们的到来称作“喜从天降”。但是,张国焘回忆:

王明当时俨然是捧着尚方宝剑的莫斯科“天使”,说话的态度,仿佛是传达圣旨似的,可是他仍是一个无经验的小伙子,显得志大才疏,爱放言高论,不考察实际情况,也缺乏贯彻其主张的能力与方法。他最初几天的表演就造成了首脑部一些不安情绪。②

王明的表现确实大有钦差大臣的味道:

王明回来了就说:我们能回来,是共产国际派回来的,斯大林派回来的。但是,他在延安欢迎他的大会上的讲话,连李德听起来,都明白:“可以被看作是对毛的党内政策以及全国政策的十分谨慎的批评。”③

在王明的要求下,12 月党中央召开政治局会议。在会议上,王明做了《如何继续全国抗战与争取抗战胜利呢?》的报告,其中讲了要坚持抗战、坚持统一战线的正确意见,但在怎样巩固统一战线、怎样争取抗战胜利等方面,他却对党中央提出了批评,有的甚至是直接针对毛泽东个人的。

对王明的这些观点,1945 年 6 月 10 日,毛泽东在党的七大讲话中说:

遵义会议以后,中央的领导路线是正确的,但中间也遭过波折。

---

①黄允升等:《毛泽东与中共早期领导人》,中共党史出版社 1997 年版,第 380—381 页。

②张国焘:《我的回忆》第 3 册,东方出版社 1991 年版,第 424 页。

③黄允升等:《毛泽东与中共早期领导人》,中共党史出版社 1997 年版,第 383 页。

抗战初期，十二月会议就是一次波折。十二月会议的情形，如果继续下去，那将怎么样呢？有人说他奉共产国际命令回国，国内搞得不好，需要有一个新的方针。所谓新的方针，主要是在两个问题上，就是统一战线问题和战争问题。在统一战线问题上，是要独立自主还是不要或减弱独立自主？在战争问题上，是独立自主的山地游击战还是运动战？[①]

王 明

王明在这两个问题上的主张可以概括为两个方面：

一个是"一切经过统一战线"，反对以左、中、右来划分国民党；反对提无产阶级领导权，军队"受蒋统一指挥"，反对建立抗日政府。还一个就是反对毛泽东确立的"独立自主的游击战"和"统一战线中的独立自主"这两个新的战略原则。[②]

在十二月会议上，针对王明的"批评"，毛泽东就独立自主和独立自主的山地游击战，国民党左、中、右的不同倾向，国共两党谁吸引谁，群众救亡

①中共中央文献研究室编：《毛泽东在七大的报告和讲话集》，中央文献出版社1995年版，第231页。

②单秀法：《毛泽东与周恩来》，中国青年出版社2008年版，第133页。

运动中的迁就主义,统一战线中“和与争”的对立统一,改造政府和改造军队的必要性等问题,都做了辩白和进一步的解释。

在会上,周恩来也就抗日战争和统一战线问题发表了意见。他是什么观点呢?

他(周恩来)认为,从山西的情况来看由于没有实行抗战高于一切的原则,而把独立自主提得太高,所以党内、军内和各地都有不利于抗战、不利于统一战线的思想、言论及行动。①

这是什么意思呢?单秀法说:“周恩来的这一思想显然是倾向于王明的,并且是从实践中提出来的。”② 为什么周恩来会倾向王明呢?黄允升说,王明的这个报告,“是打着传达共产国际精神的旗号的,因而迷惑了一部分人”。③ 单秀法也说:“这是因为王明的报告是打着传达共产国际和斯大林的指示做的,同时又比较全面、系统,正确与错误交织在一起”。④ 因此,对王明的说法,不仅周恩来有所倾向,而且彭德怀也对王明批评毛泽东的山地游击战的说法表示了赞同。⑤

除王明的报告把对错混淆在一起难以辨别外,周恩来和彭德怀支持他,与两人此时的思想认识有关系。单秀法认为,一个主要原因,是“因为他们两人共同奋战在山西抗战第一线,与国民党军队和阎锡山的交往过程中,易于形成抗战高于一切、更加强调统一战线的思想认识”:

11 月 5 日,毛泽东致电周恩来,要他速回延安开会,以便在月底赴长江流域活动。11 月 25 日,周恩来和彭德怀一起回到延安。在

①单秀法:《毛泽东与周恩来》,中国青年出版社 2008 年版,第 133 页。

②单秀法:《毛泽东与周恩来》,中国青年出版社 2008 年版,第 133 页。

③黄允升等:《毛泽东与中共早期领导人》,中共党史出版社 1997 年版,第383 页。

④单秀法:《毛泽东与周恩来》,中国青年出版社 2008 年版,第 133 页。

⑤彭德怀传记编写组:《彭德怀传》,当代中国出版社 1993 年版,第 177 页。

回延安的途中，他们也曾交换看法。洛川会议上，关于游击战和运动战的关系，他们的意见也比较相近。加上周恩来很强的组织观念和对共产国际的尊重，在12月会议上周恩来更多的是保持沉默，并多少像彭德怀一样，在个别问题上倾向于王明。①

单秀法对周恩来倾向性原因的这些个分析，同时也验证了金冲及所言的共产国际之于周恩来的影响。但是，由于毛泽东、张闻天两人的坚持，十二月会议没有形成一个决议。

十二月会议对王明的工作做出了组织分工，由周恩来、王明、博古、叶剑英等组成中共中央代表团，到武汉与蒋介石继续进行国共合作谈判。同时，由项英、周恩来、博古、董必武等组成中共中央长江局，领导南方地区党组织工作。两个班子都在武汉办公，共同成员有周恩来、博古。

12月15日，周恩来、王明等人到达武汉。

12月23日，两套班子召开第一次联席会议。这个联席会议却做出一个决定：两套班子合并，对内叫长江中央局，对外叫中共中央代表团，以王明为书记，周恩来为副书记。会后，合并和职务安排再上报在延安的中央政治局。

这个合并，不是党中央的计划；让王明担任长江中央局书记，也不是党中央的原意。这个做法事实上授予了王明领导两套班子的权力。这是一个重大的任命，但事先没请示，事后报告大有先斩后奏的味道。并且，这个做法还违背了党中央原要求王明与蒋介石谈判后立即返回延安的工作安排。单秀法说：

①单秀法：《毛泽东与周恩来》，中国青年出版社2008年版，第137页。

> 因为王明去武汉,是蒋介石为了解共产国际(尤其是苏联和斯大林)对中国抗战、特别是对国民党的态度而特邀他前往一谈的。中央政治局决定王明去武汉与蒋交谈后即回中央(延安)工作。现在王明自作主张不仅留在武汉不回延安,而且要当中央长江局书记。所以,中央政治局、毛泽东对王明的报告一直没作明确的批示(即没有同意,亦未予否认)。

随后,王明俨然以共产国际和中央代表自居,把自己凌驾于党中央之上。12月25日,他未经党中央审查就以中共中央名义发表《中共中央对时局宣言》。1938年2月2日,长江局未经毛泽东和中央书记处审查和同意,又发表王明起草的《毛泽东先生与延安〈新中华报〉记者其光先生的谈话》。

1938年周恩来和邓颖超在武汉

王明等人的做法引起了延安的注意,也牵涉了周恩来。

两套班子的合并和任职,虽然主要是王明的想法,但周恩来、博古等人参与且没有反对。这些未经党中央同意发表的文章、电报,虽然都是王明的思想,甚至是他起草的,但周恩来、博古等人都在上面署了名。因此,周恩来本人自然也引起了毛泽东和张闻天等人的关注。

此时国民党领导的国民政府改组其军事委员会，下设军令、军政、军调、政治四个部。现在国共合作了,蒋介石决定由陈诚为政治部部长,周恩来为副部长。为此,陈诚亲自登门相请。与此同时,国民政府行政院院长孔祥熙也表示要周恩来到行政院任职,并由副院长张群出面相邀。但是,这些要求都遭到了周恩来和中共代表团的婉言拒绝。

然而,蒋介石坚持要周恩来就任政治部副部长,并要陈诚、张群等人转告。1月21日,中共代表团电告延安的党中央:一、“蒋、陈提及政治部副部长仍要周做”,周再三推辞,说做副部长可能引起两党磨擦,恐不妥。二、蒋仍要周做,并表示:不要怕磨擦,可以避免磨擦;政治工作方针是加强部队,发动民众;副部长职权可明确规定,能负其责;编制人事还未定,都可商量;康泽可以共事,不致捣乱。三、新政治部2月1日开始工作。四、我们认为,孔祥熙为主和者,行政院方面应谢绝;政治部属军事范围,为推动政治工作,改造部队,坚持抗战,扩大我党影响,可以去担任职务。如果屡推不干,会使蒋、陈认为共产党无意相助,使反对合作者的意见得到加强。①

但是,接到电报后,中央书记处还是没有给予答复。②

2月6日,国民政府军委会政治部在武汉宣布成立,任命陈诚为政治部部长,黄琪翔、周恩来为副部长。中央书记处仍无批示。③ 2月17日,周恩来写信给郭沫若(蒋介石、陈诚要求郭沫若担任政治部第三厅厅长),并告诉他:自己原则上决定干。④

在党中央没有表态的情况下,周恩来决定干了。因为,他认为担任此职,确实有利于国共合作。

2月27日至3月1日,王明、周恩来等人返回延安,参加中央政治局会议。大概在延安他向毛泽东等人讲述了担任此职的必要性,这样,党中央才

①金冲及主编:《周恩来传》(一),人民出版社、中央文献出版社2008年版,第395页。

②单秀法:《毛泽东与周恩来》,中国青年出版社2008年版,第137页。

③单秀法:《毛泽东与周恩来》,中国青年出版社2008年版,第137页。

④金冲及主编:《周恩来传》(一),人民出版社、中央文献出版社2008年版,第402页。

同意周恩来出任此职。[1] 周恩来担任此职后，成为抗战期间中共在国民党军政部门中担任的唯一要职。

可是，王明的非组织性活动并没有结束。

在中央政治局会议上，毛泽东提出："在今天的形势下，王明不能再到武汉去"，但王明执意要去武汉。会议只好同意他和凯丰一起去武汉，并明确"王明同志留一个月再回来"。然而，王明去了之后，继续留在武汉不返回延安。[2] 不仅如此，王明和中共代表团继续对外发表一些非组织性的东西和拒绝执行党中央的指示：

> 3月24日，王明擅自将《中共中央对国民党临时全国代表大会的提议》（王明起草，未经中央同意）送交国民党，并且不及时把党中央起草的《中共中央致国民党临时全国代表大会电》送交国民党。7月上旬，中共中央致电长江局，要他们在《新华日报》上刊登毛泽东的《论持久战》，王明等借口文章太长不予登载。中共中央再次致电长江局，要《新华日报》分期刊登，王明等仍不同意。[3]

对此，单秀法的结论是："王明的这些做法，根本没把党中央及毛泽东放在眼里。"

王明等人的做法使一个共产党对外发出了两个不同的声音。李德在他的回忆录中说："我们把华中局（应为长江局）叫做'第二政治局'。事实上以后在华中局（应为长江局）和延安中央委员会之间已经有了某种程度的分工——长江局贯彻的是1937年12月决定的并得到共产国际执行委员会支持的统一战线的路线，而毛泽东在延安却采取了他自己的政策。"[4]

---

①单秀法：《毛泽东与周恩来》，中国青年出版社2008年版，第137页。

②黄允升等：《毛泽东与中共早期领导人》，中共党史出版社1997年版，第385页。

③单秀法：《毛泽东与周恩来》，中国青年出版社2008年版，第136页。

④[德]奥托·布劳恩：《中国纪事》，李逵六译，东方出版社2004年版，第298页。

王明的行为之所以能影响甚至包括周恩来在内的一批人,从李德的叙述来看,他贯彻的是共产国际的路线且以钦差大臣自居,这确实是一个相当大的原因。但是,王明的影响很快就被一个人的到来遏制了。

他就是王稼祥。

1939 年 7 月,王稼祥从莫斯科回国,9 月到达延安,向毛泽东等人传达了季米特洛夫获悉王明在国内的表现后和任弼时的谈话的内容,其中季氏说:“应该承认毛泽东同志是中国革命斗争中产生出来的领袖, 请告诉王明,不要竞争了吧! ”① 随后,王稼祥在中央政治局会议上对此作了正式的传达。

9 月 29 日, 党中央在延安召开六届六中全会。周恩来等人回延安参加。

> 王稼祥先在会上传达了共产国际和季米特洛夫的指示,第一肯定了“中共的政治路线是正确的”,第二是肯定了中共中央的领导机关要“以毛泽东为首”。②

这是极为重要的。李维汉回忆:

> 季米特洛夫的话在会上起了很大作用,从此以后,我们党就进一步明确了毛泽东的领导地位,解决了党的统一领导问题。③

在会上,毛泽东做了报告,在结论中突出地强调了统一战线中的独立自主问题,明确指出:“一切经过统一战线”是不对的。因为,国民党是当权

①黄允升等:《毛泽东与中共早期领导人》,中共党史出版社 1997 年版,第 386 页。

②黄允升等:《毛泽东与中共早期领导人》,中共党史出版社 1997 年版,第 390 页。

③李维汉:《回忆与研究》(上),中共党史资料出版社 1986 年版,第 416 页。

毛泽东(前排左二)、周恩来(后排右二)等人在延安

的党,它至今不许有统一战线的组织形式;在敌后,只有根据国民党已经许可的东西(例如《抗战建国纲领》),独立自主地去做,无法“一切经过”。实际上,国民党的方针是限制我们发展。“我们一定不要破裂统一战线,但又绝不可自己束缚自己的手脚,因此不应该提出‘一切经过统一战线’的口号。‘一切服从统一战线’,如果解释为‘一切服从’蒋介石和阎锡山,那也是错误的。我们的方针是统一战线中的独立自主,既统一,又独立。”①

六届六中全会决定撤销长江局,设立中原局和南方局,由刘少奇和周恩来分别担任书记。

就这样,六届六中全会结束了王明的错误做法。但是,他的错误性质是十分严重的,黄允升说:

①黄允升等:《毛泽东与中共早期领导人》,中共党史出版社 1997 年版,第 391 页。

王明在武汉时……根本不把以毛泽东为代表的中共中央看在眼中，搞他的右倾投降主义。他的错误，一度在其把持的中共中央长江局和项英负责的中共中央东南分局以及新四军的工作中造成恶劣影响，严重地阻碍了人民革命力量在长江领域的发展壮大，并导致了 1941 年新四军在“皖南事变”中的严重损失。

在会上，周恩来发了言，但第二天没等会议结束，为转交毛泽东给蒋介石就统一战线等问题的一封亲笔信，就离开延安去了武汉。

尽管周恩来曾附和过王明的一些做法，但毛泽东此时对他还是很信任。毛泽东在给蒋介石的信中写道：“因武汉紧张，故欲恩来不待会议完毕，即行返汉，晋谒先生，商承一切。未尽之意，概托恩来面陈。”单秀法认为，“‘商承一切’、‘概托恩来面陈’等语句无不反映毛泽东对周恩来的信任和期待”。①

确实如此，六届六中全会虽然撤销了长江局，但同时成立了南方局，周恩来不仅没有降职而且由长江局的副书记改为南方局书记，体现出了毛泽东等人对周恩来的信任。对于武汉期间的问题，1945 年 4 月周恩来在党的七大会议上有过一番话，是这么说的：

当然那个时候在武汉，我们自己也有错误。就是说，当时在武汉做领导工作的同志，我也在内，着重在相信国民党的力量可以打胜仗，而轻视发展我们自己的力量；在战争上强调运动战，轻视游击战。所以在武汉时期，我们在长江流域的工作，没有能像华北一样，利用国民党军队撤退的时候，到农村去，发动农民，广泛发展游击战争。②

---

①单秀法：《毛泽东与周恩来》，中国青年出版社 2008 年版，第 142 页。

②《周恩来选集》上卷，人民出版社 1980 年版，第 197 页。

对此,金冲及主编的《周恩来传》中说:

> 在武汉时期长江局的工作中,周恩来也有失误……从总体上看,他在这个时期的工作是正确的。但在有些问题上,他一度受到过王明的影响也是事实。以后,周恩来在一生中不知多少次地谈到他的这些失误,把它引为终身不忘的教训。[①]

而造成这些失误的原因,除了周恩来“大框子”中的共产国际的影响外,还有一个原因,那就是:如何处理共同抗战条件下的复杂的国共关系,“对当时的周恩来说来,也是一件还缺少足够经验的事情”。[②]

毛泽东等人也应该认识到了这几点原因,所以对待周恩来,与对待王明完全不一样,且对周恩来保持了一如既往的信任态度。随后,周恩来一直在武汉、重庆等地,负责南方局的工作和与蒋介石直接进行谈判,直到1943年7月16日才返回延安,参加整风运动并准备参加党的第七次全国代表大会。

8月2日晚,中央政治局召开周恩来和林彪等人回延安的欢迎大会。单秀法说:

> 周恩来7月16日回延安,已受到毛泽东、朱德、刘少奇、任弼时、叶剑英、张闻天等人的欢迎,现在过了半个多月又开欢迎会,其意义在于提供一个机会让周恩来公开发表演讲。

为什么要让周恩来发表一个公开的演讲?

延安整风运动一个重要目的,就是要清算王明路线在党内的消极影响,而周恩来在武汉那一段工作“也发表过不同看法和意见”。这对周恩来

---

①金冲及主编:《周恩来传》(二),人民出版社、中央文献出版社2008年版,第469—470页。

②金冲及主编:《周恩来传》(二),人民出版社、中央文献出版社2008年版,第469页。

是有所影响的。1943年3月，刘少奇出任中央军委副主席，第一次参与军委领导，党中央组成了由毛泽东、刘少奇、任弼时三人组成的中央书记处，单秀法认为："这表明刘少奇在党内实际上已上升为第二把手，毛周体制让位于毛刘体制"。[①] 而一度对周恩来等人有着较大影响的共产国际也已完成历史使命，于1943年5月宣布解散，长期在周恩来心头的一个"大框子"拿走了，不复存在了。毛泽东等人让他公开发表一个演讲，以释众疑，以促进党内的团结统一。

在欢迎会上，周恩来的演讲非常成功，并且充分肯定了毛泽东在中国革命中的重要作用。他带着自己深刻的感受说：

> 我这三年在外，做的事实在太少了。可是在这三年中间，国际的国内的变化，我们党内的进步，却特别的多，特别的大，我们在外边也看得格外分明……
>
> 有了毛泽东同志的领导和指示，在这三年来许多紧急时机、许多重要关键上，保证了我们党丝毫没有迷失了方向，没有走错了道路。
>
> 没有比这三年来事变的发展再明白的了。过去一切反对过、怀疑过毛泽东同志领导或其意见的人，现在彻头彻尾地证明其为错误了。
>
> 我们党二十二年的历史证明：毛泽东同志的意见，是贯串着整个党的历史时期，发展成为一条马列主义中国化，也就是中国共产主义的路线！
>
> 毛泽东同志的方向，就是中国共产党的方向！
>
> 毛泽东同志的路线，就是中国的布尔什维克的路线！[②]

---

①单秀法：《毛泽东与周恩来》，中国青年出版社2008年版，第159页。

②周恩来：《在延安欢迎会上的演说词》，《周恩来选集》上卷，人民出版社1980年版，第133、138页。

由于周恩来在党内的地位和声望,这个演讲在党内外产生了巨大的影响。

9月下旬,周恩来花了不少的时间系统地分析和批判王明《为中共更加布尔什维克化而斗争》的小册子,并写出《关于新立三路线的研究》的长篇笔记,对王明的错误进行了严肃的批评,也对自己的失误和缺点进行了自我批评。这次延安整风学习,对周恩来有着深刻的影响。后来他说:做了20年以上的工作,就根本没有反省过。经过这几年的实践,对毛泽东的领导确实心悦诚服地信服。周恩来说的不是假话,是发自肺腑的心声,他与毛泽东的个人关系也上升到了一个新的境地。

毛泽东和周恩来在中共七大上

从1941年5月到1945年5月的整风运动,使全党得到了空前的团结。毛泽东和周恩来也消除了历史上特别是抗战初期存在于他们之间的阴影,毛周在新的思想基础上得到了新的团结。[①]

随后在党的七大会议上,周恩来当选为中央委员。在七届一中全会上,他继续当选中央政治局委员、书记处书记,并因此与毛泽东、朱德、刘少奇、

①单秀法:《毛泽东与周恩来》,中国青年出版社2008年版,第157页。

任弼时成为党的“五大书记”。值得一说的是，党中央书记处本是“三大书记”，这次周恩来与朱德进入书记处，才形成“五大书记”。在此中，周恩来排名第四。因此，这次进入“五大书记”之列，对周恩来来说是一次至关重要的政治转折，也表明毛泽东等人对他的信任达到了一个新的高度。

对于毛泽东、周恩来的关系，金冲及说过这样一段话：

> 在（毛周——引者注）两人的关系中，当然毛泽东起着主导的作用。小平同志讲过一句很中肯的话：没有毛主席，也许我们至今还在黑暗中摸索。对周恩来，我想也可以这么说：如果没有毛泽东，周恩来不会成为今天这样的周恩来。当然从青年时代起，周恩来一直是很杰出的，但真正能使他在一个正确方向下充分施展才能的，还是因为有了毛泽东的领导。这是事实。①

回顾毛泽东、周恩来这一段时间内的关系变化，或曰周恩来与党中央关系的变化，“如果没有毛泽东，周恩来不会成为今天这样的周恩来”，斯言完全不为过。

8.“凡是党中央研究，毛主席下了决心以后，具体的组织部署和如何执行等都是周副主席具体来抓的”

金冲及说：“周恩来后来对毛泽东那样心悦诚服并不是偶然的。”确实，

---

①张素华、边彦军、吴晓梅编著：《说不尽的毛泽东——百位名人学者访谈录》（上），辽宁人民出版社、中央文献出版社 1995 年版，第 527 页。

这是周恩来在长期斗争中形成的,不是虚妄而来的,是他出自内心的真实情感。而不管发生什么事情,毛泽东都对周恩来充分信任。一个“心悦诚服”和一个“充分信任”,一起构筑了他们之间的关系格局。他们之间的这种关系格局使得毛泽东的主导作用和周恩来的助手作用在两人再度合作中更趋于定型化。

1945 年 8 月,中国人民经过多年对日作战终于迎来了伟大的抗战胜利。在举国欢庆胜利之际,蒋介石向延安连发三份电报,邀请毛泽东去重庆进行和平谈判。由于蒋介石居心叵测,8 月 23 日,中央政治局决定先派周恩来去重庆。随后经过慎重考虑,8 月 25 日晚,毛泽东决定亲自去重庆与蒋介石进行面对面的谈判。党中央决定周恩来和王若飞随行前去重庆,作为毛泽东的助手。

毛泽东系天下安危于一身,不顾危险去重庆,党内外的人们都担心他的安全问题。周恩来更是上心,亲自负责毛泽东的保卫工作,并且把自己的警卫员龙飞虎和颜太龙派去毛泽东的身边负责警卫。

8 月 28 日,毛泽东与周恩来等人乘机到达重庆。

> 他(毛泽东——引者注)在重庆,除会客和处理谈判问题外,还继续领导全党和解放区的工作。具体的谈判,由周恩来、王若飞同国民党的张群、王世杰、张治中、邵力子进行。①

即毛泽东本人不参与具体的谈判,具体的谈判由周恩来、王若飞与国民党代表之间进行。在重庆期间,周恩来除承担具体谈判工作外,对毛泽东的安全问题付诸了极大的精力。颜太龙回忆:

> 毛主席和周总理在林森公馆 (林森是国民党政府的前主席)住

---

①金冲及主编:《周恩来传》(二),人民出版社、中央文献出版社 2008 年版,第 660 页。

毛泽东、周恩来和美国特使赫尔利等在重庆机场

了一天。一到那里，总理特别交代我们要仔细检查，各个角落都检查到，看是否放有炸弹和燃烧品等，一点也不能马虎。我们按照总理的指示，仔细检查完毕，向总理报告，总理还不放心，怕我们年轻人大意，他又亲自仔细检查，除主要地方外，连床上床下、枕头都看，在椅子上坐一坐，然后才让主席进去。主席住下后，总理告诉我们保证房间不要离人，不要让别人进来。主席走到哪里，总理跟到哪里。

……毛主席和总理在林森公馆住了一天后，就搬到了红岩村我们的办事处，和我们的同志们住到一起。总理亲自给办事处处长钱之光讲，要他安排主席住在总理指定的那个房间里，并且指示布置要简单、朴素、整洁。我们给主席搬来了床、书桌、书架、椅子和躺椅，总理亲自在主席的床上坐一坐，看是不是摇晃，有没有声音，怕影响主席休息。总理又在椅子上坐一坐，在躺椅上躺一躺，看是不是平稳，连被褥、枕头都一一看过，从大到小，总理就是这样无微不至地关心和爱戴主席。

……

每次出去，总理对我们的工作都做详细的布置，前面是哪部车子，坐哪几个人，后面是哪部车子，坐哪几个人，主席的车子坐哪几

> 个人,车子的速度,两车之间的距离,都一一地交待和安排。
>
> 当时总理指定我坐在主席和总理的车子内。因为主席坐的车子是蒋介石的,司机也是蒋介石的……总理对我交待的任务,特别要注意监视和控制司机,速度、超车和拐弯都要保证安全。当时我的枪上了子弹,聚精会神地注意着司机的一举一动。[①]

周恩来的谨慎和小心可见一斑,而这种谨慎和小心就是出于对毛泽东安危的关心和责任。

但是,9 月 1 日,毛泽东去参观苏联民族生活展览时,还是差点出了大问题。

因为那里人太多,开始周恩来建议毛泽东不要去,但毛泽东坚持要去,他只好要求警卫员把保卫工作布置好。毛泽东出现在展览馆后,重庆市民闻讯,都想看看毛泽东,结果人越来越多,从四面八方涌过来,太多的人们把附近的巷子挤得水泄不通。有关部门紧急派警察维持秩序,可是随后连警察也顾不上维持秩序,加入了前去看望毛泽东的人群之中。当周恩来发现这个情况时已来不及了。颜太龙描述了当时的危急状况和周恩来的着急:

> 四川的房子大都是竹子做的,人越来越多,房子都摇晃了。总理看到这种情况,马上从主席的后面插到前面带路,想把主席引走。主席知道了,说看完吧。大家都来看主席,人非常多,我们非常担心主席的安全。冯玉祥和张治中也告诉总理说:“这房子危险,毛先生离开这里吧。”主席还是坚持要看完。院子里的人更多了,挤得水泄

①颜太龙:《伟大的战士,火热的斗争——回忆周恩来总理在西安事变到抗战胜利期间国共斗争几次重大事件中的光辉事迹》,《历史研究》1977 年第 1 期。

> 不通。我们往前走,人群把冯玉祥、张治中都挤掉了,也不知挤到什么地方去了。这时总理非常着急,跟我们三个警卫人员说:“你们不要管我了,要保护主席的安全。”就这样,总理走在前面开路,一边走一边说:“请大家让开路”,“请大家让开路”。主席走在中间,我们三个保卫工作的同志左一个,右一个,后边一个,保护着主席往外走。我们到了大门口原来停车的地方,主席的汽车不见了,我们很紧张。原来人多了,宪兵维持秩序,把汽车调到另外一个地方。幸亏总理早有布置,我们的同志看到主席出来了,马上过来,宪兵打开了一条路,我们才保卫着主席上了汽车。

周恩来亲自开路,保护毛泽东脱离险境,在危急之时,为了毛泽东的安全,他不顾自身的安全,拳拳之心可见。

重庆谈判历时 43 天。经过针锋相对的斗争,10 月 10 日,国共两党终于达成和平建国的双十协定,谈判取得了重大成果。第二日,毛泽东离开重庆,乘机安全返回延安。若干年后,颜太龙回忆重庆谈判时感慨地说:

> 在这期间,总理全心全意,衷心爱戴和崇敬伟大领袖毛主席,关心主席的健康胜过关心自己。我们总理既是主席谈判的助手,又是主席的保卫者。总理机智勇敢,在如此复杂的 40 多天里没有发生问题,保证了主席的安全。

八路军重庆办事处的钱之光也回忆:

> 毛主席在重庆期间,周总理为了毛主席的安全,总是和毛主席形影不离,朝夕相共,从保卫工作到生活安排,都是无微不至地亲自布置,精心照顾。他一再教导我们说:“主席的一举一动,一切问题都是有关党的事业和全国人民利益的”,要特别加强对毛主席的安全

工作,他还亲自做由国民党派来警卫的宪兵和汽车司机的工作,保证了毛泽东在重庆的安全。

毛泽东在重庆谈判期间留影

在毛泽东重庆谈判期间,周恩来作为毛泽东的主要助手,充当了两个角色,一是保卫毛泽东安全的卫士长;一是贯彻毛泽东谈判思想的具体谈判代表。在最复杂的环境中,他把这两个角色的任务完成得很完美,毛泽东虽然几次历险但都平安无恙,与国民党谈判也签订了较有利于中共方面的《会谈纪要》。这次重庆谈判是周恩来和毛泽东传奇的革命生涯中又一次完美合作。

然而,毛泽东冒险亲赴重庆谋求国内和平,蒋介石却并不是真心要和平,不过是以此赢得准备战争的时间。几个月后,1946 年 6 月,国民党重兵进攻中原解放区,引爆全面内战。可是,蒋介石发动内战,是不得人心的。经过半年多的军事较量,1947 年春,蒋介石全面进攻的军事战略完全失败,不得不改为重点进攻山东、陕北两大解放区。为此,毛泽东决定党中央分成三个纵队撤离延安,他自己和周恩来两人则带一支小部队在陕北,拖住进攻之敌——胡宗南的大军,与之周旋,以支援全国战场。

青化砭大捷后,3 月 27 日下午,党中央正式兵分三路以各自行动,分兵时周恩来负责掩护毛泽东的行踪。

当三路大军走到田庄就要分路而行时,毛泽东坐在街头休息,周恩来则在大街上和群众谈话、打招呼,并不断指挥车辆和部队由田庄向北进发。大军的去向很明显,是要往黄河岸边去。最后,周恩来登上一辆汽车,向群众招手,大声告别说:"老乡们,再见了!"

就在这时,毛泽东和江青走进刘辉山(中央警卫团团长)事先预备好的一家老乡的窑洞。直到周恩来和其他两路大部队离开了田庄,街上的群众也远远散去后,他们立即带着警卫排走出窑洞,由田庄向西,往青阳岔方向而去。

周恩来率部向黄河岸边"大规模运动",是事先设下的一计,巧妙地迷惑了敌人,掩护了毛泽东和前委往另一方向转移。①

这一次分兵行动,毛泽东带在身边的部队只有 300 来人。为防不测,他化名李德胜,周恩来化名胡必成。江青也随之行动。1980 年,江青受审时为自己辩护,把这次与毛泽东留在陕北作为自己忠诚毛泽东的证据,可见这次留在陕北是何其危险。值得一说的是,从全民族抗战开始,周恩来一直负责统战工作,几乎没参与军事工作,这次他与毛泽东留在陕北,不仅是同生死,而且要充当毛泽东的助手。由于中央军委总参谋长彭德怀要担任西北野战军司令员,到前线指挥与敌作战,毛泽东决定由周恩来代理总参谋长。周恩来身边的工作人员张清化说:"从此, 周副主席就兼任军委总参谋长,成为毛主席指挥全国解放战争的主要助手。" ② 也就是说,历经十年之后,周恩来与毛泽东又开始了军事上的合作。

4 月 12 日,毛泽东成立了一个军事组,由毛泽东、周恩来和任弼时参加,手下五六个参谋人员,主管作战工作,参谋们都直接受周恩来的指挥。

由于复杂的军事斗争形势,三人军事组并不是没有分歧,但在关键时刻周恩来支持了毛泽东。

---

①华宸:《毛泽东的红色卫队》,中央编译出版社 2011 年版,第 292 页。

②张清化:《雾都遇险巧周旋,解放战争建奇功》,《怀念周恩来》,人民出版社 1986 年版,第 416 页。

1947 年在陕北转战中,左一为周恩来,右一为毛泽东

在蟠龙大捷之后,胡宗南获悉毛泽东在安塞县王家湾附近后,下令敌军长刘戡率四个半旅扑过来捉拿毛泽东等人。毛泽东和大家一起往哪里转移呢?

……往东走还是往西走?毛泽东和任弼时发生了激烈的争论。任弼时认为:中央纵队要向东转移,因为敌人主力从西边来,向西有可能与敌人相遇;即使避开了胡宗南军,往西也会进入马家军的防区,马家军有 8 个骑兵团,不可小视;往西人烟稀少,粮食困难,回旋余地也小。在任弼时的构想中,向东若碰到危险,在万不得已时还可以过黄河,河东就是晋西北根据地。可是,毛泽东坚决反对向东:我们不能向东,必须向西!按胡宗南的估计,彭德怀远在陇东救不了我们,那么只好向东转移,这样敌人就为我们设下陷阱,把我们往东赶,即使消灭不了,也要把我们赶过黄河。把我们赶过黄河就是敌人的胜利,所以现在绝对不能向东走。任弼时仍然坚持:向西危险太大,敌人有 4 个半旅,我们只有 4 个半连,真正能投入战斗的只有200多人，我要对党中央，对你的安全负责！①

敌人过于强大，稍有不慎，毛泽东和周恩来等人就可能被敌人抓了当俘虏。因此争执事关生死。三人军事组中，毛泽东、任弼时发生争执，周恩来的意见就十分重要了。在关键时刻，他投了毛泽东一票。单秀法说：

> 最后周恩来提出：按主席的意见，我们向西去，不往东。不过为了安全起见，我和弼时商量，先向北走，然后再向西。这样，向西和向东的"尖锐"矛盾，被周恩来巧妙化解了。

周恩来这不是玩什么调和游戏，而是综合两人的意见避短扬长。于是，部队冒雨离开王家湾向北转移，然后向西，尽管与敌人只相隔一个山头，但还是巧妙地从敌人的眼皮底下溜出了包围圈，化险为夷。

任弼时的意见不无道理。周恩来最终选择支持毛泽东，完全是出于对毛泽东军事能力的膺服。而事实证明，毛泽东的选择是正确的。毛泽东的选择和周恩来的支持，在陕北高原的转战中再次得到完美的演绎。

1948年3月，全国战场转入了战略进攻阶段，毛泽东等人在陕北的历史任务胜利完成，3月23日，毛泽东、周恩来等人渡过黄河，前往华北。这次在陕北转战，共一年零五天。新中国成立后，毛泽东在一次讲话中谈到陕北转战时说："胡宗南进攻延安以后，在陕北，我和周恩来、任弼时同志在两个窑洞指挥了全国的战争。"

周恩来接着说："毛主席是在世界上最小的司令部里，指挥了最大的人民解放战争。"②

周恩来的谦虚之词，并不能抹杀他在毛泽东身边的重要作用。时任三

①单秀法：《毛泽东与周恩来》，中国青年出版社2008年版，第183—184页。

②金冲及主编：《周恩来传》(二)，人民出版社、中央文献出版社2008年版，第790页。

人军事组的参谋张清化后来回忆说:

> 在这个阶段,我有一个深刻的体会:周副主席在军事上是党中央、毛主席完全不能缺少的得力助手,是一个非常杰出的军事组织者和指挥者。当时他运筹帷幄,出谋划策,深得党中央、毛主席的称赞和全军的拥戴。凡是党中央研究,毛主席下了决心以后,具体的组织部署和如何执行等都是周副主席具体来抓的。无论前方或后方,无论是后勤供应或部队调动,总离不开他的具体组织指挥。周副主席的军事修养很好,对毛主席的战略战术领会得很深,运用得很好。……周副主席不仅要管全国的军事指挥,而且还要管中央支队本身的工作。①

确实是如此,在陕北转战期间,无论是中央支队还是全国战场的作战,周恩来都是毛泽东的主要助手。毛泽东是杰出的战略家,周恩来则完美地落实和贯彻了毛泽东每项高明的决策。在指挥人民解放战争由防御转入了进攻的进程中,两人配合得珠联璧合。

毛泽东和周恩来到达西柏坡后,决定中国命运的辽沈、淮海、平津三大战役更是以巨雷迸发般的气势打响。在三大战役期间,周恩来仍然充当毛泽东的助手,起着参谋长的作用。

> 那时,军事上的问题,主要是由毛泽东和周恩来商量解决。毛泽东是挂帅的,周恩来参与决策,并具体组织实施。除了军委作战部外,周恩来还有个小作战室,由张清化任主任,相当于他的军事秘书,每天根据局势变化负责标图。周恩来常到军委作战室了解情

①张清化:《雩都遇险巧周旋,解放战争建奇功》,《怀念周恩来》,人民出版社1986年版,第416—417页。

况。他对敌我双方的战争态势、兵力部署、部队特点、战斗力强弱,甚至国民党方面指挥官的简历、性格等,可以说是了如指掌。有了什么情况,周恩来总是先仔细地核实并弄清,然后向毛泽东报告。两人经过研究确定对策后,多数由毛泽东起草文电,少数由周恩来起草,而所有军事方面的文电都经周恩来签发。①

周恩来的参谋长和助手的作用,是众人周知的。金冲及说:"在《周恩来传》起草过程中,有位中央领导同志看了后觉得对周恩来在军事上特别是解放战争包括三大战役中所起的作用没有充分反映出来。因为周恩来当时是军委副主席、代理总参谋长,应当反映他在这方面的重要贡献。"②

为了解决这个问题,金冲及等人找到了邓颖超。金冲及回忆:

后来我跟邓大姐讲到这一点时,邓大姐说,是这样。她说:"恩来同志在陕北时实际上是总参谋长。许多作战方案,包括以后朝鲜战争时期的作战方案,都是他先拟好了送给主席看,由主席批,或者他先找主席请示,谈好后,由他再来贯彻。"

对于周恩来、毛泽东之间的工作关系,金冲及说:

当时党的领导集体是五大书记,在军事方面很多重大决策的作出,毛泽当然起着主要作用,接下来就是周恩来的参与了。……所以,说毛泽东是决策者,周恩来是执行者一般说可以……

---

①金冲及主编:《周恩来传》(二),人民出版社、中央文献出版社 2008 年版,第 809 页。

②张素华、边彦军、吴晓梅编著:《说不尽的毛泽东——百位名人学者访谈录》(上),辽宁人民出版社、中央文献出版社 1995 年版,第 528 页。

正如张清化所言“周副主席的军事修养很好,对毛主席的战略战术领会得很深,运用得很好”[①],周恩来执行毛泽东的决策是默契的、准确恰当的。周恩来的这种运用自如,源自于两人长期的、亲密的合作,是心有灵犀一点通,也是他对毛泽东十分熟悉和深刻了解后才达到的。

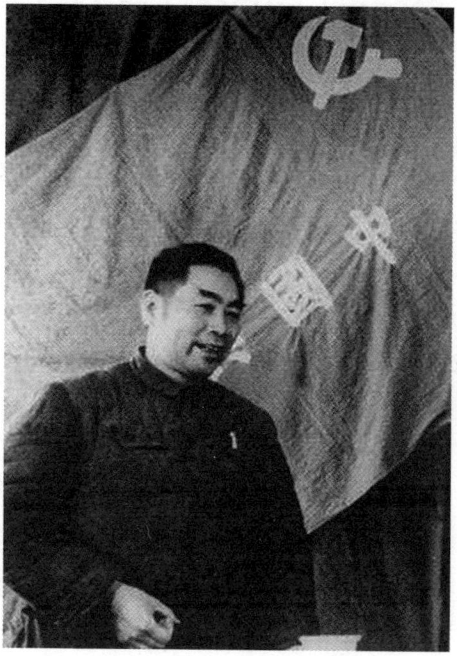

周恩来在大会上

周恩来最了解毛泽东,所以对他“心悦诚服”。1949 年 3 月,全国即将全面胜利,周恩来在中华全国青年第一次代表大会做了一个报告,题目叫《全国青年团结起来, 在毛泽东旗帜下前进!》。报告第三部分为“学习毛泽东”, 周恩来响亮地指出:“毛泽东的旗帜就是我们的旗帜,毛泽东的方向就是中国人民的正确的方向,因为毛泽东总是在历史的关键时刻,指出真理、坚持真理,代表了正确的方向。”[②]

作为历史的参与者,作为毛泽东的亲密战友,周恩来的这段话不无是亲身感受,完全是肺腑之言。事实也证明毛泽东的正确引导了中国革命的胜利。10 月 1 日,中华人民共和国中央人民政府在北京宣布成立,毛泽东出任中央人民政府主席,周恩来为政务院总理。

---

①张清化:《雾都遇险巧周旋,解放战争建奇功》,《怀念周恩来》,人民出版社 1986 年版,第 417 页。

②周恩来:《学习毛泽东》,《人民日报》1974 年 10 月 8 日。

9.“我们在新的基础上团结起来了”

新中国成立后，周恩来仍是党内的第三把手，是毛泽东的主要助手。1950年6月底进入政务院总理办公室财经组工作的吴群敢谈及周恩来当时的工作说：

周恩来作为党中央书记处中名列第三(仅次于毛、刘)并分工主管政府工作，这个根本性的前提并未改变。从而，凡是报送党中央审定的政府各口、各部委的请示报告，而且不仅政府部门还包括军事、党务、群众团体等工作，周恩来都要在党中央书记处会上参与最后的审定。……周恩来办事精细明快，积极主动，实际上是党中央承上启下、沟通各方的秘书长。而且，除在党中央参与决策，周恩来对政府工作始终坚持一个原则，即凡是用政务院名义颁发的任何决定、法令等文件，都必须经他本人审定、签署。……并对我们说：“中央分工让我主管政府工作，我不能不管。”①

这种格局在1952年邓小平、习仲勋、高岗等人到中央工作后都没有改变。周恩来充当“秘书长”、执行者，这既是历史形成的，也有着现实的需要，并且是周恩来在周毛关系中的自觉选择。金冲及说：“在某种意义上说，周

①吴群敢：《在西花厅周总理身边工作》，《亲历重大历史事件实录》第四卷，党建读物出版社、中国文联出版社2000年版，第214页。

恩来也是有意识地使自己主要扮演执行者的角色。”

金冲及回忆:

一位曾在周恩来身边工作过多年的老同志曾跟我谈起过一件事:建国初,有一次他曾问周总理:你为什么不做些理论方面的工作?周总理说,你怎么也讲这个话?我们这么大的一个国家,有那么多具体的事,总要有人去管它。我多管些这类事,就可以让毛主席有更多的时间去考虑一些更大的问题。

据此,金冲及认为,“周恩来从国家和革命事业全局的利益出发,甘愿把自己放在‘配角’的位置”,原因则是“他内心确实钦佩毛泽东,相信毛泽东考虑这些更大的问题要比自己高明”。[①] 吴群敢也说:在 20 世纪 50 年代,党中央“领导之间的团结、融洽”,“首先,也是最突出的,是周恩来对毛泽东的敬重和维护。”[②]

然后,吴群敢讲述了两件事:

一是约在 1950 年底的政务院党组干事会上讨论各部委 1951 年度的财政概算草案。当时一面正在进行抗美援朝战争;一面国内建设百废待兴,许多部委负责人都讲自己的困难,要求增拨一些经费,有的还相当激动。周恩来最后说:“你们讲的都有道理,但是,现在中央的总预备费只有这点,我们是这么一个大国,又处在战争时期,中央不能不掌握一些预备费作为机动。我不能在这里做‘好人’,把这点预备费分掉了,让中央、主席为难。现在,概算草案只能这么定;反正这个概算草案还要到中央、主席那里最后

①张素华、边彦军、吴晓梅编著:《说不尽的毛泽东——百位名人学者访谈录》(上),辽宁人民出版社、中央文献出版社 1995 年版,第 529—530 页。

②吴群敢:《在西花厅周总理身边工作》,《亲历重大历史事件实录》第四卷,党建读物出版社、中国文联出版社 2000 年版,第 214 页。

商定，你们如果还有意见的话，还可以到主席那里去讲，要做好人也只能让主席来做。”

对此，吴群敢后来说：“我当时只是叹服他既能坚持原则，又有高超的领导艺术；后来才逐渐认识到其中所蕴含的对党中央、毛主席的尊重与维护之情。”①

二是发生在1955年春一个凌晨的事情。

> 我（吴群敢——引者注）坐在周恩来办公桌的对面执行值夜班的任务，等待他批阅文件，他突然抬头对我叹息地说：“中央内部的水平真是参差不齐啊！毛主席可以列在全世界马列主义最高水平之林，而有些同志却……”他所说的“参差不齐”和“最高水平之林”的提法，使我很感新颖、印象特深，这也表明了他对毛泽东在思想理论上的推崇和敬仰。②

周恩来在“内心确实钦佩毛泽东”，这是一个事实，且体现在他的言行之中。

周恩来十分尊重毛泽东，处处为他考虑，毛泽东对周恩来也是如此的心情，在工作和生活中器重和关心周恩来，在许多重大问题的处理时，除在书记处会议上集体商谈外，在文电核批中都批“请周酌处”，对周恩来拟办送批的文件都批“同意”或“原则同意”，只略作修改。

除工作外，在生活上，毛泽东对周恩来也很关心。吴群敢回忆：

> 记得毛泽东还曾来过西花厅看望周恩来。那是周恩来患急性盲肠炎需即送医院做切除手术，手术本身并无多大危险，但毛泽东

①吴群敢：《在西花厅周总理身边工作》，《亲历重大历史事件实录》第四卷，党建读物出版社、中国文联出版社2000年版，第233页。

②吴群敢：《在西花厅周总理身边工作》，《亲历重大历史事件实录》第四卷，党建读物出版社、中国文联出版社2000年版，第233页。

闻讯后即赶来西花厅看望。我们当时都被告知不要出来围观,只在办公室内隔窗看着毛泽东离开西花厅后周恩来才被抬往医院。

周恩来、毛泽东真诚、无私合作,同舟共济,国家局面焕然一新,国民经济很快在长期战乱的烂摊子上迅速得以恢复,1953年经济恢复任务胜利完成,大规模的经济建设拉开序幕。到1956年,全国各项建设工作取得喜人的成绩,农业、手工业和资本主义工商业三大改造基本完成,中国从此进入了社会主义建设的新时期。

毛泽东考察农业

但是,社会主义建设是一项崭新的事业,无论是毛泽东还是周恩来遇到的,都是以前没有经历过的问题,总的来说,他们的合作是愉快的,成功的。但两人也出现过一些分歧,主要是1957年的反“冒进”。

“冒进”最早发端于1955年下半年开始的“小冒进”,且得从毛泽东提出“农业四十条”说起。

1955年11月间,毛泽东先后同15个省、自治区党委书记就全国农业发展问题共同商定了“十七条”,为农业生产确定了一些发展目标,主要内容有:一、1956年下半年基本完成初级形式的建社工作,1959年基本完成合作化的高级形式。二、12年内全国基本消灭荒地荒山。三、12年内各地90%以上的肥料由地方合作社自给。四、12年内粮食亩产,黄河、秦岭、白龙江以北达到400斤,黄河以南、淮河以北达到500斤,淮河、秦岭、白龙江以南达到800斤。五、七年内基本消灭十几种不利于农作物的虫害和病害、若干种危害人民和牲畜最严重的疾病,消灭老鼠、苍蝇、蚊子等“四害”。六、七年内基本扫除文盲,修好各地必要的道路。为此,毛泽东批评了中央农村工作部部长邓子恢在农业合作化问题上的保守和周恩来在经济发展速度上不敢快的“右倾”。

12月5日,刘少奇传达了毛泽东的批评后,周恩来自编了一副对联表达自己的体会。

上联是:客观的可能超过了主观的认识;

下联是:主观的努力落后于客观的需要。

他还说:“新大陆早就存在,而我们发现得太晚了”。[①] 这表明周恩来也觉得自己是“右”了。

因此,在“农业四十条”(由“农业十七条”增加而成)出台后,12月25日,周恩来在国务院全体会议上要求各部门按照新定的规模和速度修改原来拟定的计划指标。1956年2月,全国基建会议将“一五”建设项目由694个增加到745个。于是,各地的基本建设投资急剧膨胀。但是,基建一多,材料、原料就出现紧张。很快,周恩来便觉得计划指标要求过高了,2月8日,周恩来说:“现在有点急躁的苗头,这需要注意。”并与副总理陈云一道向党中央提出反对“冒进”的方针,且把防止和反对“冒进”的重点放在控制基本建设投资方面。

但是,毛泽东希望在社会主义三大改造完成后立即掀起大规模的经济建设热潮,不赞同降低经济建设的规模和速度。因此,周恩来的做法与毛泽东的想法背道而驰。胡乔木回忆:

---

①赵士刚主编:《回顾与发展——共和国经济建设之路》(上), 经济管理出版社1999年版,第389页。

> 4月下旬，毛主席在颐年堂政治局会议上提出追加1956年的基建预算，受到与会同志的反对。……会上尤以恩来同志发言最多,认为追加预算将造成物资供应紧张,增加城市人口,更会带来一系列困难等等。毛泽东最后仍坚持自己的意见,就宣布散会。会后,恩来同志又亲自去找毛主席,说我作为总理,从良心上不能同意这个决定。这句话使毛主席非常生气。不久,毛主席就离开了北京。

5月11日,周恩来在国务院第二十八次全会上提出:“反保守、右倾,从去年8月开始,已经反了八九个月,不能一直反下去。”[①] 6月10日,刘少奇主持的中央政治局会议,通过了预算报告初稿。毛泽东未参加。会议确定了既反对保守又反对“冒进”的方针,重点是反对“冒进”。随后,《人民日报》发表《要反对保守主义,也要反对急躁情绪》的社论。

对此,毛泽东是什么态度呢？单秀法说:

> 1956年6月前,毛泽东对“反冒进”持消极态度。这种消极态度一是表现为对“反冒进”的不敏感,没有引起重视;二是自己不参与“反冒进”。这可从毛泽东对待6月16日、6月20日两篇《人民日报》的社论中得到说明:第一篇《读1956年的国家预算》的社论,提出在反对保守主义的同时,要反对急躁冒进的口号,毛泽东未引起重视。对后一篇《要反对保守主义,也要反对急躁情绪》的社论,毛泽东以“不看了”三个字一批了之。[②]

---

①赵士刚主编:《回顾与发展——共和国经济建设之路》(上)，经济管理出版社1999年版,第389—390页。

②单秀法:《毛泽东与周恩来》,中国青年出版社2008年版,第217页。

毛泽东对反冒进“不敏感”,未必如此。他对6月20日社论批示“不看了”是基于一个前提性的看法的。

> 刘少奇在审阅修改这篇社论后批示:“主席审阅后交乔木办。”毛泽东认为社论的内容是针对他的,只批了三个字:“不看了。”①

周恩来在万隆会议上

“不看了”,即是毛泽东的态度。之所以是这个态度,是因为他认为周恩来等人的反冒进是针对他的“农业四十条”。

但是,要说“不敏感”的是周恩来,或者他仍是坚持己见。随后,在有关部门商议1957年国民经济计划时,周恩来觉得“仍然是冒进”,又提出1957年实行“重点发展,适当收缩”的方针。

1956年11月中旬,党的八届二中全会在北京召开。毛泽东在会上再次表示了自己对“反冒进”的态度:

> ……毛泽东在八届二中全会上没有直接反“反冒进”,但对“稳妥可靠”这个话提出批评,认为稳妥和可靠意思是重复的,用稳妥形容可靠,没有增加什么,也没有限制什么,并且意味深长地说:国家

①金冲及主编:《周恩来传》(三),人民出版社、中央文献出版社2008年版,第1113页。

预算对项目到底安排得好不好，要靠专家注意，同时也要靠我们，特别是省一级的同志注意。当然，大家都要注意。毛泽东提出，不要在干部和群众头上泼冷水，要保护他们的积极性。[①]

由于"毛泽东对反冒进是有意见的，但没有直接提出批评。"[②] 因此，"重点发展，适当收缩"的方针仍为八届二中全会通过。

然而，冒进、反冒进的争执，随着"反冒进"工作的推进，又与1957年的整风运动、反右运动混合在一起出现了新问题：

整风运动开始后，个别人利用党内关于"反冒进"的争论，攻击新中国的经济工作搞糟了，甚至提出共产党不能领导经济等。[③]

这使得毛泽东更加认定："反冒进也促进了右派的进攻。"[④] 于是，他对"反冒进"的批评升级了：

……1957年1月，毛泽东在省、市、自治区党委书记会议上，提出给泄了气的干部打气："前年反右倾，去年反'冒进'，反'冒进'的结果又出了个右倾。我说的这个右倾，是指在社会主义革命问题上，主要是在农村社会主义改造问题上的右倾。"[⑤]

单秀法说："毛泽东对'反冒进'的不满已形于色，但仍没有直接批评经济建设领域中的'右倾'——稳步发展的方针。"[⑥] 这时周恩来也意识到

---

①单秀法：《毛泽东与周恩来》，中国青年出版社2008年版，第217页。

②单秀法：《毛泽东与周恩来》，中国青年出版社2008年版，第217页。

③金冲及主编：《周恩来传》（三），人民出版社、中央文献出版社2008年版，第1228页。

④金冲及主编：《周恩来传》（三），人民出版社、中央文献出版社2008年版，第1228—1229页。

⑤单秀法：《毛泽东与周恩来》，中国青年出版社2008年版，第218页。

⑥单秀法：《毛泽东与周恩来》，中国青年出版社2008年版，第218页。

"反冒进"给了右派攻击的口舌,于是开始转变态度。1957 年 6 月,他在一届全国人大四次会议《政府工作报告》中说:"决不能说 1956 年的建设是全面冒进。"① 既然不是"全面冒进",即也就无所谓"反冒进"了。

周恩来抛弃了"反冒进"的思想,立即获得了毛泽东的赞扬。毛泽东称这篇报告是 "以无产阶级战士的姿态向资产阶级宣战"。② 周恩来后来也说:"这是我最早抛弃'反冒进'的开始。"③

但是,毛泽东认为问题还没有完全解决。

> 1957 年 9 月 10 日召开的八届三中全会上,毛泽东开始直接批评"反冒进"了。毛泽东讲:1956 年反冒进,扫掉了多快好省和农业发展纲要四十条,是右倾,给了右派进攻的口实。④

他在讲话中没有点周恩来等人的名。

会议之后,毛泽东率中共代表团访问苏联。这是他第二次走出国门。在苏联,他看到了发达的苏联的发展情况,为他们的社会主义建设成就所鼓舞,也激起了要使中国摆脱贫穷而奋起直追的雄心。回国后,他提出"15 年赶超英国"的口号。而这是需要经济高速度的。于是,以前的"反冒进"的做法需要彻底推翻了。

1958 年 1 月,党中央召开南宁会议。会议开始后,毛泽东就批判"反冒进"。⑤ 周恩来因外事工作没参加头三天的会议。

> 1 月 13 日,周恩来到机场送走巴德尔王太子的当天傍晚,乘飞

---

①金冲及主编:《周恩来传》(三),人民出版社、中央文献出版社 2008 年版,第 1230 页。

②金冲及主编:《周恩来传》(三),人民出版社、中央文献出版社 2008 年版,第 1231 页。

③金冲及主编:《周恩来传》(三),人民出版社、中央文献出版社 2008 年版,第 1230 页。

④单秀法:《毛泽东与周恩来》,中国青年出版社 2008 年版,第 218 页。

⑤单秀法:《毛泽东与周恩来》,中国青年出版社 2008 年版,第 218 页。

机抵达南宁。同一天,柯庆施也飞抵南宁。这天晚上,毛泽东约周恩来、刘少奇谈话,直到深夜。[①]

1958 年毛泽东在南宁

谈话的内容虽然不得而知,但显然与反“反冒进”有关。

在 16 日的会上,毛泽东拿出柯庆施在上海市党代会作的《乘风破浪,加速建设社会主义的新上海》的报告说;“柯文章很好,上海 100 万工人,无产阶级集中的地方才能产生这篇文章。”他当众对周恩来说,“恩来同志,你是总理,你看,这篇文章你写得出来写不出来?”周恩来回答说:“我写不出来。”毛泽东又说:“你不是‘反冒进’吗?我是反‘反冒进’的!”听了毛泽东的批评,周恩来和到会的副总理们“坐卧不安”。[②]

在毛泽东的批评下,周恩来等人开始准备如何检讨了。当年随周恩来一起到南宁开会的他的经济秘书顾明后来回忆:

几乎每天晚上,先念、一波等都聚在总理那里讨论到夜里二三点,商议怎么检讨等等。那时,会议的形势很紧张。[③]

①金冲及主编:《周恩来传》(三),人民出版社、中央文献出版社 2008 年版,第 1236 页。

②金冲及主编:《周恩来传》(三),人民出版社、中央文献出版社 2008 年版,第 1236 页。

③金冲及主编:《周恩来传》(三),人民出版社、中央文献出版社 2008 年版,第 1236 页。

金冲及说：

南宁会议批周批得很凶啊！毛主席讲，反“冒进”是泄了六亿人民的气，犯了政治方向的错误。

在大会批评的氛围之下，1 月 19 日，毛泽东与周恩来单独谈话。随后，周恩来在大会上发言，对“反冒进”问题承担了责任，说：“反冒进”这个问题，一段时间(1956 年夏季到冬季)带方针性的动摇和错误，……是一种右倾保守主义思想。并且表示：“这一‘反冒进’的错误，我要负主要责任。”①

但是，3 月 8 日至 26 日，在成都会议上毛泽东继续批“反冒进”，说“冒进”是马克思主义的，“反冒进”是非马克思主义的。周恩来、陈云在会上再次做检讨。周恩来说：

我负主要责任提出的“反冒进”报告就是对群众生产这个高潮这个主流泼了冷水，因而不是促进而是促退，不是多快好省而是少慢差费，四十条也就被打入冷宫，这就是问题的本质。……当时确没有这样认识，等到右派教育了我，主席提醒了我，群众实践更启发了我，才逐渐认识这是在社会主义建设问题上方针性的错误。②

在周恩来检讨后，毛泽东说：“关于‘反冒进’问题，我看以后不需要谈很多了。在我们这样的范围，就是谈也没有好多人听了。”“这个问题，不是什么责任问题，也不是总要听自我批评的问题。在南宁会议上我们都听了，在北京也听过了。”③

---

①金冲及主编：《周恩来传》(三)，人民出版社、中央文献出版社 2008 年版，第 1237 页。

②金冲及主编：《周恩来传》(三)，人民出版社、中央文献出版社 2008 年版，第1250—1251 页。

③杨胜群、田松年主编：《共和国重大决策的来龙去脉》，江苏人民出版社 1996 年版，第 262 页。

5月5日至23日,八大二次会议在北京召开。

刘少奇代表党中央做工作报告,其中提到了“反冒进”。他的结论是:“反冒进”损害了群众的积极性,影响了1957年的生产建设,特别是影响了农业发展,形成了“马鞍形”。毛泽东在修改这个结论时加上了一段话:“一个马鞍形,两头高,中间低。1956年——1957年——1958年,在生产战线上所表现出来的高潮——低潮——更大的高潮,亦即跃进——保守——大跃进,不是大家都看得很清楚了吗?马鞍形教训了党,教训了群众。”①

5月15日晚,毛泽东约周恩来,又进行了长时间的谈话。

随后,周恩来在大会上再次做检讨。他说:

> ……在过去一段时间内减低了我国的建设速度,损伤了干部和群众的积极性。因此,它不是个别问题上的错误,而是在一段时间内关于社会主义建设规模和速度问题上方针性的错误。对于这一点,我在相当时间内没有意识到,问题的严重性就在这里。“反冒进”的错误,集中地反映在我1956年11月八届二中全会的发言中间。当时,对1956年的建设成绩和在跃进中出现的某些缺点和困难,做了错误的估计,把实际上不到一个指头的缺点夸大化,肯定1956年的年度计划“冒”了,并且提出1957年适当收缩建设规模的意见。“反冒进”的错误,不是偶然发生的。这个错误的思想根源是主观主义和形而上学。在多数问题上表现为经验主义,在某些问题上表现为教条主义,还有些问题则表现为两者的混合。思想方法上的这些错误,结果造成了建设工作中的右倾保守的错误。这样,就违背了毛主席一贯主张的社会主义建设的总路线、总方针。②

①赵士刚主编:《回顾与发展——共和国经济建设之路》(上),经济管理出版社1999年版,第428—429页。

②单秀法:《毛泽东与周恩来》,中国青年出版社2008年版,第220—221页。

在反“反冒进”过程中，“总理检讨了一次又一次。”那么他的检讨，是违心的还是不违心的？金冲及说：

我认为，他有想不通的地方，但也不完全是违心的。他想不通的地方，因为当时确实发生了冒进，这是事实。据说他找主席汇报时，两人争得很厉害。主席提出要追加20个亿预算，周坚持不同意。据当时在总理身边工作的同志回忆，他写检讨，写着写着就写不下去了，内心一定很复杂。但也不能说他完全是违心的。在总理的检讨里，第一句话就是：主席是从战略上看问题的，而我往往从战术上看问题。我看这个话还是发自内心的。当然是不是完全想通了，也未必。

（访问人：他可能是在试图想通，或者努力去想通）问题恐怕就在这里。在周看来，主席高瞻远瞩啊！他可能会想，以往多少次历史经验证明，主席比他看得高，看得远。那么这一次也许是自己错了。从这个意义上讲，总理的检讨也不完全是违心的。①

周恩来终于谈到了出现问题的思想根源，于是也就过关了。因为，毛泽东批评反冒进，不是要去整周恩来个人，而是要推进社会主义建设。因此，值得一说的是，在周恩来每次检讨前，毛泽东都曾约他谈话。这说明毛泽东对周恩来不是不管不问大肆批评一顿就走人，也不是对人打棍子，而对周恩来是坦诚的，沟通的。毛泽东这么做，一是两人真诚无间的体现；二是他要解决周恩来在对社会主义建设的认识和思想方法上存在的问题。现在，既然周恩来已经认识到自己在思想方法上出了问题，并且找出了根源。毛泽东也就放心了。

5月20日，毛泽东在讲话中说：

---

①张素华、边彦军、吴晓梅编著：《说不尽的毛泽东——百位名人学者访谈录》（上），辽宁人民出版社、中央文献出版社1995年版，第535页。

> 经过整风和批评“反冒进”,中央也好,地方也好,都很团结。“反冒进”的问题,现在也搞清楚了,我们在新的基础上团结起来了。从团结的愿望出发,经过批评和自我批评,在新的基础上达到了新的团结。[①]

八大二次会议结束后,周恩来向党中央提出“继续担任国务院总理是否适当的问题”。恰巧彭德怀也提出不担任国防部部长。6月9日,毛泽东在中南海召开中央政治局常委会,讨论他们提出的请求。随后,会议决定:“他们应该继续担任现任的工作,没有必要加以改变。”[②]

1958年周恩来在应城视察

就这样,一场对反冒进的批评完全画上了句号。

在这场争论以后,周恩来、毛泽东共事近20年,两人再没有过面对面的争论。经过这次争执,两人确实如毛泽东所言:“我们在新的基础上团结起来了”,周恩来更加心悦诚服地跟定了毛泽东。在之后党内外发生的重大事件中,单秀法说:从庐山会议、七千人大会直到“文化大革命”前,毛泽东对周恩来是满意的。[③]

---

①赵士刚主编:《回顾与发展——共和国经济建设之路》(上),经济管理出版社1999年版,第429页。

②金冲及主编:《周恩来传》(三),人民出版社、中央文献出版社2008年版,第1262页。

③单秀法:《毛泽东与周恩来》,中国青年出版社2008年版,第224页。

对于周恩来紧紧跟随毛泽东的漫长过程,有人总结说:

> 假如毛泽东是红色中国的理论家,周恩来就是使毛的理论添上生命力的实行家,周有时还给这些理论略加修饰,使之更符合实际。①

这虽是外国人所言,但符合事实。由此亦可见:周恩来跟随毛泽东,与毛泽东长期共事,并不是什么盲从,也不是什么“愚忠”,而是相辅相成,相得益彰。

10.“我们要保持晚节,就要紧跟毛主席不掉队”

熟悉周恩来的美国《纽约时报》的远东记者约翰·吴德施说:

> 周、毛的合作关系,无论就经历年代、亲密程度、历史重要性来说,在中共党史上,是没有前例的。他们的伙伴关系长达40年之久,这种关系是坦率的,也是有创造性的。②

的确,在几十年风雨同舟中,周恩来和毛泽东彼此有着深厚的个人感情,即使发生“反冒进”这样的分歧后,毛泽东都是多次与周恩来单独谈话,他们之间是真诚的、坦率的。在晚年岁月中,毛泽东和周恩来一起驾驭着中

① [美]朱雷·阿查尔:《岿然不动的政治家》,方钜成、姜桂侬主编:《西方人看周恩来》,中国和平出版社1989年版,第173—174页。

② [美]约翰·吴德施:《周恩来其人其事》,《西方人看周恩来》,中国和平出版社1989年版,第125页。

国这艘超级轮船，仍然是最好的搭档，在"文化大革命"中也是如此。

1966 年夏，"文化大革命"爆发。8 月 5 日，毛泽东在八届十一中全会期间写出《炮打司令部——我的一张大字报》，随后，周恩来向全会传达。他仍主持国务院工作，且还是党内三号人物，此后其他人的地位大多发生较大变动，但周恩来始终是国务院总理，党内第三号人物的地位一直没有改变。

"文化大革命"最直接和重大的改变，就是原来的党内二号人物刘少奇被打倒，林彪跃而替之。而本来就是三号人物的周恩来却没有成为二号人物。这一与毛泽东选择接班人的年龄考虑有关，二也与周恩来本人一贯的性格和思想有关。美国著名的汉学家、哈佛大学教授费正清说：

> 周是个才华出众，有非凡魅力的人物，本能地保持中间立场，以便把组织维系在一起，而同时由于明智得很，从来不想当第二号人物，去和第一把手争夺宝座。①

周恩来的这种毫无野心的明智，源自于他对毛泽东的心悦诚服。因此，当"文化大革命"爆发时，他并不反对。金冲及说：

> "文革"开始的时候，主席没有告诉他，这也是事实，当时他正在忙着华北抗旱。《海瑞罢官》，他事先也不知道。后来成立工作组后不久，他又出国了很长时间。不过最初他对"文化大革命"恐怕是拥护的，实行反修防修，发动群众来消除社会主义社会中存在的阴暗面，这些在当时他不会反对。②

---

①费正清：《打破政治局记录》，《西方人看周恩来》，中国和平出版社 1989 年版，第 148 页。

②张素华、边彦军、吴晓梅编著：《说不尽的毛泽东——百位名人学者访谈录》（上），辽宁人民出版社、中央文献出版社 1995 年版，第 538 页。

对于“文化大革命”,周恩来甚至说过:“我们要保持晚节,就要紧跟毛主席不掉队,在‘文化大革命’中经受住考验。”① 当然,周恩来所说的“保持晚节”,自然也包括政治上的。

八届十一中全会后,党中央领导机构出现变动,受批判的刘少奇和邓小平靠边站了,周恩来实际上主持中央日常工作,与中央文革小组成为中央最高决策层的两套班子,一起参加中央政治局常委“扩大”碰头会。而这个碰头会就由周恩来主持。②

这种安排,实际上还是以周恩来为主,周恩来是做最后结论的人,因此可见毛泽东对周恩来的高度信任。

也因为如此,在“文化大革命”的风云岁月中,周恩来承担了最大的工作量,他每日工作十几个小时。他的秘书纪东回忆说:

> 他(指周恩来)的“累”,是因为中央日常具体工作毛主席平时很少管,林彪根本不过问,而大量的事情由总理一人承担。包括每周都要召开的几次政治局会议,也由他主持,然后向毛主席和林彪写出报告。③

周恩来身负重任,尽力替毛泽东分担,但有些人认为他是障碍,蓄意打倒他。1967 年 2 月,几位老帅“大闹怀仁堂”后,主持会议的周恩来被造反派认为是“二月逆流”的总根子。5 月中旬,北京街头出现攻击周恩来的大字报。江青也收到一封揭发周恩来曾经“脱党”的信件,便将来信和当年的《伍豪等脱离共党启事》分别送交林彪、周恩来、康生,并附信说:

---

①金冲及主编:《周恩来传》(二),人民出版社、中央文献出版社 2008 年版,第 896 页。

②金冲及主编:《周恩来传》(四),人民出版社、中央文献出版社 2008 年版,第 1671 页。

③纪东:《非常岁月:回忆周恩来总理的最后八年》,中央文献出版社 2012 年版,第 133 页。

查到一个反共启事,为首的是伍豪(周××),要求同我面谈。[①]

“伍豪”是周恩来20世纪30年代在上海工作时用过的化名,“伍豪”“周××”都是说他。周恩来收到江青的信后在上面批示:

伍豪等脱离共党启事,纯属敌人伪造。只举出243人,无另一姓名一事,便知为伪造无疑。我当时已在中央苏区,在上海的康生、陈云同志均知为敌人所为,故采取了措施。[②]

《伍豪等脱离共党启事》到底是怎么回事呢?邓颖超后来对周恩来保健医生张佐良谈起过,那是1931年4月顾顺章被捕叛变后,国民党中统局调查科情报股总干事张冲抓捕周恩来失败后炮制出来的。张佐良后来说:

(在抓捕行动失败后)张冲与另一个中统特务黄凯合谋炮制了那份《伍豪等脱离共产党启事》交由上海《申报》、《时报》、《新闻报》、《时事新报》和其他报纸于1932年2月16日至21日相继刊出,制造诬陷周恩来的舆论……可是,周恩来于1931年11月已经到达江西瑞金,出任苏区中央局书记工作。

周恩来到达苏区工作在先,国民党特务造谣文章发表在后。并且,这事也不是什么秘密,当时在上海进行秘密工作的陈云、聂荣臻、陈赓、康生、李克农、李强等人都清楚,延安整风时也已有结论。

随后,周恩来给毛泽东写了一封信,说明情况,并附上了有关材料。信

---

①金冲及主编:《周恩来传》(四),人民出版社、中央文献出版社2008年版,第1733页。

②金冲及主编:《周恩来传》(四),人民出版社、中央文献出版社2008年版,第1733页。

中说:“现在弄清楚了所谓的‘伍豪等启事’,就是1932年2月18日的伪造启事”,“伪造启事和通过申报馆设法处置,均在我到江西后发生的。”[①]毛泽东看了周恩来的来信和材料后批示:“送林彪同志阅后,交文革小组各同志阅,存。”[②]

如果说毛泽东此时尚没明确表态的话,5月29日,他就公开了自己对周恩来的态度。针对北京一些造反派要“炮打”周恩来的情况,他在一份材料上批示:

极左派的观点是错误的,请文革同志向他们做说服工作。[③]

毛泽东把攻击周恩来的造反派划入“极左派”之列,并指出了他们“是错误的”。

周恩来收到从毛泽东处返回的这个批件后,交给了中央文革小组传阅。作为知情人的康生随后写信给陈伯达、江青,建议批评“极左派”。于是,风头正盛的“炮打”周恩来浪潮突然之间就偃旗息鼓了。

毛泽东将就要燃起的“炮打”周恩来的大火亲自给熄灭了。

周恩来对此事还是不放心。1968年1月10日,他写信给江青说:

此事在1931年、1932年,凡熟悉上海政情和共运的,均知其为伪造。我在1943年延安整风、下半年开的中央座谈会上已原原本本谈过。今年有暇,我当在小碰头会上再谈及此事,并予录音,记入中

①单秀法:《毛泽东与周恩来》,中国青年出版社2008年版,第244页。

②张佐良:《周恩来的最后十年——一位保健医生的回忆》,上海人民出版社1997年版,第290页。

③金冲及主编:《周恩来传》(四),人民出版社、中央文献出版社2008年版,第1963页。

1966 年周恩来和毛泽东在天安门广场

央档案。[①]

1 月 16 日,毛泽东在另一封涉及这件事的信上批示:此事早已弄清,是国民党造谣诬蔑。[②]

这是后话。

在“文化大革命”期间,周恩来处理王力、关锋一事,也证明了毛泽东对周恩来的充分信任。

1967 年 8 月 7 日,中央文革小组成员、中联部副部长王力召见外交方

①纪希晨:《史无前例的年代》,人民日报出版社 2001 年版,第 101 页。

②单秀法:《毛泽东与周恩来》,中国青年出版社 2008 年版,第 244—245 页。

面的造反派，发表对外交部“夺权”的讲话，把矛头直接指向外交部部长陈毅。在“夺权”的浪潮中，8月22日，外交部造反派冲击并火烧了英国驻华代办处，制造了一起性质十分严重的外交事件。

次日，周恩来紧急召见外交部造反派，向他们宣布：对外交部“夺权”是非法的，不算数；要对火烧英国驻华代办处进行调查，并要向毛泽东报告。这一事件引起了周恩来的高度注意。他后来说：

> ……有些坏人利用这个机会来操纵群众运动，分裂群众活动，破坏我们的对外关系。①

意识到有“坏人”搞破坏后，周恩来立即采取了行动。8月25日，他单独约见代总参谋长杨成武，谈了外交方面造反派的情况，指出王力的八七讲话是煽动性的，并且说：“这样下去怎么得了？我担心的是连锁反应。”②然后把王力讲话记录稿交给杨成武，要他马上送交在上海的毛泽东。

当天上午，杨成武就飞赴上海，并向毛泽东做了报告。

第二日上午，毛泽东把杨成武找来说：“你马上准备飞机回北京，准备好了再来。”

杨成武安排好飞机后，回到毛泽东的住处。毛泽东说：“我考虑好了，我说你记。”

毛泽东说：“王（力）、关（锋）、戚（本禹）是破坏‘文化大革命’的，不是好人，你只向总理一人报告，把他们抓起来，要总理负责处理。”

杨成武带着这个指示才走出客厅，毛泽东又派人把他叫回去，交代说：“是不是可以考虑一下，戚暂时不动，要他作检讨，争取一个。”③

然后，杨成武乘飞机飞回北京，单独向周恩来汇报了毛泽东的决定。周

---

①金冲及主编：《周恩来传》（四），人民出版社、中央文献出版社2008年版，第1737页。

②金冲及主编：《周恩来传》（四），人民出版社、中央文献出版社2008年版，第1737页。

③杨子申：《杨成武将军访谈录》，中国文联出版公司1995年版，第43—45页。

恩来听后表示:事不宜迟,马上开会。[①]

当晚,周恩来主持召开中央小型碰头会,陈伯达、康生、江青等人参加。

> (在会上——引者注)周恩来宣布:“今天的会议,是传达毛主席的一个重要决策。”随即,他逐字逐句宣读了杨成武记录下来的毛泽东的指示。随后,王力、关锋被隔离审查。[②]

毛泽东将对王力等人的隔离审查交给周恩来一人处理,而不是让中央文革小组或者林彪去办理,此事说明“毛泽东很信任周恩来”。[③]

这种信任是建立在长期的工作之上的,不是周恩来的谄媚和阿谀,也不是毛泽东的恩典施舍,而是一种志同道合式的革命同志关系。美国中国问题专家鲁西恩·魏·派艾说:

> 周勤勤恳恳执行作为下属的职务,但他从来不是一个阿谀奉承之徒,而总是保持一段距离的尊严。在决定重大问题时,他总是忠实地向毛请示。[④]

毛泽东对周恩来的信任,是无人质疑的。基于这样的信任,周恩来在毛泽东前面也很随意,不像其他人那样拘谨或者毕恭毕敬:

---

①杨子中:《杨成武将军访谈录》,中国文联出版公司 1995 年版,第 45 页。

②金冲及主编:《周恩来传》(四),人民出版社、中央文献出版社 2008 年版,第 1738 页。

③张素华、边彦军、吴晓梅编著:《说不尽的毛泽东——百位名人学者访谈录》(上),辽宁人民出版社、中央文献出版社 1995 年版,第 538 页。

④鲁西恩·魏·派艾:《杰出的共产党人》,《西方人看周恩来》,中国和平出版社 1989 年版,第 182 页。

周同毛能不拘礼节。一个法国人回忆有一次会见毛,周就坐在旁边,随便翻阅报刊,显然没注意谈话经过。这位外宾评论说:“不能想象有什么人坐在戴高乐旁边看新闻报纸。”①

在毛泽东和周恩来晚年,最惊险的还是处理九一三事件。

1970 年庐山会议上,毛泽东对林彪等人的作为有了警觉后,周恩来成为他力挽狂澜的主要依靠对象,参与会议的主要纠偏工作:

(1970 年 8 月——引者注)25 日下午,毛泽东在他的住所召开了政治局扩大会,严肃宣布:立即休会;停止讨论林彪的讲话;收回华北组第 2 号简报;不要揪人,要按“九大”精神团结起来;陈伯达的发言是违背“九大”方针的,要检讨。8 月 26 日、27 日,周恩来主持会议要陈伯达、吴法宪等人检讨。②

庐山会议后,周恩来仍然是毛泽东应付林彪等人阴谋的主要领导人。

庐山会议后,周恩来又主持了华北批陈整风座谈会,指出黄永胜等人“在政治上犯了方向路线错误,组织上犯了宗派主义错误”,希望他们实践自己的申明,认真改正错误。周恩来还代表中央改组了北京军区的领导班子,实现了“挖墙脚”的部署。③

但是,林彪等人不听从毛泽东等人的劝告,继续滑向错误的深渊。

---

① [英] 狄克·威尔逊:《忠于祖国重人情》,《西方人看周恩来》,中国和平出版社 1989 年版,第 200 页。

②单秀法:《毛泽东与周恩来》,中国青年出版社 2008 年版,第 249 页。

③单秀法:《毛泽东与周恩来》,中国青年出版社 2008 年版,第 249—250 页。

1971 年 9 月 13 日,林彪企图谋害南巡途中的毛泽东的阴谋败露后,立即决定从山海关乘飞机叛逃国外。结果,被女儿林立衡发现,报告给随行的中央警卫局副团长张宏。中央办公厅主任汪东兴接到报告后,立即报告周恩来。汪东兴回忆:

我马上打电话找周总理。周总理当时正在人民大会堂福建厅开会,主持讨论将在四届全国人大会上作的《政府工作报告》的草稿。

我将林立衡报告的情况向周总理报告后,周总理问我:“报告可靠吗?”

我回答说:“可靠。”

周总理对我说:“你马上打电话通知张宏,如果有新的情况,立即报告。”

周恩来和毛泽东在一起交谈

我和张耀祠都守在我的办公室的电话机旁。过一会儿,张宏又来电话报告说:林立衡还报告,她听接林立果的汽车司机讲,林立果是乘专机从北京来的,这架专机现在就停在山海关机场。由于林立衡的报告,我们掌握了林立果是乘专机去北戴河,山海关停有专机的重要情况。我马上又将这个情况报告给周总理。

这时,周总理听了这些情况后,已经不能继续主持开会了,他也紧张起来。他安排其他人继续开会,自己来到人民大会堂东大厅的一间小房子里处理北戴河方面的问题;他打电话给我,要我不离开电话机,随时掌握北戴河那边的情况。[1]

随后,周恩来亲自与叶群打电话核实林彪的行踪。林彪等人见势不妙,还是强行登机,然后起飞了。

周恩来和汪东兴立即去向毛泽东汇报。

在谈话中,汪东兴问毛泽东:要不要进行拦截。毛泽东说:"林彪还是我们党中央的副主席呀。天要下雨,娘要嫁人,不要拦阻,让他飞吧。"

周恩来也表示同意这个意见。

然后,周恩来交代汪东兴:"先把毛主席转移至大会堂,那里条件好一些,以后看情况再定。"[2]

第二日,周恩来主持中央政治局会议,宣布九一三事件,并采取措施保护北京,防止林彪死党发起突发事件。他还亲自给各省、市、自治区负责人一一打电话,通报林彪叛逃之事,并要求控制好军队。在九一三事件后,党中央决定对林彪死党黄永胜等人进行隔离审查。周恩来负责安排。在布置好隔离措施后,他要求汪东兴保护好毛泽东,并叮嘱他说:"你不能离开中南海了,要严加保卫毛主席的安全。我们有事时可以找张耀祠、杨德中,必要时找你。"[3]

在关键时刻,周恩来总是把毛泽东的安危放在第一位。

在周恩来的指挥下,九一三事件得到了妥善的处理。毛泽东的卫士长陈长江回忆说:

值得一道的是,时年已 74 岁的周恩来,连续 50 多个小时没有休息,正是由于这一系列的措施和创造性的指挥,才使林彪一伙的

---

①汪东兴:《毛泽东与林彪反革命集团的斗争》,当代中国出版社 1997 年版,第 203—204 页。

②汪东兴:《毛泽东与林彪反革命集团的斗争》,当代中国出版社 1997 年版,第 204 页。

③汪东兴:《毛泽东与林彪反革命集团的斗争》,当代中国出版社 1997 年版,第 217 页。

出逃,没有给党和国家造成更大的损失和灾难。

九一三事件后,周恩来再次成为了党内第二号人物。周恩来的秘书纪东回忆:

林彪叛逃后,毛主席明确中央的日常工作由周总理主持;军委的工作由叶帅主持,重大问题向总理报告;国务院的工作由李先念副总理主持。①

周恩来尽管身体越来越不好,但是,责任更加重了。

作为国家的总理、政治局常委和十大后党的副主席,他所处的特殊位置,让他集党政军日常工作于一身。②

周恩来更成了毛泽东离不开的人。长期参与国务工作的宋庆龄说:“周恩来是毛主席的主要助手”。这是她的亲身体会,也是事实。著名的汉学家、哈佛大学教授费正清说:

他(周恩来)在中共中央当了48年政治局委员,这打破了世界纪录。周是世界上伟大的政府总理之一,对党和党的领袖赤胆忠诚地工作……③

---

①纪东:《非常岁月:回忆周恩来总理的最后八年》,中央文献出版社2012年版,第133页。

②宋庆龄:《怀念周恩来总理》,载人民出版社资料组编:《人民的好总理》,人民出版社1977年版,第5页。

③[美]费正清:《打破政治局记录》,《西方人看周恩来》,中国和平出版社1989年版,第148页。

11.“周恩来的兴致很高,他几次站起来举杯为毛泽东主席健康干杯!”

有人说:“林彪事件发生之后,把周推到仅次于毛的地位。”[①] 这句话是准确的。九一三事件后,中央政治局五名常委只剩下毛泽东、周恩来和康生三人,党中央更多的重担压在了周恩来身上,再次形成了“毛主周辅”的领导格局。

金冲及说:

> 毛泽东和周恩来这两个人,的确是不可分离的。说起来很有意思,在中国近现代历史上,常常有两人并称的例子。比如太平天国的洪杨(洪秀全、杨秀清)、戊戌维新运动的康梁(康有为、梁启超)、辛亥革命时期的孙黄(孙中山、黄兴),中国共产党建党前后的“南陈北李”等。两个人中总是以一个为主,另一个也有别人难以替代的作用,往往是相互补充和相互依存。在中国共产党第一代领导集体中,虽然没有“毛周”这样的说法,但两人关系的紧密是有目共睹的。在两人的关系中,当然毛泽东起着主导的作用。……而对毛泽东,有如一位中央领导同志所说,最离不开的是周恩来。这也是事实。他们之间的关系确实是相得益彰。

---

①[英]柯莲娜·麦克杜高:《周身后新力量涌现》,《西方人看周恩来》,中国和平出版社1989年版,第344页。

周恩来和毛泽东一起接见外宾

然而,这个时候毛泽东和周恩来都步入了晚年,身体状况远远不如以前,因此这一次的“毛主周辅”格局除了工作之外更多了一些相互关爱的色彩。

由于受到九一三事件的巨大打击,79岁的毛泽东身体急剧变坏。1972年1月中旬,他突然发病,高烧不止,一次因心肺病出现严重缺氧,发生休克昏厥过去。周恩来得悉后,甚为着急,立即丢下工作,从西花厅办公室驱车赶到毛泽东的住处。毛泽东的卫士长陈长江回忆:

我赶忙出去在门口迎接。当我打开车门请他(周恩来——引者注)下车时,只见他脸色煞白,没有一点血色,两手微微颤抖,腿脚也不听使唤了,许久下不了车。

见他这样,我既着急,又使不上劲,只是不安地想到,主席还没有抢救过来,总理又这样了!

如此可见周恩来万分着急和担心的心情。然而,当他见到毛泽东和毛泽东看见他时,两人的亲密之状又是多么令人感动:

当周恩来被搀扶着走下汽车，来到抢救毛主席的现场，恰在这时，毛主席苏醒过来了。

……

周恩来见毛主席的状况有所缓和，他却显得非常疲乏，几乎力不能支，但他挣扎着，俯下身去，在毛主席的耳边轻声细语说些什么，安慰他。

毛主席连连点头，几乎是一语一应。①

这样动人的场景也只有最亲密的人之间才会有。

然而，毛泽东的身体没有好转，没过多久又发生休克。周恩来听到这个消息，再次飞车来到毛泽东住处。还是陈长江前去迎接他的。陈长江回忆：

我上前打开车门请他（周恩来——引者注）下车，只见他面容憔悴，一脸忧云，那绷得很紧的脸上没有一丝血色，他颤巍巍地挪动身躯，企图从车里出来，然而，是那样的艰难。顿然间使人觉得他也老了许多。看得出，他很紧张，也很着急。

"总理，主席已经缓过来了。"我急不可耐地把刚得到的最新情况报知他……

这时，周恩来才松了口气，但他没有讲一句话。在车上，他坐了坐，才慢慢地下了车，进了毛主席卧病的房间。

毛主席虽然躺着，他坐不起来，但神志清楚，气色也有所恢复，周恩来亲眼看到了，他那清癯的脸上露出一丝喜悦，这时他才真的放下心来。

毛主席看到了周恩来，他略有歉意地说："你看，又叫你紧

①陈长江、赵桂来：《毛泽东最后十年》，中共中央党校出版社2009年版，第165页。

张了。”

“这里有事,我应该来嘛。”周恩来说:“很担心你的健康……希望你早日康复。”

毛主席示意周恩来坐下来,两人便谈了起来了。

毛泽东两次休克,周恩来两次飞车前来看望,到了门口都无力下车、行动困难,这是何等的着急和担心!这印证着约翰·吴德施的一句话:“周同毛的关系是周恩来一生至关重要的一股中心力量。”① 周恩来与毛泽东是共命运的人。

从长征开始,周恩来和毛泽东只在抗日战争时期分开过三年,以后几十年始终在一起。毛泽东有晚上工作的习惯,而周恩来呢?他的军事秘书纪东说:“总理的办公习惯完全适应毛泽东。”② 周恩来的这种“适应”是长期形成的,是真切的。毛泽东也把周恩来当作最可信赖、最亲近的人,所以苏醒过来见着周恩来,一起轻声细语地交谈,虚弱中显得那么平静。

根据毛泽东两次休克的情况,党中央决定成立由周恩来、王洪文、张春桥、汪东兴四人组成的主席医疗领导小组,负责毛泽东的治疗工作。以后,毛泽东尽管身体不好,但仍然坚持工作,仍然日夜处理国家大事。虽然九一三事件后中央将军委工作交由叶剑英主持、国务院工作交由李先念主持,但据周恩来秘书纪东回忆:“实际上总理的工作一点也没有减少,反而更忙更累了。”③

---

①约翰·吴德施:《北京全天候人物》,《西方人看周恩来》,中国和平出版社 1989 年版,第 42 页。

②张作文:《总理工作十分繁忙,几乎没有休息时间》,《百人访谈周恩来》,江苏文艺出版社 1998 年版,第 611 页。

③纪东:《非常岁月:回忆周恩来总理的最后八年》,中央文献出版社2012 年版,第 133 页。

中国最高决策层还是尼克松后来所说的“毛泽东是拿主意决定大事的人，周恩来是负责执行”① 的局面。但是，这时周恩来的身体也不好了。5月，他被初步诊断患了膀胱癌。他和毛泽东一样照旧坚持着工作，继续日理万机。

进入 1973 年 1 月，周恩来身体越发不行了，出现尿血。他仍然坚持工作。

尽管在工作中毛泽东仍时有批评，但毛泽东对周恩来还是十分信任，周恩来推动邓小平复出就是例证。

邓小平之子邓朴方讲述了 1973 年邓小平复出的过程：

> 九一三事件发生后，我父亲听了传达，他立刻给中央写了信。1972 年 1 月，陈毅伯伯逝世，谁也没想到毛主席出席了这个追悼会。“文化大革命”中，林彪就是要打倒这些老家伙们，也包括我父亲、刘伯承和其他老同志。周总理立刻暗示陈毅的子女，把这个消息传出去。之后，周总理在见新疆代表团的时候，当着江青、姚文元的面说：“林彪就是想打倒老干部，像邓小平啊，要打倒。”有意把这个风散出去。
>
> 毛主席决定恢复我父亲的工作，作为周总理来说，他根据毛主席的决策来办事，这个事情他不能多说，但是必要做的该做的他都做。当时周总理处境非常艰难。1972 年 6 月，他批了一个文件，恢复我父亲的工资待遇，同时也批准我到北京来治病。8 月，父亲就写了封信给毛主席。毛主席说：邓小平虽然犯了很多错误，错误很严重，但是第一个呢，不是叛徒；第二个是在苏区时，是“毛派”头子，第三个是协助刘伯承打仗有功，第四个是解放以后也不是没做一件好

---

①张素华、边彦军、吴晓梅编著：《说不尽的毛泽东——百位名人学者访谈录》（上），辽宁人民出版社、中央文献出版社 1995 年版，第 527 页。

事。周总理得到这个指示以后立刻向政治局传达,并且作为文件来传阅。10月,父亲就已经开始活动了,先后到韶山、井冈山参观,还参观了红都机械厂,江西其他地方,一直到年底。周总理给纪登奎和汪东兴写了一封信,先谈谭震林的事情,让他回北京,后来又谈关于邓小平的事情,毛主席已经提过多次,请他们议个办法出来。12月底,纪登奎、汪东兴正式提出建议,要我父亲恢复副总理的工作。

1973年2月,我父亲得到通知回到北京。这年年初,周总理的病复发,这时候本应该很好治疗,但是,他从1973年2月底到3月初,连续开会,讨论父亲复出问题,连续很多天开会,反复商量。直到3月9日,大概讨论完了,他才向政治局讲明他的病情,请假去治疗。同一天,他向毛主席作了汇报,毛主席批准了,3月10日,关于邓小平复出的中央文件正式发出。这是周总理为父亲的复出在病中坚持工作的情况。①

按照邓朴方的说法,邓小平和周恩来是“20世纪真正的知己”。② 他们曾一起在法国勤工俭学,在20世纪50年代邓小平一直是周恩来的助手,毛泽东不可能不知道他们的亲密关系。现在周恩来做推动邓小平复出的工作,他也不可能不知道。毛泽东之所以让邓小平复出,一则是自己对邓小平才能的肯定;另一则也是听从了周恩来的建议。

因此,毛泽东虽然工作上对周恩来有批评,但此时他们是亲密合作,而不是那种所谓的“斗争”关系。相反,因为年老,他们相互之间的关照更多了。

1974年春,毛泽东患白内障多年的眼睛,视力急剧下降。周恩来非常

---

①周尔均、周秉德主编:《百人访谈周恩来》,江苏文艺出版社1998年版,第118页。

②周尔均、周秉德主编:《百人访谈周恩来》,江苏文艺出版社1998年版,第97页。

着急，除及时了解病情和指导眼科专家会诊外，还告诉摄影记者，在毛泽东会见外宾时，拍摄的时间必须严格限制在三分钟以内，多一分也不行，时间一到立即关灯。另外，周恩来还将自己用了多年的一副眼镜送给毛泽东。他在给毛泽东身边工作人员的信中说：

> 这副眼镜是我戴了多年，较为合适的一副。送给主席试戴。如果不合适，告诉我，给主席重配。①

周恩来对毛泽东的爱护和关心，真可谓细致入微，无微不至。

1974 年 12 月，周恩来带病前往长沙与毛泽东商讨四届全国人大会议的人事安排。协和医院心脏内科专家方教授、泌尿外科主任吴德诚等医护人员随行。在长沙，周恩来与毛泽东的谈话，是绝密的。据陈长江回忆：

> 这次谈话，连政治局委员、中央办公厅主任汪东兴也没有让参加，只毛主席和周恩来两人，他们谈了一个多小时。
>
> 直到主席打铃了，才知道他们谈话结束了，汪东兴闻铃声进去了，我过去开门。看得出，毛主席和周恩来谈得很高兴，感情融洽，气氛热烈，显然取得了高度一致。给我们突出的印象是毛主席满意，周恩来也是满意的。

这次交谈，两人决定由邓小平担任党中央副主席、中央政治局常委，中央军委副主席兼总参谋长，打破了江青、王洪文的组阁计划。

周恩来和毛泽东住在一个院子里，两座楼很近。就是在此期间，他们商定提出国家实现四个现代化的宏伟蓝图。并且，周恩来没忘庆祝毛泽东的

---

①顾保孜：《红镜头中的周恩来》，贵州人民出版社 2011 年版，第 305 页。

生日。

晚年毛泽东在看文件

12 月 26 日,是毛泽东的 81 岁生日。这一天的谈话,只有他和周恩来两个人。①

保健医生张佐良回忆周恩来庆贺毛泽东生日前后的情景:

12 月 26 日,是毛泽东主席诞辰的日子。这天下午,周恩来从毛泽东那儿谈完工作,准备坐汽车要返回 2 号楼。

“停一下,叫平化同志(湖南省委第一书记张平化)上车来,我有事跟他说。”汽车刚要启动,他对司机说。

警卫员下车去叫张平化。

……待我回到了 2 号楼,有人告诉我:“方才总理在汽车上向张平化交代,今天晚上在 2 号楼庆祝主席生日,晚饭吃面条,菜要搞得简单些。参加的人不要多,摆两桌就可以了。总理指定地方上的负责同志,有张平化、李振军(湖南省委书记之一)及其他军、政领导人。”我这才醒悟过来,这一天,原来是 12 月 26 日。

……宴席上,周恩来的兴致很高,他几次站起来举杯为毛泽东主席健康干杯!只因他重病在身,不胜酒力,只喝了第一杯酒。接着,他先是以水代酒,后来叫他的随员代表他向大家敬酒。

---

①金冲及主编:《周恩来传》(四),人民出版社、中央文献出版社 2008 年版,第 1903 页。

席间，听张平化书记介绍说，毛泽东在湖南休养期间，身体恢复得很好，这几天情绪特别好。毛泽东看了工作人员为他燃放烟火与爆竹，看得很高兴。当我们听完张书记的介绍，得知毛泽东身体健康，精神愉快，大家由衷地感到高兴和欣慰。为此，大家纷纷起立，频频举杯，觥筹交错，敬祝毛主席健康长寿！

……席间气氛异常热烈、轻松、无拘无束，大家开怀畅饮。有四五个人喝得过了点量，但未闹出什么笑话来。

……周恩来患病以来，未曾有过这样好的情绪。

周恩来的好情绪是由衷的，是出自于对毛泽东的深厚感情。

1975 年 1 月，四届全国人大会议在北京顺利召开。周恩来带病做政府工作报告。会后不久，邓小平接替周恩来主持国务院日常工作。由于病情严重，周恩来准备前去做手术。

毛泽东十分关心周恩来的病情。周恩来的卫士高振普回忆：

毛泽东主席是很关心周恩来总理的健康的。周总理病重住院，对他来说也是件很不幸的事，他也时刻关注总理病情的变化。癌症已经夺去了陈毅、陶铸等领导人的生命！主席是相信科学的，我们的医疗水平能把总理的病医治好吗？他所看到的病情报告是总理的病越来越重，这就不能不使主席担忧了。他经常派工作人员到医院看望周总理，还派人送来了一个特制的沙发。总理坐上很舒服。总理住在医院，仍坚持办公，批阅文件，请示报告。这一切毛主席是最清楚的。为了增强总理对疾病的抵抗力：主席指示："注意护理，注意营养，注意休息，要节劳。"还指示说，"对总理的治疗，总理自己要过问，总理自己可以决定。"①

---

①高振普：《周恩来卫士回忆录》，上海人民出版社 2000 年版，第 179 页。

对于毛泽东的关心,周恩来也是十分感激。高振普说:

> 周总理很感激毛主席的关怀,后期的手术治疗方案确定后,总理都是自己亲笔写报告,送毛主席批准。待毛主席批准后,他才肯进手术室。这说明了周总理对毛主席的尊重,也表现了周总理高度的组织原则。

1975 年 12 月毛泽东会见美国总统福特一家

这次进医院周恩来也向毛泽东做了报告。3 月 20 日凌晨,他在病房支撑着病体,写出一份 700 字的报告,向在南方的毛泽东详细说明自己这几年来病情发展、变化的过程。关于新出现的肿瘤,他写道:

> 这一大肠内的肿瘤位置,正好就是 40 年前我在沙窝会议后得的肝脓疡病在那里穿肠成便治好的,也正是主席领导我们通过草地北上而活到现在的。由于病有内因,一说即明。好了的疮疤,现在生出了肿瘤,不管它良性或者恶性,除了开刀取出外,别无其他治疗方法。……我因主席对我病状关怀备至,今又突然以新的病变报告主席,心实不安,故将病情经过及历史造因说清楚,务请主席放心。①

周恩来写这个报告,就是怕毛泽东为自己担心。可写了报告后,他又担

①金冲及主编:《周恩来传》(四),人民出版社、中央文献出版社 2008 年版,第 1914—1915 页。

心毛泽东因他再去做手术的报告而更加担心，为此又给毛泽东的机要秘书张玉凤写了一封信：

我现在又以突然的病变报告主席，心实不安。但政治局常委四同志必将医疗组报告送请主席批准。在主席正在有病待治的时候，我又以开刀治病干扰，你可以想到我这时的心情。我只能补写一封关于病情病因的报告，请你看后斟酌，在主席已批准洪文等同志报告后，或在主席休息好后再读给主席听。一切托你酌办，千万不要干扰主席太多！①

然而，毛泽东岂能不为他担心？

几天后，张玉凤从杭州毛泽东住地打来电话：病情报告都念过了，主席很惦记总理，有几天睡不好觉。②

3月26日，周恩来在医院做了结肠癌手术。手术长达八个小时，是成功的。但是，经过这次大手术，他的身体还是明显地虚弱下去，更加不行了。周恩来不得不长住在医院中。

8月，医疗组决定为毛泽东做白内障摘除手术。这种手术属于一般性的小手术，但周恩来仍然不放心。尽管自己的病情十分严重，却坚持来到了手术现场。邓小平对他说："有我在这里，你身体不好，就不要来了。"

周恩来说："不来，我也坐不住，来看一看。"③

为了不影响毛泽东做手术，周恩来和其他人没有与毛泽东打招呼，坐

①金冲及主编：《周恩来传》（四），人民出版社、中央文献出版社2008年版，第1915页。

②金冲及主编：《周恩来传》（四），人民出版社、中央文献出版社2008年版，第1915页。

③陈长江、赵桂来：《毛泽东最后十年》，中共中央党校出版社2009年版，第214页。

在手术室外的大厅里等候。毛泽东的手术很快就顺利做完了。周恩来得悉后,面带喜色地来到毛泽东的门前探望。① 周恩来到门口探望,面带喜色,可见他的心情。但是,他没和以前那样去见毛泽东并和他说一两句话。陈长江回忆:

> 毛泽东已下了手术台,两眼蒙着厚厚的纱布,仰靠在躺椅上。据说,这种手术过后,最好的休息姿势并不是平躺下。
>
> 工作人员正准备告诉毛主席说,周恩来来看望他来了。可是,周恩来摆了摆手,制止了。他是怕影响毛主席的休息,妨碍治疗和回复的效果。

周恩来放心地离去了。但是,在毛泽东做手术的前后,从陈长江的叙述来看,周恩来的一言一行、一举一动,无不凝聚着他对毛泽东的关切和深情。

周恩来关心着毛泽东的身体状况,而他自己的病情还在恶化,在 6 月的时候,他就已经瘦得只有 30.5 公斤了。② 12 月,周恩来因为癌症扩散不得不再次做了一次大手术,结果病情更是急剧直下,随后就不能进食了。到中旬,他就进入了弥留状态,时而清醒时而昏迷。27 日深夜,他突然昏睡过去,一时呼叫不醒,经过医生全力抢救,才苏醒过来。可是,元旦之日,周恩来的表现“惊人”。

> 1976 年元旦,《人民日报》发表了毛泽东《重上井冈山》和《鸟儿问答》两首诗词。周恩来在似睡非睡中隐约地听到了电台的广播

---

①陈长江、赵桂来:《毛泽东最后十年》,中共中央党校出版社 2009 年版,第 214 页。

②金冲及主编:《周恩来传》(四),人民出版社、中央文献出版社 2008 年版,第 1926 页。

> 声，当他知道发表了毛主席的两首诗，他让身边人员赶快将《人民日报》找来。这天下午，大家仍然按习惯，在周恩来清醒时，见到他精神还可以，便提醒他：是否要读《人民日报》主要版面的重要新闻。他就让读毛主席的《鸟儿问答》这首诗。
>
> 元旦后的头两天，周恩来的精神似乎好一点。例如，他让工作人员多次读毛主席诗词，偶尔亦议论一两句话。[①]

医生张佐良说的这个“惊人”，就是周恩来对毛泽东诗词的表现。因此，有人说周恩来、毛泽东之间是一种生死之情，并不过分。可是，“病情已经如此危重的人，这种现象的出现，反而使一些同志担心起来，认为这是不是人家常说的那种‘回光返照’，这决不是‘好兆头’。”[②] 果然，没过几天，1 月 8 日上午，周恩来心脏停止了跳动，终年 78 岁。

在周恩来重病时，毛泽东没去探视。这并不是后来一些人所说的不愿意去，而是他也病得厉害，连探视也去不了了。但毛泽东没忘记周恩来，他想出了一个办法，派长期在自己身边工作的中央警卫局副局长张耀祠去周恩来住院的 305 医院代表他本人进行日夜“值班”。陈长江回忆：

> 自周恩来进行了几次手术，病情一直在恶化。毛主席对他的健康非常挂心，他自己不能亲自前往探视，便派张耀祠前去医院值班，了解那里的情况，随时向他报告。因而，一个时期以来，张耀祠往 305 医院跑得较多，了解的情况也就多。
>
> 毛主席从治疗报告中知道周恩来的病情十分严重后，曾指示治疗组认真会诊，及时救治。尽管毛主席对周的健康十分挂虑，可是，

---

①张佐良：《周恩来的最后十年——一位保健医生的回忆》，上海人民出版社 1997 年版，第 370 页。

②张佐良：《周恩来的最后十年——一位保健医生的回忆》，上海人民出版社 1997 年版，第 370 页。

晚年周恩来

当时的他也是自顾不暇。这时的毛主席已不能起立或是坐下,连一步路也走不了,只能躺着,他说话很困难,吃饭要人喂,严重时要用鼻饲。所谓鼻饲,那是把一根橡皮管子从鼻孔插进去直达食道,从橡皮管子往里进灌流食,当然只能是很稀的液体了。

也就是在这个时候,张耀祠向毛主席报告了周恩来逝世的这个巨大的不幸,毛主席当时没有讲出一句话来,只是悲痛地点了点头,表示知道了。因为周恩来的病情,毛主席一直在关注着,这种不幸他早有预料。[1]

①陈长江、赵桂来:《毛泽东最后十年》,中共中央党校出版社 2009 年版,第 219 页。

1月15日下午，周恩来追悼大会在人民大会堂举行。病重的毛泽东不能亲自参加，派张耀祠代表他和他身边的工作人员参加追悼会。陈长江说：

毛主席的病情是这样的严重，他根本就没有可能参加周恩来的那个令人悲痛的追悼会，他没有机会与自己风雨同舟几十年的老战友告别，他的心里，是多么的悲痛与凄苦啊！

可是，就在周恩来去世几个月后，9月9日，毛泽东也溘然去世。

★第二章★

邓小平：

“毛泽东思想培育了我们整整一代人”

1."当时都是年轻人。毛泽东 34 岁,瞿秋白 29 岁,李维汉 31 岁,任弼时 23 岁,我 23 岁"

确切地说,邓小平和毛泽东第一次见面,是 1927 年 8 月在八七会议上。对于八七会议,邓小平本人回忆:

那个时候我是中央的秘书,是政治秘书。八七会议的时候,我们住在武昌,武昌三道街 1 号、11 号。那个时候政局变化很大,还是在八一以前就定的吧,一部分人去搞南昌起义,一部分人开这个会,是叫八七嘛,会议是号召搞全国起义,全国到处起来,从八一就开始了。①

邓小平担任中央秘书与他赴法国勤工俭学的经历有关系。

1920 年 10 月,邓小平(此时名字为邓希贤)从四川万里迢迢来到法国

①中央文献研究室、中央电视台编著:《大型电视文献纪录片〈邓小平〉》,中央文献出版社 1997 年版,第 20 页。

勤工俭学,先是在工厂做工。在此期间,他交往的人中四川人居多,但不乏湖南籍学生,如李立三、李富春、蔡畅等人。在和他们相处过程中,邓小平知道了毛泽东的名字,受到这些“先进同学的影响和帮助”,① 邓小平开始接触马克思主义书籍,追求进步。1923 年 5 月,邓小平加入旅欧中国共产主义青年团,年底到书记部工作,参加编辑《少年》刊物。

邓小平赴法留学前夕留影

旅欧中国共产主义青年团的书记是李富春。他的夫人蔡畅回忆:

> 《少年》刊物是轮流编辑,邓小平、李大章同志刻蜡板,李富春同志发行。

在此期间,邓小平与周恩来相识,“邓小平和周恩来经常工作到深夜,常常在编辑部的小房间里一起打地铺。邓小平很敬重这位兄长式的同志和领导,耳濡目染,从他身上学到了许多东西。从此开始了他们长达半个多世纪的深厚友谊。”②

1926 年 1 月,由于领导和参加党的活动,邓小平等人被法国警方驱逐出境,来到苏联,进入莫斯科东方大学学习。11 月,邓小平从苏联回国,直接到西安,参加冯玉祥西北军的改造工作,帮助办军校。1927 年春夏,国共

---

①中共中央文献研究室编,杨胜群主编:《邓小平传(1904—1974)》(上),中央文献出版社2014 年版,第 43 页。

②中共中央文献研究室编,杨胜群主编:《邓小平传(1904—1974)》(上),中央文献出版社2014 年版,第 45、47页。

合作的大革命运动处于激变之中,岌岌可危,7月初,邓小平到武汉,找到时任中央政治局委员兼军事部部长周恩来,被安排在中央机关工作,担任中央秘书。因此得以参加八七会议。

正是在这次会议上,邓小平第一次见到了毛泽东。

> 1927年,是中国革命史上最为悲壮惨痛的一年。
>
> 那年的六七月间,邓希贤辗转到达武汉,并担任了中共中央秘书工作。为适应白色恐怖下秘密工作的需要,从此更名邓小平。8月7日,他参加了具有重要历史意义的八七会议。……也就是在那次会议上,邓小平第一次见到了毛泽东。①

八七会议的主持人李维汉回忆录中有一个会议名单,确认了邓小平和毛泽东在会议上见过面。

> 八七会议是1927年8月7日在汉口召开的。参加这次会议的人数,我过去回忆是二十几个人。现据八七会议记录记载,出席会议的中央委员、候补中央委员、监察委员、共青团代表,上海、湖南、湖北代表和军委代表,共计21个人。瞿秋白、张太雷、邓中夏、任弼时、苏兆征、顾顺章、罗亦农、陈乔年、蔡和森、李震瀛、陆沉、毛泽东、杨匏安、王荷波、李子芬、杨善南、陆定一、彭公达、郑超麟、王一飞、罗迈(就是我)等人参加了会议。同时,参加会议的还有邓小平同志。当时,他任党中央秘书处长。②

邓小平见到久闻其名的毛泽东是什么感受?印象是非常深刻的。因为:

---

①中央文献研究室、中央电视台编著:《大型电视文献纪录片〈邓小平〉》,中央文献出版社1997年版,第20—21页。

②李维汉:《回忆与研究》(上),中共党史资料出版社1986年版,第162页。

一、这次会议是李维汉主持,但在讨论报告时,毛泽东是第一个发言,随后才是邓中夏、蔡和森、罗亦农、任弼时发言。

二、毛泽东首次提出了“须知政权是由枪杆子中取得的”的论断:

> 从前我们骂孙中山专做军事运动,我们则恰恰相反,不做军事运动专做民众运动。蒋唐都是拿枪杆子起家的,我们独不管。……现在虽已注意,但仍无坚决的概念。……以后要非常注意军事,须知政权是由枪杆子中取得的。……此次会议应重视此问题,新政治局的常委要更加坚强起来注意此问题。①

1927年毛泽东在武汉

三、邓小平是这次会议的记录人。

> 大家了解八七会议,但并不一定知道这次会议是邓小平同志记录的,这份珍贵的记录原件现在保存在中央档案馆。……中央在汉口召开紧急会议,邓小平同志作为中央秘书参加会议并作记录。他记录了每个人的发言,其中毛泽东同志发言有800多字,提出“以后要非常注意军事,须知政权是由枪杆子中取得的”。②

---

①中共中央八七会议记录,1927年8月7日,转引自逄先知、金冲及主编,中共中央文献研究室编:《毛泽东传》(一),中央文献出版社2011年版,第141页。

②王刚:《伟人光辉一生的真实记录》,《人民日报》2014年8月12日。

邓小平对毛泽东的主张是什么态度呢?

> 他同与会的很多人一样,从心底里赞同毛泽东的主张。后来,他在领导武装斗争的实践中多次强调:“最中心的是武装斗争,没有坚强的武装斗争作核心,其他一切都困难”,只有“武装斗争能够打开局面”,只有“武装斗争才能取得胜利”。①

毛泽东的讲话给了邓小平非常深刻的印象,所以以后他多次强调武装斗争的重要性,不久他自己也走向了领导武装起义的道路。1980 年初夏,76 岁的邓小平到武汉视察,在八七会议旧址前回忆道:

> 办事情的少数人去得最早,走得最晚,中央负责人后进,最早走。八七会议会址与餐厅相隔,两处均有后门相通,会议代表全部从后门进入。李维汉是秘书长,会议代表有二十几人,我是中央秘书,陈独秀原先要搞正规大中央,搞八大秘书,我就算是一个,以后没有到齐。我是政治秘书,还有刘伯坚没有到任。……我在这里呆了六天,会议开了一天一夜,极为紧张。我是最后走的,走得最晚。八七会议是武汉最热的时候,开会的当时甚至连门也不能开,进去了就不能出来。我是在一个晚上带小行李进去的,我们进去就睡地铺。
>
> ……当时都是年轻人。毛泽东 34 岁,瞿秋白 29 岁,李维汉 31 岁,任弼时 23 岁,我 23 岁,陆定一那时比我小两岁。②

---

①中共中央文献研究室编,杨胜群主编:《邓小平传(1904—1974)》(上),中央文献出版社2014 年版,第 89 页。

②刘金田主编:《邓小平的历程:一个伟人和他的一个世纪》(上),解放军文艺出版社 1994 年版,第 50 页。

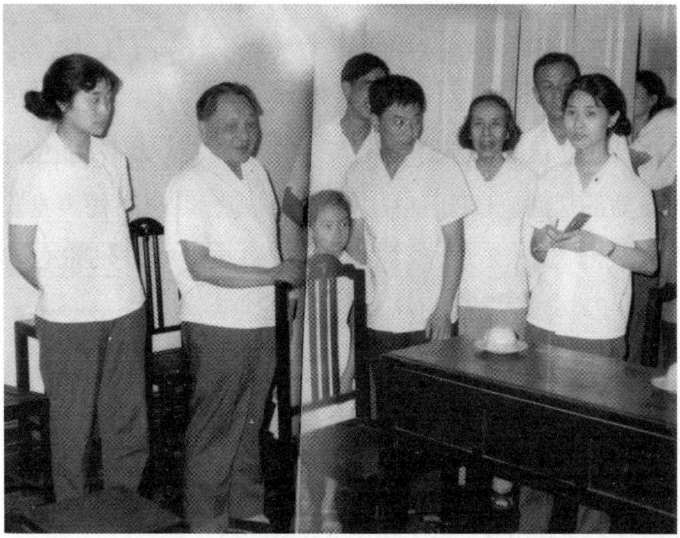

1980年邓小平参观八七会议纪念馆

据李维汉回忆:“由于环境险恶,八七会议由上午到晚上只开了一天。”但是,隔了一天,邓小平与毛泽东等人再次开会见面。

8月9日,毛泽东出席临时中央政治局第一次会议。会议选举常委并进行分工后,进一步讨论湘鄂赣粤四省秋收暴动和各地党的工作。在讨论湖南问题时,湖南省委书记易礼容建议湘南工农武装与南昌起义部队配合,共同夺取广东,毛泽东表示反对,并且提出湖南很重要。毛泽东的意见获得了多数人的赞同。会议最后决定毛泽东以中央特派员身份回湖南传达八七会议精神,改组湖南省委,并领导秋收暴动。

这是邓小平与毛泽东短短几日中的第二次见面。在两次会议中,毛泽东和邓小平交谈了没有不得而知,由于会议匆忙,从毛泽东后来谈起邓小平的话看,他对邓小平印象可能不是很深。

会议结束后,8月12日,毛泽东离开武汉前去长沙。[①] 随后领导了著

①陈冠任:《告诉你一个鲜为人知的杨开慧》,中共党史出版社2008年版,第363页。

名的秋收起义,不久率部东去上了井冈山。

9月底,邓小平随党中央机关从武汉迁到了上海,12月担任中央秘书长,协助周恩来处理中央日常工作。

在八七会议聆听毛泽东的发言一年多后,邓小平也走向了毛泽东走的武装暴动的道路。1929年夏,他化名邓斌,以中央代表身份前往广西,准备发动武装起义。12月,他同张云逸、韦拔群等发动百色起义,创建了红7军,并担任军政委、前委书记。

2.“我只见过你一面,你是毛派的头子”

邓小平再次与毛泽东见面,是在八七会议四年之后。

邓小平在广西领导百色起义、龙州起义,先后建立了红7军和红8军,但由于敌强我弱,最后只剩下红7军。邓小平与李明瑞等人率部四处转战,1931年1月来到了江西崇义一带。邓小平的女儿邓榕后来说:

> 在崇义时,父亲他们从行委的同志那里得知,中央召开了六届四中全会,王明占据了中央的领导地位。
>
> 这一消息,使父亲的心中有所震动。因为,对于王明此人,他向无好感。他想到,自从1930年从中央回广西后,一直没有和中央取得联系。现在,红7军终于到达江西,周围敌情并不严重,而当地行委有可靠的交通线可达上海中央,因此父亲考虑赴上海向党中央汇报工作。他和李明瑞、许卓召开了前委会,会上一致同意邓小平去上海汇报和请示工作。

邓小平等人完全是转战之中乱打乱闯率部来到江西的,不是后来有人传说的他是来找毛泽东。但此时邓小平知道毛泽东的部队在江西搞得红红火火。因此,在离开红 7 军的时候,邓小平交代部队在必要时去找毛泽东。邓榕记述:

在父亲告别许卓时,听见远处有枪声,他再度叮嘱,必要时,部队可向井冈山靠拢。①

许卓为红 7 军代理前委书记。2 月,邓小平辗转到达上海。3 月,总指挥李明瑞率部北上,在永新见到红三军团一部,与江西红军会师,从此这支部队也归于了毛泽东的指挥之下。

红军时期的邓小平

但是,邓小平回上海却没有达到目的:

他回上海半年,党中央和中央军委没有听他一次汇报,没有见他一面。②

为什么?原来王明主持的党中央听了原红 7 军政治部主任陈豪人等的

①毛毛:《我的父亲邓小平》(上),中央文献出版社 1993 年版,第 268 页。

②毛毛:《我的父亲邓小平》(上),中央文献出版社 1993 年版,第 287 页。

汇报，把红7军、红8军的重大损失归咎于前委对中央路线、方针贯彻不力，“认为前委书记邓小平要负主要责任”。[①]

5月，邓小平请求回红7军去，党中央还是没有批准，他又提出到苏区工作，6月得到了批准。

7月，邓小平与一位上海工会方面的女同志阿金从上海上船，经广东去江西。经过一个多月的行程，他们到达了江西瑞金。这时正是毛泽东率领红军主力进行第三次反“围剿”作战时期。邓小平来到苏区后，与中共赣东特委书记谢维俊接上了组织关系。邓榕后来说：

谢唯俊

瑞金是中央苏区的后方，父亲到那里后，发现瑞金县的党政领导权，已被反革命分子篡夺，许多革命干部和革命群众被杀害，仅瑞金县城对面的一个山上就有百余人被杀害，群众情绪很大，干部情绪低落，全县面貌死气沉沉。这时，在红军工作的谢唯俊正在瑞金，由上海党中央派到中央苏区工作的余泽鸿也到了瑞金。当时他们与上级还没有建立联系，他们和邓小平一起商议，推举邓小平担任瑞金县委书记。

在担任瑞金县委书记后，邓小平和谢唯俊、余泽鸿二人，首先迅速地惩办了反革命分子，为被冤屈的革命干部平了反，然后召开了县苏维埃代表大会，建立了红色革命政权，并着手发动群众。不久，

① 中共中央文献研究室编，杨胜群主编：《邓小平传（1904—1974）》（上），中央文献出版社2014年版，第187页。

瑞金的干部和群众的积极性发挥起来了,特别是大多数本地的农民干部情绪很高。有了大批的群众和与群众有着密切联系的本地干部的支持,全县局面大为改观。

正在这个时候,毛泽东和朱德领导第三次反“围剿”作战取得六战五捷,击溃敌人七个师,歼敌17个团,毙、伤、俘敌三万余人,缴枪两万余支,彻底地粉碎了敌人的第三次“围剿”。

9月28日,毛泽东、朱德、项英、王稼祥等红军总部和苏区中央局领导人,从兴国策马来到瑞金,进驻了叶坪村。邓小平立即与江西省苏维埃主席曾山、赣东特委书记谢唯俊等人一起去见毛泽东、朱德等人。

当晚,在村东大樟树下的一幢二层楼房里,曾山、邓小平向毛泽东等人汇报江西省苏区和瑞金苏区的情况。

邓小平汇报说:我到瑞金才一个多月,工作刚打开局面。这一个多月,县委和我主要抓了两件事:一是纠正肃“社会民主党”的错误,二是恢复和发展农业生产。经过一段时间的努力,现在看来,瑞金的政治局势已趋稳定,农业生产已走上发展轨道,全苏一大的各项准备工作也在加紧进行。有人说,瑞金已实现了一片红。我看,只能说局面大改观哩……

毛泽东听了邓小平的汇报后,频频点头,表示满意,高兴地说:很好,很好!你们瑞金的同志做了很多工作,小平同志辛苦了!看来,我们担心的事,有点着落了,“全苏一大”好开喽!

毛泽东环顾四周,朱德、项英、王稼祥、曾山等,都会意地点头称是。①

①余伯流:《伟人之间:毛泽东与邓小平》,江西人民出版社2011年版,第14—15页。

随后,为庆祝毛泽东领导的第三次反“围剿”辉煌胜利,邓小平在瑞金组织了一个五万人参加的祝捷大会。

> ……大会分设有四五个会场,父亲是大会的主持人,他曾陪同毛泽东到各个会场讲话。[1]

随后,11 月 7 日,中华苏维埃共和国第一次全国代表大会在瑞金开幕,历时 14 天,毛泽东当选为中华苏维埃共和国临时中央政府主席,项英、张国焘为副主席。临时中央政府设在瑞金。

由于战斗的需要,随后毛泽东和朱德等人率领红军主力离开了瑞金。邓小平与毛泽东分开了。可是不久,邓小平因为支持毛泽东受到“左”倾路线的打击。

此事起源于寻乌事件。

1932 年 7 月,党中央和江西省委把会昌、寻乌、安远三个县连成一体,在筠门岭建立会昌中心县委,邓小平为中心县委书记。10 月,宁都会议批判毛泽东,毛泽东被迫离开红军回到了后方。在第四次反“围剿”中,由于王明“左”倾冒险主义者片面强调扩大中央红军,把会、寻、安三县的部分地方武装编入正规红军,并调走了守卫在筠门岭一带的红军独立三师。这样,造成了苏区南部的防御空虚,致使 11 月寻乌县城在广东军阀的大规模进攻中失守。

> 本来这个事件,不是什么大不了的事情。因为苏区失守在当时来讲,丢来丢去,来来去去这是正常的,边境一般来讲都是不稳定的。但是“左”倾领导者抓住这个事件不放,开始了江西反“罗明路

---

①毛毛:《我的父亲邓小平》(上),中央文献出版社 1993 年版,第 294 页。

线"斗争，把它看成是会寻安中心县委执行了纯粹的防御路线，是退却逃跑。

苏区中央局机关报《斗争》，在这一时期发表了大量的文章，指责邓小平领导的会寻安中心县委，犯了"机会主义"的错误。

"寻乌事件"只是一个开头，它实际上是王明"左"倾领导向坚持毛泽东正确主张的党内同志实行宗派主义打击的一个部署。在中央苏区，站在同"左"倾路线斗争前列的除了邓小平，还有毛泽覃、谢唯俊、古柏。

1933年3月，在会、寻、安党的积极分子会议上，邓小平遭到了严厉的批判，还被撤去了职务。

……

这就是著名的"邓、毛、谢、古"事件。"左"倾领导对他们作出了组织处理，邓小平受到党内"最后严重警告"的处分。这是他政治生涯中的第一次跌落。[①]

邓小平这次"跌落"很悲惨，与他结婚的阿金也与他离婚，不久就与他人结了婚。

这次"邓、毛、谢、古"事件，目的就是要查到毛泽东头上。1984年，曾经参与这场批判的李维汉说："江西反邓、毛、谢、古，与毛泽东有关系。……反罗明路线，无论在福建还是在江西，矛头都是指向毛泽东的正确路线。"[②]

毛泽东和邓小平在瑞金的会见，是1927年"八七"会议上他们

---

①中央文献研究室、中央电视台编著：《大型电视文献纪录片〈邓小平〉》，中央文献出版社1997年版，第42—43页。

②李维汉：《回忆与研究》（上），中共党史资料出版社1986年版，第337页。

第一次见面之后的第二次见面。在其间四年的时间里,虽然他们在创建农村革命根据地问题上英雄所见略同,但各自一方,并没有机会面谈过。这次会见不久他们都受到“左”倾路线的打击,直到长征他们没有再见过面。这次会见给毛泽东的印象极深,直到毛泽东去世的前一年,即1975年5月3日的中央政治局会议上,老人家还谈起这次会见。他对邓小平说:“我只见过你一面,你就是毛派的代表。”这里的“一面”就是指1931年9月他们在瑞金的相见,“毛派的代表”则是指邓小平因为支持毛泽东路线而受到王明路线残酷斗争并被“打倒”的往事……①

毛泽东说与邓小平“只见过你一面”,一是说明在八七会议上,他与邓小平交往不多,印象不深;二是瑞金相见和交谈,印象深刻。邓小平与毛泽东交往极少,却因毛泽东被打倒,且被称为“毛派头子”,多少有些荒唐,同时也印证了李维汉说的“左”倾路线者是把“矛头”指向毛泽东的目的。

邓小平被打倒后,先下放到了江西省委宣传部当部长,不久被派到县里当巡视员。后来,在红军总政治部主任王稼祥和副主任贺昌的推荐下,调到总政治部担任秘书长,随后又转到宣传部当干事,主编《红星报》。

但是,事情还没有结束。1934年1月,党的六届五中全会后,博古等人继续批“邓、毛、谢、古”,追查所谓的“小组织派别活动”。对此,1943年毛泽东在延安整风时说:那时批判邓、毛、谢、古,是“指鸡骂狗”。

邓小平本人对所谓的“小组织派别活动”也不承认。1989年5月31日,他在一次谈话中说:“三十年代在江西的时候,人家说我是毛派,本来没有那回事,没有什么毛派。”②

①余世诚:《半个世纪的情缘:邓小平与毛泽东》,中共中央党校出版社1999年版,第50页。

②《邓小平文选》第三卷,人民出版社1993年版,第301页。

邓小平一没搞小派别活动，二与毛泽东没什么交往，为什么会成为子虚乌有的"毛派"的"头子"呢？李维汉后来说：

> 罗明、邓小平、毛泽覃、谢维俊、古柏等从实际出发，曾分别发表过一些正确的意见，抵制"左"的做法。[①]

这就是根源。

尽管如此，邓小平因为是"毛派头子"不仅政治上受到打击还因此离婚，此后，他的命运就与毛泽东联系在一起了。对重情念旧的毛泽东来说，这一事件奠定了邓小平与毛泽东一生的情谊。

3."一路都走在一起，住在一起"

邓小平在总政治部当宣传干事，主要是主编机关报《红星报》。贺昌对张闻天夫人刘英谈起邓小平这段经历时说："小平同志……受了好多委屈，但还是坚持他的看法。"[②] 邓小平确实没有因为遭到打击而改变自己的思想。

邓小平平白无故成了"毛派头子"，并受到巨大打击，这不仅没有使得他改变自己的思想，反而促使本来与毛泽东交往甚浅的他与毛泽东更加走近了。

---

①李维汉：《回忆与研究》（上），中共党史资料出版社 1986 年版，第 336 页。

②中共中央文献研究室编，杨胜群主编：《邓小平传（1904—1974）》（上），中央文献出版社2014 年版，第 222 页。

邓小平主编《红星报》没几天，就约请毛泽东以“子任”的笔名，为第二期《红军故事》专栏写了一篇题为《吉安的占领》的文章。毛泽东在这篇文章中集中总结了 1930 年 10 月 4 日红一军团攻占吉安的经验与教训。

……

毛泽东的文章发表后，在红军指战员中引起了很大的反响，一些红军指战员更加怀念在毛泽东指挥下战斗的日子。不久，邓小平还特意编发了一位红军团长写给毛泽东的信。写信的这位团长得了痨病，生命垂危。信中说：“我由南昌暴动参加红军数年来，不能光荣地死在战场上，反而病死在后方的床上，这是我当红军以来最不幸的一件事”，自己不能去前方为苏维埃流最后一滴血，反而得到政府的优待，心中很是不安。他在信中向毛泽东请求，从他每月的休养费中扣除一块钱，并将 1933 年、1934 年两年政府发给的公谷费交公，用这笔钱充作战争经费。[①]

邓小平发表毛泽东的文章和红军团长写给毛泽东的信，既有深意，也有勇气。

这时的毛泽东已被中央“左”倾领导人排挤出了党和红军的领导岗位，身处逆境。不少人对毛泽东犹恐避之不及，用毛泽东自己的话说，是“鬼都不上门”。邓小平却不以为然。在他看来，中央苏区第五次反“围剿”斗争在即，毛泽东的军事谋略对反“围剿”斗争有重要的指导作用，应该让红军指战员了解和掌握。他也知道，这个时候发表毛泽东这方面的文章可能会引起“左”倾中央领导人不满。在

①中共中央文献研究室编，杨胜群主编：《邓小平传（1904—1974）》（上），中央文献出版社2014 年版，第 218—219 页。

当时“左”倾教条主义已完全统治中央和红军的情况下，他又刚被打为“毛派”分子挨整不久，这样做确实需要胆识和勇气。①

邓小平被打倒，不过就是因为他与毛泽东在许多重大问题上有相同的看法，都反对“左”倾路线。这说明邓小平此时年纪不大，但有着正确的政治思辨和判断。这是他与毛泽东走近的基础。

邓小平(二排右三)与战友们在一起

邓小平走近毛泽东，也赢得了毛泽东对他的信任。

1934 年 10 月，中央苏区第五次反“围剿”失败后，党中央和红军不得不进行战略转移，邓小平也带着《红星报》编辑部随部队行动，并一路印发《红星报》。

在湘江血战大受损失后，12 月 12 日，在道县，毛泽东改向敌人力量薄弱的贵州方向前进的建议获得多数人的赞同，15 日红军进入了贵州黎平。18 日，周恩来主持中央政治局召开黎平会议，经过和博古、李德等人的激烈争论，会议接受了毛泽东转兵的正确主张。原中央秘书长邓颖超因为患上了肺结核，经常发低烧，请求辞职。正是在这次会议上，邓小平再次担任了党中央秘书长。

1984 年，有关部门在为英国《简明不列颠百科全书》撰写我国主要领导人的传略条目时，曾就此问题请示过邓小平本人，小平说

---

①中共中央文献研究室编，杨胜群主编:《邓小平传(1904—1974)》(上)，中央文献出版社2014 年版，第 219 页。

他1934年底开始任党中央秘书长。①

为什么邓小平从总政治部宣传干事一跃为中央秘书长？邓榕有一个叙述：

> 父亲之所以被任命为中央秘书长，是因为在到达遵义前，绝大多数军内和党内的高级干部已对“左”倾错误领导强烈不满，毛泽东被排斥领导的状况开始转变。那时，有很多的高级干部频繁地到毛泽东那里，向他反映情况，与他交换意见。毛泽东在党内、军内的影响已日益增大。
>
> 毛泽东开始有了发言权后，在他的影响下，中央任命了邓小平为中央秘书长。②

事实上，邓小平当中央秘书长，不仅仅是在毛泽东的“影响下”实现的，而且是毛泽东本人的提议。遵义会议纪念馆原馆长田兴泳在接受中央电视台采访时回忆，1965年邓小平到遵义时亲口说过这是毛泽东提议的：

> 小平同志对遵义、对遵义会议很有感情。第二次65年（1965年——引者注）这次来呢，就是我接待的这一次，他一踏进这个地方很兴奋的，一直走到会议室。小平同志就跟身边的同志讲，他说我坐在会议室的一角，临窗的这一角。小平同志因为遵义会议前受排挤，那么遵义会议纠正了这个错误路线，在我们党的历史上是个转

---

①刘金田主编：《邓小平的历程：一个伟人和他的一个世纪》（上），解放军文艺出版社1994年版，第140页。

②毛毛：《我的父亲邓小平》（上），中央文献出版社1993年版，第354页。

折,对小平同志来说也是小平同志一个转折。据他回忆是毛主席提议他当中央秘书长的。①

这是邓小平第二次担任中央秘书长。

黎平会议成为了遵义会议的前奏。1935 年 1 月，红军攻占遵义后,中央政治局在遵义召开扩大会议。

邓小平以中央秘书长身份参加会议,并担任记录人。

1984 年 10 月 26 日,杨尚昆答美国著名作家哈里森·索尔兹伯里就邓小平参加遵义会议时任职的提问时说:“50 年代末 60 年代初,我到遵义,遵义的同志问都是哪些人参加了遵义会议,一一作了回答。他们又问邓小平同志是否参加了?我说好像不记得他参加了。回到北京,我问周总理,总理说小平同志参加了。当时担任会议记录,他是党中央秘书长。”②

遵义会议确立了毛泽东在党和红军中的领导地位。邓小平说了什么,由于记录已丢失不得而知。余世诚教授说:“毫无疑问，他完全支持毛泽东。”③ 邓小平本人后来也说过:“作为中央领导,可以说在一九三五年一月遵义会议确立了以毛泽东同志为核心的中央领导时,就成熟了”。④

自从担任中央秘书长后,邓小平才真正和毛泽东接触多起来了。邓小

①中央文献研究室、中央电视台编著:《大型电视文献纪录片〈邓小平〉》,中央文献出版社 1997 年版,第 48 页。

②刘金田主编:《邓小平的历程:一个伟人和他的一个世纪》(上),解放军文艺出版社 1994 年版,第 141 页。

③余世诚:《半个世纪的情缘:邓小平与毛泽东》,中共中央党校出版社 1999 年版,第 59 页。

④《邓小平文选》第一卷,人民出版社 1994 年版,第344 页。

平的女儿邓榕说:

> 父亲告诉我,遵义会议时,他和毛主席住在一起。遵义会议后,他和毛主席、张闻天一起长征。那时候他们白天行军,疲劳得很,晚上到一个地方,赶快找个地方就睡觉。一路都走在一起,住在一起。

邓小平以中央秘书长身份与毛泽东等人一起行军,也住一起,参加了许多重要的会议和决策。

1935 年 6 月,红一方面军与红四方面军胜利会师后,党中央在两河口召开了政治局会议,决定红军继续北上,去建立抗日根据地。会后,毛泽东把邓小平调到红一军团政治部任宣传部部长。

接替邓小平中央秘书长的刘英后来回忆:

> 我原来在后梯队,是毛主席把我调到中央纵队工作的,他说后梯队很苦,又没有东西吃,女同志在那里会拖垮的。那时候机关小,凡是精干的同志都送到前方去,充实战斗队伍。王稼祥告诉我,现在中央的工作不重,就把小平同志送到前方去了。我也问过毛主席,小平同志为什么调走。毛主席说,前方需要。①

这个“前方需要”,使得从脱离红 7 军后一直在地方和中央工作的邓小平再次回到了军队。邓榕说:

> 我问过父亲,为什么从中央秘书长调任一军团宣传部长。
>
> 父亲说,那时候天天行军,没有事情干。

①毛毛:《我的父亲邓小平》(上),中央文献出版社 1993 年版,第 360 页。

如果说没事干,所以毛泽东把邓小平调到红一军团,这不是真正的理由,实质上毛泽东更多的是培养、锻炼邓小平。耐人寻味的是,邓小平去的红一军团,是毛泽东井冈山部队发展起来的。毛泽东把邓小平派到红一军团,这对邓小平的成长有着特殊的意义。邓小平后来之所以能成为人民军队几大主力的主将之一,与这次到红一军团担任重要领导职务关系大焉,这是起始的“非常重要的一步”。[①]

邓小平(后排右一)于1936年在淳化县与战友们合影

而邓小平来到红一军团后,与政治部副主任罗荣桓关系最密切。罗荣桓的夫人林月琴说:

> 80年代初,在编写《罗荣桓传》时,传记组的同志曾委托小平同志的女儿邓榕同志询问他和荣桓同志这一段时间交往情形。小平同志言简意赅地说:“交了一个朋友。”[②]

①中共中央文献研究室编,杨胜群主编:《邓小平传(1904—1974)》(上),中央文献出版社2014年版,第236页。

②林月琴:《对小平同志的片断回忆》,中共中央文献研究室编:《回忆邓小平》,中央文献出版社1998年版,第410页。

而这个朋友的交成，则是建立两人在对毛泽东的信仰之上的。

罗荣桓

荣桓同志任（政治部）副主任，分管群众工作；小平同志是宣传部长。一路上，人烟稀少，他们也没有多少工作可做，按小平同志的说法，是“跟着走”。《罗荣桓传》编写组的同志采访了当时在一军团政治部工作的梁必业、李兆炳、萧忠谓等同志。据他们回忆，小平同志和荣桓同志这两位因为贯彻毛泽东倡导的实事求是的思想路线而遭到排挤和打击的战友，经常在一起议论“左”倾冒险主义对革命事业造成的危害。……《罗荣桓传》编写组的同志曾请邓榕同志向小平同志询问这一段他们交往的情形，小平同志说：“我们是无话不谈。”①

如果说在中央苏区的时候邓小平还不是一个“毛派”，此刻他已经是一个绝对信仰毛泽东并且与毛泽东有私交的“毛派”了。

邓小平与罗荣桓关系亲密，也成为了很好的工作搭档。1935 年红军长征到达陕北后，又发起东征。东征结束时，1936 年 5 月，邓小平便接替罗荣桓的职务，担任红一军团政治部副主任，12 月担任政治部主任。

1937 年 6 月，中央军委决定邓小平担任红军总政治部副主任、红军前

①林月琴：《对小平同志的片断回忆》，中共中央文献研究室编：《回忆邓小平》，中央文献出版社 1998 年版，第 410 页。

敌总政治部副主任。

> 邓小平这次职务变动同一年前他调任红一军团政治部副主任一样,也是毛泽东提议的。
>
> ……
>
> (邓小平——引者注)他自己在实践中积累了部队政治工作的丰富经验,为走向全军政治工作领导岗位创造了条件。①

斯言没错。几个月后,这些经历成为了邓小平担任八路军 129 师政委的资历。

4.“每个同志都会感到这九年是很幸福的”

邓小平几上几下,尽管多次担任过中央秘书长,参与过高层决策,但他在党内的地位一直不算很高,连候补中央委员都不是。1938 年 1 月,他受命担任八路军 129 师政委,随即成为党领导的八路军三大主力之一的主官,无疑,这又是一次地位的跃升。

有意思的是,这次邓小平到 129 师担任政委,是毛泽东的一次“个人决断”。

1937 年 7 月 7 日,全民族抗战爆发后,邓小平被任命为八路军总司令部政治部副主任。129 师政委已经有人,他便是张浩。张浩是林彪的堂兄,

---

①中共中央文献研究室编,杨胜群主编:《邓小平传(1904—1974)》(上),中央文献出版社2014 年版,第 258 页。

1922 年 2 月加入中国共产党，是最早的工人党员之一，当过湖南省委常委、“满洲”临时省委书记、赤色职工国际代表。他当年在组织工人运动时受过伤,在敌人的监牢遭到过毒打,身体不好。在太行山抗战前线,他经常发病,但仍坚持工作。1938 年 1 月 5 日,毛泽东决定让他回延安治疗。

那么,以谁来接替他的 129 师师政委呢？毛泽东在众人之中选择了邓小平。

这时,邓小平正与朱德、彭德怀、任弼时等人率领八路军总部在山西和顺县一带活动。在延安的毛泽东以中央军委名义突然电告朱德、彭德怀、任弼时:

> 决定以邓小平同志为 129 师政委。①

然而这副担子并不轻。“担任这样一支主力部队的政治委员,参与主持这样一个战略区的工作,担子很重。”② 虽然“担子很重”,毛泽东却决然把它交给了年轻的邓小平。这完全是一种信任。

接到命令后,邓小平立即前往 129 师。

这个任命是突然的。1 月 18 日,当邓小平到达 129 师师部时,师长刘伯承下乡还没回来,以至于师部没人知道邓小平是来当政委的,对他不住政治部而住在师部以及主持师部工作感到十分奇诡。③ 直到 1 月 27 日,刘伯承回到师部,大家才知道邓小平是来当政委的。

从此,邓小平与刘伯承开始了长达 13 年的合作。

---

①曹应旺:《毛泽东为何当众指着邓小平说“我是喜欢你这个人的”》,中国共产党新闻网。

②中共中央文献研究室编,杨胜群主编:《邓小平传(1904—1974)》(上),中央文献出版社2014 年版,第 258 页。

③杨国宇:《刘邓麾下十三年》,重庆大学出版社 1991 年版,第 39 页。

在太行山抗战期间,邓小平曾经两次奉命返回延安。

一次是 1938 年 9 月。在毛泽东等人的安排下,邓小平从太行山回延安参加扩大的六届六中全会。在延安,邓小平去见了毛泽东,汇报了前线的情况。在毛泽东的指示下,他与罗荣桓等人在大会上做了抗战 15 个月的经验发言。12 月底,邓小平才返回 129 师。

邓小平在抗战时期

一次是 1939 年 8 月,邓小平再次离开太行山前往延安,参加政治局扩大会议。

在延安,他和老战友邓发住在一个窑洞里。两人平时私交甚笃。在开会之余,邓发热心地要为邓小平找一个妻子。

几经探访,两人相中了在陕甘宁特区政府保安处工作的女青年卓琳。随后,在另一位好友李富春的撮合下,邓小平赢得了卓琳的芳心,并且在邓小平离开延安前举行了婚礼。

后来,邓榕记述了邓小平和卓琳婚礼的情况:

1939 年 9 月初的一个傍晚,在延安,在杨家岭,在毛泽东的窑洞前,举行了一个聚餐。当时在延安的中央的高级领导人,能来的都来了。毛泽东和夫人江青,刘少奇,张闻天和夫人刘英,博古,李富春和夫人蔡畅,等等,都来了。

1939年9月邓小平与卓琳结婚留影

在斯时斯夜,有两对新婚夫妇结婚。一对是邓小平和卓琳,一对是孔原和许明。①

在毛泽东的窑洞前举行婚礼,除毛泽东本人和江青结婚外,还有两次,一次是一位跟随毛泽东多年的大龄老警卫员结婚,另一次就是邓小平夫妇、孔原夫妇,别无他人了。

值得一提的是,据现存的资料来看,孔原与毛泽东交往不多。可以说,因为邓小平结婚,孔原也沾光,在毛泽东窑洞前举行婚礼。

在延安杨家岭毛泽东的土窑前操办婚事,这是一个莫大的荣誉,也说明此时的毛泽东与邓小平关系不一般。

邓小平参加革命很早,但一直不是党中央领导人,担任129师政委,是他人生的一个新起点,但是,作为师政委抑或之前的副主任、主任,都是副手,他还没有独当一面主持过全局性工作的经历。经过抗日战争这些年的磨炼,邓小平更加成熟了。1943年秋,毛泽东决定让邓小平再来补上这一课。

① 毛毛:《我的父亲邓小平》(上),中央文献出版社1993年版,第443—444页。

1943 年 8 月初,党中央决定邓小平留在太行山领导党政军全局,刘伯承等人前往延安参加整风学习和即将召开的党的第七次全国代表大会。129 师首长以前两次前去延安,都是邓小平而不是师长刘伯承,主要是前线战事太紧张,离不开刘伯承。这次,不仅刘伯承要走,而且在太行山地区八路军总部的彭德怀、罗瑞卿等人也要走,太行山的重担,毛泽东毅然决定由邓小平来担。

10 月 6 日,党中央决定,中共北方局与太行分局合并,八路军总部与 129 师合并,由北方局直接领导晋冀鲁豫区的太行、太岳、冀南、冀鲁豫四个区党委;由八路军总部直接领导 129 师部队和太行、太岳、冀南、冀鲁豫四个军区。邓小平接替彭德怀,担任中共北方局代理书记,并主持八路军总部工作。这样,邓小平开始负责晋冀鲁豫地区党军政全面工作,成为华北敌后党政军最高领导人。

尽管这时前方的战局已经稳定,抗战胜利的曙光在前,但敌强我弱的态势并没有改变,邓小平要担负的仍然是一副重担。邓榕后来说:

> 代理北方局书记,主持晋冀鲁豫地区的军政工作,是一副不轻的担子。
>
> 让父亲挑起这副担子,是党中央对他在政治上和能力上的双重信任。
>
> 对于父亲本人来说,独当一面,要率领全区军民把仗打好,把根据地建设好,把党的队伍和军队的队伍建设好,还要努力开创新的局面,的确是一个重任。

党中央和毛泽东让邓小平挑起这副担子,对邓小平来说,这既是一个重任也是一个严格的考验。因为在这之前,邓小平尚没单独主持一方党政军工作的经历。但是,此时邓小平已经 39 岁了。他从 16 岁参加革命开始,经过了 23 年的艰苦锻炼,已经具备丰富的领导工作经验,并且他是一个很有能力的人。毛泽东之所以让他单独主持华北敌后的领导工作,当然认为他有能力挑起这副担子,对这些工作完全能够胜任。值得一说的是,像以前每次毛泽东对邓小平压担子一样,邓小平都勇敢地担起来了。

在邓小平单独主持晋冀鲁豫期间,各项工作有条不紊地进行,根据地建设稳步发展。其中,有两件事情值得一说。

一是邓小平较早提出和使用"毛泽东思想"一词。

1943 年秋在刘伯承等人走后,邓小平于 11 月 10 日在北方局党校做了一个关于整风运动的动员报告。其中,他谈到了自己对毛泽东的认识:

> ……我党自从一九三五年一月遵义会议之后,在以毛泽东为首的党中央领导之下,彻底克服了党内"左"右倾机会主义,一扫主观主义、宗派主义和党八股的气氛,把党的事业完全放在中国化的马列主义,即毛泽东思想的指导之下,直到现在已经九年的时间,不但没有犯过错误,而且一直是胜利地发展着。……在以毛泽东思想为指导的党中央的领导之下,我们回忆起过去机会主义领导下的惨痛教训,每个同志都会感觉到这九年是很幸福的……[①]

这是邓小平总结党的 22 年历史经验教训时说的一番话。其中,对毛泽东的理解,自然是他的亲身经历和体会。

> 邓小平在报告中使用了"毛泽东思想"这一科学概念,指出毛泽东思想即"中国化的马列主义"。邓小平的这一认识与当时许多无产阶级革命家的认识是相一致的。王稼祥 1943 年 7 月 8 日在《解放日报》上发表《中国共产党与中国民族解放的道路》一文,第一次提出"毛泽东思想就是中国的马克思列宁主义,中国的布尔什维克主

①《邓小平文选》第一卷,人民出版社 1994 年版,第 88 页。

义,中国的共产主义”。邓小平是继王稼祥等之后较早提出和使用“毛泽东思想”这一概念的中共党人……①

邓小平担任北方局书记时留影

尽管有人对“毛泽东思想”是否是由王稼祥第一次提出表示质疑，但邓小平确实是党内较早使用“毛泽东思想”一词的高级干部。事实上,邓小平在党内较早地认识到毛泽东的正确，这使得他对毛泽东思想的体会乃至认识比一般人早。

邓小平对毛泽东的正确认识,最终也使得他为全党所认识。

二是党内对邓小平的认识。

这时,延安乃至各个解放区都在轰轰烈烈地进行整风运动。而整风运动的一个重要内容,就是清算王明错误路线在党内的各种影响,使全党在毛泽东旗帜下达到新的团结和统一。为此,各级干部召开多种形式的座谈会,总结党的历史经验和教训。在这些座谈会上,像邓小平那些在历史上坚定支持毛泽东的干部们,显现出了他们在历史上的正确性,在整风运动中不仅恢复了名誉而且在党内地位得到提升。

①余世诚:《半个世纪的情缘:邓小平与毛泽东》,中共中央党校出版社 1999 年版,第 81—82 页。

> 延安整风也使全党进一步认识了邓小平。在整风运动中,中共中央分别召开了许多总结党的历史经验的座谈会,其中包括邓小平曾担任主要领导人的红7军历史问题座谈会。中共中央书记处于1941年12月编印的《六大以来》党内文件汇编中,选用了“邓毛谢古”事件的有关文章、报告和决议,供党的高级干部研究党史、分清路线是非时参阅。人们在肯定毛泽东的正确路线的同时,也肯定了邓小平在土地革命战争时期和毛泽东站在一起的正确立场。1943年9月上旬至12月初,为了总结党的历史经验,中共中央连续召开三次政治局会议,讨论王明在土地革命战争时期和抗战初期的“左”的和右的错误。许多同志在会上批评了王明的错误,有的同志作了自我批评。①

邓小平虽然没在延安,既不属那里的那些“批评”别的人之列,也不属那里的“自我批评”之列,但毛泽东没有忘记他。

> 在11月召开的一次中央政治局扩大会议上,毛泽东谈到1933年的“邓毛谢古”事件,很动情地说了如下的话:“反邓、毛、谢、古,是指鸡骂狗,邓、毛、谢、古死了三个人,希望邓要为党争气。”②

对此,余世诚说:“短短27个字,把毛泽东对那场悲剧的性质以及他对逝者的怀念和对邓小平的器重、期望之情,都淋漓地表达出来了。”③ 斯言不可谓不准确。

毛泽东对邓小平的期望,与邓小平此时在前方卓有成效的工作紧密联

---

①余世诚:《半个世纪的情缘:邓小平与毛泽东》,中共中央党校出版社1999年版,第82页。

②余世诚:《半个世纪的情缘:邓小平与毛泽东》,中共中央党校出版社1999年版,第82页。

③余世诚:《半个世纪的情缘:邓小平与毛泽东》,中共中央党校出版社1999年版,第82页。

系起来,更加显示出邓小平在历史上和在现时的才干。邓小平的老部下陈锡联回忆:

> 1943年9月……整个华北敌后抗日根据地的领导重任,就落在他(邓小平)的肩上。当时晋冀鲁豫根据地面临的形势非常严峻。日军实行"三光"政策,造成根据地的生产力急剧下降,又连续两年遭受自然灾害,财政经济极为困难,环境极其艰苦。小平同志以他的大智大勇和驾驭全局的领导才能,指挥军民广泛实施游击战争,以内线与外线紧密配合的方针,主力军、地方军、人民武装三位一体,粉碎了敌人"铁滚式新战法"。同时,积极开展对敌经济斗争,组织和发动根据地群众开展生产节约运动,战胜严重灾荒,并领导全区进行建党、建军、建政活动。[①]

邓榕则说:

> 父亲……和其他战友一起,领导北方局、八路军总部、129师和晋冀鲁豫全区,在军事上、政治上、生产建设上,胜利地完成了中央交付的任务。

邓榕虽然说邓小平是"和其他战友一起",但邓小平是"一把手"自然功不可没,并很快为党内外关注。

正如全党包括邓小平在内对毛泽东的认识那样,全党包括毛泽

①陈锡联:《追念敬爱的老首长》,《回忆邓小平》(上),中央文献出版社1993年版,第121页。

东在内对邓小平的认识，绝不仅仅是看他的历史如何，更重要的是依据他在现实斗争实践中所展现的才华和业绩。①

抗日战争时期邓小平在华北前线

邓小平在“现实斗争”中显露出了他的“才华和业绩”，因此，他不仅获得了毛泽东的器重，也获得党内其他人的认可和信任。这是很自然的事。

1945年4月，党的七大在延安召开。这是一次具有伟大意义的大会，大会规定把毛泽东思想作为党的一切工作的指针。邓小平在晋冀鲁豫主持工作，没有参加这次盛会。可是，人们并没有遗忘他，在大会选举中，邓小平和毛泽东、周恩来、刘少奇以及刘伯承等一起当选为中央委员。6月10日，选举结果公布。七大一共选举出了44名中央委员，按得票多少，以前从不是中央委员的邓小平排第28位。当天毛泽东亲自致电邓小平：

①余世诚：《半个世纪的情缘：邓小平与毛泽东》，中共中央党校出版社1999年版，第82页。

拟在最近举行一中全会,你在七大当选为中委,望接电即赶回总部,待美国飞机去太行时,就便乘机回延开会。①

6月29日,邓小平和卓琳从太行山驻地出发,前往延安。

但是,按照邓榕后来在《我的父亲邓小平》一书中所说的这个时间,邓小平是在七届一中全会后才从晋察冀根据地出发的,事实上,他并没能如毛泽东期望的那样赶上七届一中全会(已于6月19日召开)。但是,七大对邓小平来说仍是一个重大的转折点。邓榕说:“当选为中央委员会委员,是父亲革命生涯又一个重要的起点。”② 这个起点是什么?这便是从此“邓小平进入了以毛泽东为核心的中央领导集体”③。

党的七大确实是邓小平一个崭新的起点,且不论他以后在军队中的地位和影响力,单单在党的七大会议的十多年时间内,邓小平的擢升是十分突出的。1954年,在七届四中全会后,他被任命为中央秘书长;次年在七届五中全会上,又与林彪一起被补选为中央政治局委员。

而邓小平的这一切擢升,谁都知道,是与毛泽东对他的欣赏分不开的。

5.“毛泽东当时亲口对他说:交给你指挥了”

刘伯承后来说:“解放战争,是从1946年从第二野战军打上党、平汉

①逄先知主编:《毛泽东年谱》(中卷),人民出版社、中央文献出版社1993年版,第604页。

②毛毛:《我的父亲邓小平》(上),中央文献出版社1993年版,第496页。

③余世诚:《半个世纪的情缘:邓小平与毛泽东》,中共中央党校出版社1999年版,第84页。

战役开始的，到1949年解放西南基本结束，后来进军西藏也是二野部队。”① 这句话基本上概括了刘邓部队在解放战争中光辉的战斗历程。然而,若不是毛泽东多次对邓小平和刘伯承领导的这支部队赋予重要的战略性任务,刘邓大军(即二野部队)就不可能成为威震四方的雄师,也不会如此战功赫赫,与此同时,无论是刘伯承,还是邓小平,抑或两个人一起,在军事上的成就,也一定不会这么显赫、光芒四射。

毛泽东之所以屡次把重大的战略任务交给刘邓去完成,除这支部队强大的战斗力外,无不与两人坚信毛泽东军事的正确,并且贯彻毛泽东的思想很坚决有关系。

解放战争的序幕是从上党战役拉开的。打上党,可以说是解放战争的首战。

这场战役是毛泽东当面交给邓小平和刘伯承的一战,且事关毛泽东本人的安危。

1945年8月15日,历时八年的全民族抗战终于以日本投降而告终。蒋介石从8月14日开始连续三次致电毛泽东，邀请毛泽东速到重庆共定建国大计。实际上,他以为毛泽东不敢去重庆,一则可以把拒绝谈判的罪名推在中共身上;二则为内战赢得准备的时间。8月23日,毛泽东主持召开中央政治局扩大会议,刘伯承、邓小平、陈毅、林彪、萧劲光等人也应邀参加。会上,毛泽东决定去重庆和蒋介石谈判,并且说:“这回不能拖。应该去,而且估计也不会有什么危险。”

邓小平、刘伯承等人已决定于次日离开延安返回前线,但是很担心毛泽东去重庆谈判的安全。毛泽东对大家说:

同志们担心我去谈判的安全。蒋介石这个人我们是了解的。你

①《刘伯承回忆录》,上海文艺出版社1981年版,第32页。

们在前方打得好,我就安全一些,打得不好,我就危险一些。你们打了胜仗,我谈判就容易些,否则就困难些。①

毛泽东要去和蒋介石进行和谈,为什么却提出前方打仗的问题?

刘伯承

原来,抗战的硝烟才散去,蒋介石就已对解放区发起了军事进攻。躲在晋西南的阎锡山当上了急先锋。8月16日,根据蒋介石的密令,他下令第八集团军副总司令兼第19军军长史泽波率3.8万余人从临汾、浮山等地侵入晋冀鲁豫腹地——上党。

上党,是晋东南以长治城为中心的地区,东控太行,西据太岳,自古是兵家必争之地。蒋介石夺取上党,企图分割太行、太岳根据地,将晋冀鲁豫军区主力逼到山区去。因此,上党成了国共两党必争之地,并且与重庆谈判联系起来了。为此,毛泽东决定打好上党反击战,拔掉刀子。

为此,毛泽东专门找来了刘伯承、邓小平,与他们进行了交谈。② 但是,邓小平等人害怕在上党打起来,蒋介石会对前去重庆谈判的毛泽东动手。毛泽东告诉他们说:

①《萧劲光回忆录》,解放军出版社1987年版,第325页。

②余世诚:《半个世纪的情缘:邓小平与毛泽东》,中共中央党校出版社1999年版,第89页。

“你们回到前方去,放手打就是了,不要担心我的安全问题,你们打得越好,我越安全;你们在上党取得胜利,我在重庆谈判就有本钱;你们打得愈好,我们的本钱就愈多。”“要打歼灭战,不打消耗战,打有把握的仗,不打无准备的仗,为了配合重庆谈判,必须而且要迅速歼灭上党的敌人。”①

毛泽东的谈话,释去了邓小平、刘伯承心中的疑虑,使得两人消去了打好上党战役的后顾之忧。于是,25 日,邓小平与刘伯承、林彪等人乘坐一架美军飞机返回了太行山,随后立即部署上党战役。

8 月 28 日,毛泽东、周恩来等人赴重庆与国民党谈判。但由于蒋介石提出“归结于政令、军令之统一,一切问题必须以此为中心”的条件,谈判一开始就陷入了困境。

9 月 10 日,刘邓发起了上党战役。经过一天激战,夺回襄垣城,歼敌 800 余人,给对谈判抱有幻想的蒋介石等人一记猛击。

这时重庆谈判才开始。9 月上旬,在谈判中,蒋介石提出中共军队最多只能保留 12 个师,并且不承认解放区。双方发生激烈争论。

……激烈争论的时候, 刘邓在上党发起了声势浩大的上党战役。刘邓集中太行、太岳、冀南三个军区的主力及部分地方部队共三万余人,于 9 月 10 日开始上党反击战。

9 月 12 至 19 日,刘邓大军相继攻克屯留、潞城、长子和壶关,使长治守敌陷于孤立。接着,胜利之师包围了长治守敌。刘伯承和

①余世诚:《半个世纪的情缘:邓小平与毛泽东》,中共中央党校出版社 1999 年版,第 90 页。

邓小平在战场上用枪炮批驳了蒋介石“政令、军令之统一”和否定解放区、人民军队存在的谬论。①

刘邓把长治城一围,立即急坏了阎锡山。他立即派第七集团军副司令彭毓斌率两万余人沿白晋线急行南下援救。

这时重庆谈判双方除在解放区和军队问题上没能妥协外,多数条款达成了一致,国民党代表提出发布一个会谈纪要的公告,周恩来等人也表示同意。可随后一连数日,对方却又不发公告了,也不来谈判。蒋介石本人也离开重庆去外地了。

他们要干什么?

在等。等什么?等彭毓斌发自为长治守军成功解围的胜利消息,再以此向中共方面讨价还价。可是,他们的希望很快就变成了失望。

10月2日,刘伯承和邓小平决定暂缓攻打长治,提出“围城打援”的作战方案。此方案密电在重庆的毛泽东后,得到了批准。

10月3日至8日,刘邓指挥大军北上,在老爷山和磨盘垴一带与敌援军激战数日,歼敌近两万人,彭毓斌畏罪自杀。

蒋介石等到的就是这样的噩耗。他赶紧返渝拜会毛泽东,答应在中共起草的《会谈纪要》上签字,说:“家里搞乱了,少壮派打起来了,请先生回去维持维持吧!”②

10月10日,国共双方在《会谈纪要》上正式签字。第二日,毛泽东返回延安。12日,刘邓大军全歼弃长治城逃跑的史泽波部共1.7万余人,上党战役结束。此役共歼敌3.5万余人,生俘军长史泽波等师长以上高级将领

---

①余世诚:《半个世纪的情缘:邓小平与毛泽东》,中共中央党校出版社1999年版,第91页。

②余世诚:《半个世纪的情缘:邓小平与毛泽东》,中共中央党校出版社1999年版,第92页。

27 名，解放和收复城市六座，有力地配合了毛泽东在重庆的谈判斗争。

毛泽东对上党战役的胜利十分满意。10 月 17 日，在做《关于重庆谈判》的报告时，毛泽东兴奋地谈到了刘邓指挥的上党战役：

> 太行山、太岳山、中条山的中间，有个脚盆，就是上党区。在那个脚盆里，有鱼有肉，阎锡山派了十三个师去抢。我们的方针也是老早定了的，就是针锋相对，寸土必争。这一回，我们“对”了，“争”了，而且“对”得很好，“争”得很好。就是说，把他们的十三个师全部消灭……这样的仗，还要打下去。①

同一日，毛泽东致电刘伯承、邓小平：“在你们领导之下打了一个胜利的上党战役”。“望利用上党战役的经验，动员太行、冀鲁豫两区全力，由刘伯承、邓小平亲临指挥，精密组织各个战斗，取得第二个上党战役的胜利”。“以上党战役的精神，争取平汉战役的胜利。”②

随后，刘伯承和邓小平指挥平汉战役，也取得了辉煌的胜利。邓小平后来回忆上党和平汉战役时说：

> 那两个仗打得好险！没有弹药，一支枪才有几发子弹。打攻坚战很困难，决战的关头靠冲锋，靠肉搏战。这两个都是歼灭战，打胜了以后，武器也多了，人也多了！③

这样靠“肉搏战”的险仗，随着解放战争的胜利推进，很快就大大改观了，刘邓大军也形成了野战军的格局。

---

①《关于重庆谈判》，《毛泽东选集》第四卷，人民出版社 1991 年版，第 1157 页。

②余世诚：《半个世纪的情缘：邓小平与毛泽东》，中共中央党校出版社 1999 年版，第 93 页。

③毛毛：《我的父亲邓小平》（上），中央文献出版社 1993 年版，第 513 页。

从1946年6月蒋介石大举进攻中原解放区致使全面内战爆发后,经过八个月的作战,到1947年春,歼灭国民党军71万人,人民解放军上升到160万人,战争态势大不一样了。为此,在陕北转战的毛泽东决定把战争推向国民党统治区,以主力打到外线去。其中,毛泽东交给刘邓的一个重大战略任务:挺进大别山,直插到蒋介石统治的心脏——徐州地区,威胁南京、上海。

1946年2月,邓小平、刘伯承等在邯郸战役中

在毛泽东的亲自部署下,6月30日,刘邓率领12万大军渡过黄河。正当他们休整准备挺进大别山时,毛泽东从陕北发来一份告急电报。邓小平后来对邓榕等人谈起此事说:

> 毛主席的电报很简单,就是“陕北情况甚为困难”。只有我和刘伯伯看了这份电报,看完后立即就烧毁了。当时,我们真是困难哪,但是,我们二话没说,立即复电中央,说十天后行动。用十天作千里跃进的准备,时间已经很短了,但我们不到十天就开始行动了。[1]

邓小平还说:“当时,真正的是二话没说,什么样的困难也不能顾了!”[2] 闻讯毛泽东等人有危险,邓小平和刘伯承立即决定挺进大别山,一

①毛毛:《我的父亲邓小平》(上),中央文献出版社1993年版,第560页。

②毛毛:《我的父亲邓小平》(上),中央文献出版社1993年版,第560页。

可以迅速实现战略反攻的任务;二可以吸引敌人的力量,减轻在陕北的党中央和毛泽东的困难处境。8 月 6 日,刘邓下达了提前结束休整,立即挺进大别山的命令。毛泽东、周恩来收到他们的电报后,于 8 月 9 日、10 日连续复电,指出他们的“决心完全正确”,并指示:“情况紧急不及请示时,一切由你们机断处理。”①

8 月 7 日,刘邓大军兵分三路,开始了千里跃进大别山的壮举。

在敌人重兵围堵之下,刘邓大军边打边前进,在大别山地区,经过四个月的作战,解放县城近百座,迅速建立了中原解放区。在此期间,邓小平、刘伯承和毛泽东保持着密切的电信联系,如果一两天没有毛泽东等人的消息,就非常不安。时任鄂豫区党委书记的段君毅回忆:

> 就在这困难的日子里,野战军司令部同党中央中断联系 3 天,而蒋介石的电台天天宣称他们如何在陕北“取得巨大胜利”。刘司令、邓政委十分关心党中央、毛泽东同志的安全。有一天,司令部找我们少数几个同志谈问题。吃饭时邓政委高兴地对大家说:我们今天破例吃一杯酒,因为我们今天收到党中央的电报了。毛主席和党中央机关安然无恙,我们表示庆贺!邓政委发自内心的关心党中央和毛主席安危的一片真情,使我们在场的人都深受感动。

正是在这样的艰苦环境中,刘邓、陈(毅)粟(裕)、陈(赓)谢(富治)三支大军按照毛泽东的部署挺进中原,形成了“品”字形的战略展开,于是,解放战争由防御转入进攻,且形势完全不可逆转。对于这一时期艰苦的战斗岁月,邓小平后来说:

---

①毛毛:《我的父亲邓小平》(上),中央文献出版社 1993 年版,第 560 页。

> ……大别山的斗争不决定于消灭好多敌人,而决定于能不能站住脚。这是毛主席的战略决策。……关键是能不能站得住,站得住就是胜利,结果,我们站稳了。①

和完成以前毛泽东交给他们的战略任务一样,这一次刘邓也取得了挺进中原的胜利。1948 年 1 月 15 日,邓小平给毛泽东发电报说:“现在看来我们业已站住,不管情况如何严重,敌人是撵不走我们的。”②

随着形势的发展,党中央和毛泽东交给邓小平和刘伯承的战略任务越来越重。

1948 年 9 月,国共两军的战略决战就要来临了。党中央和毛泽东在西柏坡召开中央政治局扩大会议。邓小平离开部队,赶来参加会议。

会议认为,在五年左右的时间内(从 1946 年 7 月算起),歼敌正规军 500 个旅(师),从根本上打倒国民党反动派,解放全中国是有充分可能的。为了实现这一战略任务,会议要求在战争的第三年即 1948 年准备打更大规模的歼灭战,集中力量歼灭位于长江以北和华北、东北的敌重兵集团。其中,华东和中原野战军发起淮海战役,负责歼灭长江以北敌重兵集团。也就是说,党中央和毛泽东要求刘邓和华东的陈毅的部队负责淮海战役大决战。随后,毛泽东给刘邓的具体任务是,在战争的第三年内打更大规模的歼灭战,歼敌 14 个旅。

在会议结束后,邓小平带着任务返回前线。8 月上旬,他来到西柏坡的时候,毛泽东等人曾亲自到村口迎接。③ 9 月 13 日,他(和陈毅)走的时候,

---

①《邓小平文选》第三卷,人民出版社 1993 年版,第 340 页。

②《邓小平军事文集》第二卷,军事科学出版社、中央文献出版社 2004 年版,第 58 页。

③中共中央文献研究室编,杨胜群主编:《邓小平传(1904—1974)》(下),中央文献出版社2014 年版,第 719 页。

毛泽东、周恩来、朱德又亲自送行。

> 毛泽东对邓小平政委说:“我们每年见一次面,每年都有很大的变化。我们明年见面时,全国的形势一定比今年更好。”
>
> 邓小平政委说:“主席、中央看得远。我回去后要和伯承同志很好地研究一下,我们应当发挥更大的作用。主席、中央给我们的任务,我想一定能够完成。”①

10月上旬,邓小平回到了河南宝丰县驻地。

10月11日,毛泽东拟就《关于淮海战役的作战方针》,电告华东野战军,并转告中原局和邓小平。

10月22日,郑州解放。11月6日,淮海战役发起。为了加强战役的领导,11月16日,党中央和毛泽东做出了一个决定,成立淮海战役总前委,由邓小平担任总前委书记,统一指挥参战的中原野战军和华东野战军。毛泽东为中央军委起草的电文如下:

> ……此战胜利,不但长江以北局面大定,即全国局面亦可基本解决。望从这个观点出发统筹一切。统筹的领导,由刘、陈、邓、粟、谭五同志组成一个总前委,可能时开五人会议讨论重要问题,经常由刘、陈、邓三人为常委临机处置一切,小平同志为总前委书记。②

“刘、陈、邓、粟、谭五同志”,即刘伯承、陈毅、邓小平、粟裕、谭震林。客观地说,这几个人在党内军内的威望都很高,谁都可以担任总前委书记,但

---

①阎长林:《警卫毛泽东纪事》,吉林人民出版社1992年版,第334页。

②逄先知主编,中央文献研究室编:《毛泽东年谱》(下卷),中央文献出版社2013年版,第393页。

邓小平为书记的淮海战役五人总前委

毛泽东把邓小平定为了总前委书记,显然是重用。在此之前,毛泽东还给陈毅、邓小平、粟裕并告华东局、中原局发过一个电报:“整个战役统一由陈邓指挥。”①

整个淮海战役中,双方投入的总兵力超过100万,解放军以60万对敌80万。而邓小平等人经过努力,历时66天,歼敌55.5万人,硬是把淮海战役打赢了。1949年1月,淮海战役胜利结束,毛泽东高度评价说:

> 淮海战役,好像是一锅生米饭,还没有煮熟,就在小平同志统率指挥下一口一口地吃掉了。②

---

①中共中央文献研究室编,杨胜群主编:《邓小平传(1904—1974)》(下),中央文献出版社2014年版,第729页。

②中央文献研究室、中央电视台编著:《大型电视文献纪录片〈邓小平〉》,中央文献出版社1997年版,第67—68页。

邓小平在渡江战役作战会议上

邓小平本人后来也说:

淮海战役成立了总前委,由五个人组成,其中三个人是常委,我当书记。毛主席对我说:“我把指挥权交给你。”这是毛主席亲自交代给我的。淮海战役的部署决策是我根据中央军委和毛主席的指示主持决定的。①

淮海战役之后,毛泽东没有撤销总前委,而是将它转为渡江战役总前

①《邓小平文选》第三卷,人民出版社 1993 年版,第 342 页。

委,再次统一指挥第二、第三野战军,在渡江作战中“照旧行使领导军事及作战的职权”。随后,邓小平前往西柏坡参加党的七届二中全会。会后,毛泽东与刘伯承、邓小平、陈毅商讨渡江作战的问题。

> 父亲告诉我们,毛泽东当时亲口对他说:交给你指挥了。
>
> 毛泽东对邓小平说这句话,不是第一次。在淮海战役时,毛泽东也这样说过一次。①

毛泽东两次把大战交给邓小平指挥,可见对他的信任和肯定。与淮海战役一样,接下来的渡江战役同样取得了伟大的胜利,1949 年春夏之交的时候,南京、上海、杭州等地势如破竹地解放。

南京解放时,毛泽东兴奋不已,立即给刘伯承、邓小平写了一封贺信。

7 月中旬,邓小平带领全家到了北平。10 月 1 日,他参加了开国大典,并当选为中央人民政府委员。

随后,邓小平又参与指挥解放大西南、解放西藏的工作,并主持西南局工作。

解放战争期间,邓小平参与指挥了许多决定性的重大战役。对于这些战役的胜利,刘伯承说:“在整个战争中,党中央的一系列方针、政策、指示是很明确的,我们只是认真执行和反复实践。”② 这些战役的胜利,也可以说是邓小平等人与党中央和毛泽东完美配合的结果。其中,军事指挥主要还是刘伯承等人谋划,邓小平作为总前委书记和第二野战军政委,一个重要的责任就是保证党中央和毛泽东的这些方针、政策和指示得到落实和执行。中央军委和毛泽东的指示在这些战役中得到很好的执行和准确的落实,离不开邓小平的功劳。

---

①毛毛:《我的父亲邓小平》(上),中央文献出版社 1993 年版,第 617 页。

②《刘伯承回忆录》,上海文艺出版社 1981 年版,第 32 页。

6."论文论武,邓小平都是一把好手"

新中国成立后,邓小平虽然是中央人民政府委员,但在政务院并无具体职务,毛泽东的安排是让他以西南局第一书记的身份主政大西南。

1951 年夏秋,著名的民主人士梁漱溟随中央土改工作团赴西南做调查考察。回京后,9 月 3 日晚,他见到了毛泽东,说:

> 解放不到两年,四川能出现这样安定的情势,不容易。解放前我在四川若干年,那是一个很乱很复杂的地方,变化这么快,出乎我意料。四川这一局面的取得,首先得推刘(伯承)、邓(小平)治理有方,他们是当地的执政者、军政大员。特别是邓小平年轻、能干。所见所闻,印象深刻。[①]

对于邓小平的工作,毛泽东也是肯定的。他告诉梁漱溟说:

> 无论是政治,还是军事,论文论武,邓小平都是一把好手。[②]

邓小平在西南局干得好,如果就这样干下去,以后只能算一个"封疆大

①中共中央文献研究室编,杨胜群主编:《邓小平传(1904—1974)》(下),中央文献出版社2014 年版,第 907 页。

②陈继安编著:《敢说不的世纪伟人——邓小平胆略漫述》,广西人民出版社 1998 年版,第 195 页。

吏”。但是,毛泽东没有让他长期在重庆当一名地方大官。

邓小平主政西南时修建的成渝铁路通车

1952年夏,为了适应大规模经济建设的需要,党中央决定将各中央局和大区行政委员会主要领导人调到北京,加强中央的集中统一领导。7月下旬,邓小平首先由重庆来到北京,8月担任政务院副总理。随后,高岗、饶漱石和邓子恢、习仲勋先后从东北局、华东局、中南局、西北局来京,担任党和国家机关的领导职务。这就是后来所谓的“五马进京”。

对于“五马进京”,后来还有一个说法:“五马进京,一马当先。”其中的“一马当先”,不是说首先进京的邓小平,而是指高岗,他本已是中央人民政府副主席,这次又兼国家计委主席,权重位居五人之首,为“当先之马”。

其实,邓小平进京后的地位也不低。

这次邓小平到北京来,担任的是政务院常务副总理,是周恩来的助手。而且他还继续兼任着西南局第一书记的职务。有人说:“这次出川是邓小平政治生涯中的一个重要转折。”① 颇有意思的是,邓小平年轻时离开四川,去法国勤工俭学,从此参加了革命;这次他离开四川,到北京工作,又身兼数个要职,在“五马”中仅仅次于高岗,说是一个“重要转折”,完全不为过。

---

①中央文献研究室、中央电视台编著:《大型电视文献纪录片〈邓小平〉》,中央文献出版社1997年版,第67—68页。

但是，毛泽东对邓小平的重用还没有停止。

> 1953年上半年，随着大规模经济建设的展开，财政工作出现了一些明显的缺点和错误。[①]

这主要体现在两个方面，一是新税制出了问题；二是编制1953年国家预算失误，导致预算收支失衡。

1952年底，薄一波主持对税制进行了修正，由于工作过急、过粗，修正后的税制存在许多疏漏和错误。[②] 而这个新的方案没经过党中央和毛泽东审看就予以公布实施，结果引起物价波动和抢购风潮。此事受到各地负责人的联名批评。

1953年夏，中央财经会议在北京召开，高岗私下鼓动一些人放炮，对新税制和薄一波批评，气氛十分紧张。毛泽东发现会议走偏了方向后，希望早点结束会议，便要周恩来去做结论。但会上对薄一波的批评非常激烈，调子一直居高不下，周恩来话说轻了，会上不好通过；话说重了，又会被高岗利用。正在周恩来左右为难时，毛泽东为他想了一招妙棋。

> 毛泽东对周恩来说：结论做不下来，可以搬兵嘛！把陈云、邓小平请回来，让他们参加会议嘛！陈云和邓小平对薄一波是比较了解的，也比较欣赏他的才干。尤其是陈云，解放后，他和薄一波分别是中财委的主任和副主任，薄一波在他的直接领导下工作，许多问题，他们都是共同研究的。对于薄一波，陈云应该是最有发言权的。[③]

---

①中共中央文献研究室编，杨胜群主编：《邓小平传(1904—1974)》(下)，中央文献出版社2014年版，第942页。

②赵士刚主编：《回顾与思考——共和国经济建设之路》，经济管理出版社1999年版，第238页。

③赵士刚主编：《回顾与思考——共和国经济建设之路》，经济管理出版社1999年版，第249页。

8月6日,陈云在财经会议领导小组会上做了长篇发言,把问题都讲清楚了,也提出了解决的办法,还主动承担了一部分责任。大家听了,意见就逐渐统一了。

邓小平回京后，也在一次会议上发了言。大意是,大家批评薄一波的错误，我赞成。每个人都会犯错误,我自己就有不少错误，在座的其他同志也不能说没有错误。薄一波的错误是很多的,可能不是一斤两斤，而是一吨两吨。但是，他犯的错误再多,也不能说成是路线错误。把他这几年在工作中的这样那样过错说成是路线错误是不对的,我不赞成。①

高 岗

邓小平再出场,事情就解决了。

这些情况表明,毛泽东让周恩来“搬兵”,请回陈云、邓小平这一招的确是非常高明的。事过几十年后,薄一波在回忆起这段往事时还说:“……这些话,无疑起到了降温和替我解围的作用。”②

毛泽东要周恩来请陈云和邓小平当救兵，一是他们对薄一波比较了

①赵士刚主编:《回顾与思考——共和国经济建设之路》，经济管理出版社1999年版，第250—251页。

②赵士刚主编:《回顾与思考——共和国经济建设之路》，经济管理出版社1999年版，第251页。

解；二是对陈云和邓小平的信任。

全国财经工作会议批评财政部的工作后，财政部从领导到一般干部一度情绪比较低沉，工作谨小慎微。①

8 月 17 日，毛泽东决定邓小平兼任政务院财政委员会第一副主任和财政部部长。

邓小平主管财政部的工作后，财政部副部长戎子和回忆说：

小平同志对毛泽东同志非常尊重。这主要表现在他善于把毛泽东同志对财政问题的指示与实际工作结合起来，做出正确的决定。我记得 1953 年 12 月财政部开始编制 1954 年国家预算草案时，一天，邓小平同志特意找到我，问道：毛主席对财政工作有过什么重要指示。我想了想回答说：毛主席对财政工作有不少指示，财政部还编印了一个小本本。在编制预算方面概括地说主要是三句话，收入打足，支出打紧，留有余地。他听后，沉思了一下，坚定地说：这三句说得好！打明年的预算，就按这个方针办。后来，我们按照他的指示，编制了 1954 年预算收支计划。

从邓小平的这些职务任命来看，毛泽东对他是十分看重的。随后，在反对高岗、饶漱石反党联盟的斗争中，邓小平又发挥了重要作用。邓小平回忆：

毛泽东同志在 1953 年底提出中央分一线、二线之后，高岗活动得非常积极。他首先得到林彪的支持，才敢于放手这么搞。那时东

① 中共中央文献研究室编，杨胜群主编：《邓小平传（1904—1974）》（下），中央文献出版社2014 年版，第 942 页。

北是他自己,中南是林彪,华东是饶漱石。对西南,他用拉拢的办法,正式和我谈判,说刘少奇同志不成熟,要争取我和他一起拱倒刘少奇同志。我明确表示态度,说刘少奇同志在党内的地位是历史形成的,从总的方面讲,刘少奇同志是好的,改变这样一种历史形成的地位不适当。高岗也找陈云同志谈判,他说:搞几个副主席,你一个,我一个。这样一来,陈云同志和我才觉得问题严重,立即向毛泽东同志反映,引起他的注意。①

“邓小平和陈云的这一举动,成了整个反对高岗、饶漱石反党阴谋斗争的一个转折点。”② 这使得毛泽东开始注意高岗了。

客观地说,在这之前毛泽东对高岗是信任的,得到邓小平和陈云的报告后才有了警觉。毛泽东改变对高岗的信任,一则是因为高岗确实做了一些非组织性的事情,违背了党的组织原则;二则也有毛泽东对邓小平、陈云的信任的成分。在查实高岗等人的错误后,党中央对高岗、饶漱石采取了组织措施。1955 年 3 月,在党的全国代表会议上,邓小平做了《关于高岗、饶漱石反党联盟的报告》。

1955 年 4 月,七届五中全会在北京召开,邓小平和林彪补选为中央政治局委员(补任弼时、高岗之缺)。邓小平成为党中央领导人中耀目的新星。

直到中共八大召开之前,邓小平一直领导中央书记处四个办公室的工作,可以说是党中央名副其实的“总管家”。……邓小平领导的中央秘书长办公会议,为中央最高领导层掌握全国各方面的重要情况并作出各项正确决策,做了大量的工作。邓小平几乎每天都要

---

①《邓小平文选》第二卷,人民出版社 1994 年版,第 293 页。

②陈继安编著:《敢说不的世纪伟人——邓小平胆略漫述》,广西人民出版社 1998 年版,第 210 页。

主持召开会议，讨论研究中央交办的和下面上报中央的各种事项，通常是上午九点开会，下午三点再接着开。毛泽东对邓小平说:“中央的事情由你们做，对外一律用中央名义，不用秘书长、副秘书长名义。”①

1956年9月15日，党的八大会议在北京召开。大会确定要把党和国家的工作重点转移到经济建设上来，并且重新选举中央领导班子。在这次会议上，邓小平的职务又有了新的变化。

八大开幕前夕，9月13日，在党的七届七中全会第三次会议上，毛泽东专门谈到设立中央副主席和总书记的人选问题说:

……上一次也谈过，中央准备设四位副主席，就是少奇同志，恩来同志，朱德同志，陈云同志。另外，还准备设一个书记处，书记处的名单还没有定，但是总书记准备推举邓小平同志。②

毛泽东推荐邓小平为中央总书记。但是，在座的邓小平推辞说:

对总书记这一职务，我只有六个字，一不行，二不顺。当然，革命工作决定了也没有办法，我自己是诚惶诚恐的。我还是比较安于担任秘书长这个职务。③

---

①中共中央文献研究室编，杨胜群主编:《邓小平传(1904—1974)》(下)，中央文献出版社2014年版，第972页。

②中共中央文献研究室编，杨胜群主编:《邓小平传(1904—1974)》(下)，中央文献出版社2014年版，第994页。

③中央文献研究室、中央电视台编著:《大型电视文献纪录片〈邓小平〉》，中央文献出版社1997年版，第82页。

在国外一些政党中,总书记是第一领导人。邓小平觉得自己当总书记不恰当。对此,毛泽东专门说了一大段话:

> 至于秘书长改为总书记,那只是中国话变成外国话。他(邓)愿意当中国的秘书长,不愿意当外国的总书记。其实,外国的总书记就相当于中国的秘书长,中国的秘书长就相当于外国的总书记。他(邓)说不顺,我可以宣传宣传,大家如果都赞成,就顺了。我看邓小平这个人比较公道,他跟我一样,不是没有缺点,但是比较公道。他比较有才干,比较能办事。你说他样样事情都办得好呀?不是,他跟我一样,有许多事情办错,也有的话说错,但比较起来,他会办事。他比较周到,比较公道,是个厚道人,使人不那么怕。我今天给他宣传几句,他说他不行,我看行。顺不顺要看大家的舆论如何,我观察是比较顺的。不满意他的人也会有的,像有人不满意我一样……你说邓小平没得罪过人?我不相信,但大体说来,这个人比较顾全大局,比较厚道,处理问题比较公道,他犯了错误对自己很严格。他说他有点诚惶诚恐,他是在党内经过斗争的。[①]

毛泽东的评价是公允的。对于自己的缺点,邓小平自己也说过:“我这个人像维吾尔族的姑娘,辫子多,一抓就抓几个。”[②] 对于那些优点,毛泽东说的也是事实。

毛泽东的这些“宣传”,是向全党郑重而负责地推荐邓小平。[③]

对于邓小平不当总书记,刘少奇的秘书刘振德也回忆了当时的情况。

---

①杨胜群、陈晋主编:《中共党史重大事件述实》,人民出版社 1993 年版,第 278—279 页。

②陈继安编著:《敢说不的世纪伟人——邓小平胆略漫述》,广西人民出版社 1998 年版,第 232 页。

③余世诚:《半个世纪的情缘:邓小平与毛泽东》,中共中央党校出版社 1999 年版,第 192 页。

> 八大会议期间,有一次政治局常委开碰头会。他(指刘振德)怕刘少奇找他要文件,就坐在会议室门口准备着。常委们里面说话,他都听得清楚,内容是动员邓小平出任中央委员会总书记。当时邓小平的声音比较大,一再推辞:“我不行,我不行,我的威望和能力都不行,怕难以胜任,还是让别人当吧!”邓小平的态度诚恳而坚决。“我们是医生,书记处是护士,你是护士长,还是我们的助手嘛!”毛泽东那浓重的湖南口音传到门外。接着是周恩来的声音:“毛主席比喻得很形象!”毛泽东又补充说:“其实,还是你那个秘书长的差事!”其他几位常委也帮着动员邓小平。这时,刘少奇说话了:“主席,我看就这样定了吧!”“好,定了!”毛泽东一锤定音,其他常委也异口同声地说:“定了!”邓小平于是没有再推辞。[①]

随后,在八届一中全会上,毛泽东当选为中央委员会主席,刘少奇、周恩来、朱德、陈云当选为副主席,邓小平如期当选为总书记。毛、刘、周、朱、陈、邓六人组成中央政治局常委会。

在这次大会上,邓小平(52岁)进入中央政治局,成为常委,并且担任总书记,不仅和陈云(51岁)成为以毛泽东为核心的党中央领导集体中最年轻的成员,而且奠定了他十年政治上的辉煌。

> 八大也成为邓小平政治生涯的一个新的起点。从此他成为以毛泽东为核心的党的第一代中央领导集体的重要成员。在中共中央委员会总书记这个岗位上,他一干就是十年。[②]

---

①李颖:《解密“八大”:邓小平为何婉拒中央委员会总书记一职?》,中国共产党新闻网。

②中共中央文献研究室编,杨胜群主编:《邓小平传(1904—1974)》(下),中央文献出版社2014年版,第1002页。

中央书记处成立后,邓小平要求它作为政治局的办事机构,专管党务,但是,毛泽东不同意。邓小平后来说:

> (毛泽东——引者注)他强调书记处是中央委员会的办事机构,什么事都要管,中央的事都由你们去做,抓全面工作,发文用中央名义,这实际是赋予书记处重要责任。

重要的地位意味着更重的责任。由此,邓小平成为了毛泽东、周恩来的助手。

> 作为党的主席,毛泽东是掌舵人,是最高的决策者;作为总书记,邓小平工作在最前沿,是把中央和毛泽东的决策变成实践的总指挥者。邓小平后来曾说过:“在我一生中,最忙的就是(当总书记的)那个时候。”①
>
> 从1956年到1966年,邓小平在任总书记的10年间,他作为毛泽东主席处理中央日常工作的重要助手、周恩来总理的左右臂膀,参与了党和国家的许多重大决策。②

邓小平和毛泽东的关系由此也变得更加亲密。

---

①余世诚:《半个世纪的情缘:邓小平与毛泽东》,中共中央党校出版社1999年版,第198页。

②陈继安编著:《敢说不的世纪伟人——邓小平胆略漫述》,广西人民出版社1998年版,第195页。

7."我们两个人，一正一副"

毛泽东对邓小平是十分欣赏的，所以力主邓小平担任党的总书记，并赋予中央书记处极大的权力，"什么事都要管"。毛泽东这么做，是有目的的，即把邓小平作为接班人培养。这不是无中生有的说法，是真实的史实。

1957年底，毛泽东访问苏联，在与苏共总书记赫鲁晓夫谈话，说到自己的接班人时，把邓小平列为第二，并且说邓小平"是领导班子中最有希望的人"。[①] 时为中共中央代表团俄文翻译的李越然后来回忆当时的对话说：

> 1957年毛泽东在莫斯科的时候，他对赫鲁晓夫讲：我不想当主席了。赫鲁晓夫就问他：谁来接班呢？有这样的人吗？有！主席讲得很清楚，有！我们党内有好几位同志完全可以，都不比我差。接着就一个一个地点名，说第一个是刘少奇，第二是邓小平，谈到邓小平的时候，毛泽东讲，这个人既有原则性，又有灵活性，是我们党内难得的一个领导人才。[②]

对邓小平，赫鲁晓夫是熟悉的。

> 赫鲁晓夫说，是啊，这个人可厉害，我跟他打过交道，1956年他

①［苏］赫鲁晓夫：《最后的遗言》，东方出版社1988年版，第392页。

②中央文献研究室、中央电视台编著：《大型电视文献纪录片〈邓小平〉》，中央文献出版社1997年版，第87—88页。

来了，你可别看他个子低一点，他的智慧、思想水平很高。①

赫鲁晓夫

毛泽东在赫鲁晓夫面前继续对邓小平褒彰。

毛泽东回答说:“可别低估我们的小个子。此人曾带领第二野战军，一举击败蒋介石，使蒋丧师百万。”②

毛泽东向外国人推荐邓小平是有深意的，目的是树立他在国际上的威望。

但是，社会主义建设并不是一帆风顺的。邓小平作为把毛泽东决策变成实践的总指挥，与毛泽东的荣耀和失误是紧紧地联系在一起。

1958年，为了迅速摆脱贫穷的“帽子”，党中央发起了“大跃进”运动，使得经济工作出现失误。对此，邓小平认为他作为总书记也有份儿。若干年后，他接见记者时说：

你一定要记下来我说的话，我是犯不少错误的，确有不少错误的，其中包括毛泽东同志犯错误啊，有些我也有份的。只是可以说，

①中央文献研究室、中央电视台编著:《大型电视文献纪录片〈邓小平〉》，中央文献出版社1997年版，第87—88页。

②武原、曹爽编:《外国领导人眼中的中共群星》，四川人民出版社1991年版，第359页。

犯错误也是一种好心犯的错误，不犯错误的人没有。不能把过去的错误都归毛主席一个人，不能这样。①

这种共命运、共荣辱的情愫就是几十年之中的邓毛关系，也正是这种情愫，使得他们在中国革命和建设的征途上，无论多么艰难，抑或多么顺利，总是密切配合，相互支持，共同推动中国航船不停地往前进。

1959 年 4 月，党中央在上海举行八届七中全会，对“大跃进”的高指标进行压缩。会上，毛泽东总结前期工作的教训，再次认为要把权力集中在中央政治局常委会和书记处。他说：

开那么多小组会，今天开了一天会，不是权力集中在我们这里？但是，总要有一个核心，经常注意这个问题，所以我这里除了（讲）权力集中在中央委员会、政治局之外，还要提出集中在常委和书记处。中央主席是我，常委的主席是我，所以我毛遂自荐为元帅。书记处就是邓小平同志。所以就要这样干，不这样不行的。②

接着，他又风趣地说：

我这个人的名字叫毛泽东，我挂正帅，就是大元帅，邓小平为副总司令，副元帅。我们两个人，一正一副。③

---

①中央文献研究室、中央电视台编著：《大型电视文献纪录片〈邓小平〉》，中央文献出版社 1997 年版，第 87—88页。

②中共中央文献研究室编，杨胜群主编：《邓小平传（1904—1974）》（下），中央文献出版社2014 年版，第 1117 页。

③王宁：《毛泽东与邓小平》，《人物》1994 年第 5 期。

毛泽东又对邓小平本人说:

> 你是总书记嘛!邓小平,你挂帅了,一朝权在手,就把令来行,你敢不敢呀?你是书记处的总书记,你也是常委的总书记,你也是政治局的总书记,你也是中央委员会的总书记,你也是我的总书记。[①]

对此,余世诚说:

> 毛泽东的这些诙谐语言,自有一番深意。他曾在1956年、1957年、1958年初和1958年底多次向党内外提出,不再担任国家主席,甚至曾想只任党的“名誉主席”,退居二线。但“大跃进”以来的新形势和遇到的麻烦,使他改变了初衷,他要立于前沿去掌舵,同时,从他的话中,我们也可体味到毛泽东这时对邓小平的赞赏和器重。

毛泽东说这一番话,“显然,毛泽东是要增强中央政治局常委在领导经济工作方面的权威,同时也是要增强中央书记处特别是邓小平的权威,希望邓小平在经济计划指标调整和人民公社整顿及各方面工作决策中发挥更大的作用”。[②]

这是毛泽东对邓小平的器重。

毛泽东讲话的当天下午,邓小平向全会做总结报告,宣布1959年的各项指标,把钢、生铁、发电量、发电设备、机床等指标再次做了不同程度的下调。

在这个时期,邓小平对毛泽东是很信服的,但是,他和罗荣桓等人一样

---

①王宁:《毛泽东与邓小平》,《人物》1994年第5期。

②中共中央文献研究室编,杨胜群主编:《邓小平传(1904—1974)》(下),中央文献出版社2014年版,第1118页。

1960年邓小平在天津视察

反对将毛泽东思想庸俗化，对林彪提出的顶峰论等提法多次进行批评。1960年3月25日，邓小平在中央天津会议上讲话时，专门讲了正确宣传毛泽东思想问题。他说：

对毛泽东思想的宣传问题，我曾经在山东、天津谈过，后来在中央也议了。昨天在毛主席那里还谈了这个问题，他赞成这个意见：第一，现在的主要问题是把毛泽东思想用得庸俗了，什么东西都说成是毛泽东思想。例如，一个商店的营业额多一点就说是毛泽东思想发展了，打乒乓球也说是运用了毛泽东思想。第二，马克思列宁主义很少讲了。这种情况，不少报纸都不同程度地存在。为什么要提出这个问题呢？因为按照我们对毛泽东思想的正确理解，一个是要坚持马克思列宁主义，保卫马克思列宁主义；一个是要发展马克思列宁主义。毛泽东思想同马克思列宁主义是一回事。毛泽东思想坚持了马克思列宁主义的普遍真理，并且在马克思列宁主义的宝库里面增添了很多新的内容。所以，不要把毛泽东思想同马克思列宁主义割裂开来，好像它是另外一个东西。

……对待毛泽东思想是一个很严肃的原则性的问题，不要庸俗化，庸俗化对我们不利，对国际共产主义运动也不利。

……一定要把毛泽东思想这个旗帜掌握得好。光讲毛泽东思

> 想,不提马克思列宁主义,看起来好像是把毛泽东思想抬高了,实际上是把毛泽东思想的作用降低了。①

在讲话中,邓小平传达了毛泽东的话:“他(毛主席)昨天讲,提法要合乎实际,不合实际就站不住脚。”并且强调:“我们应该本着这种精神,去做好毛泽东思想的宣传工作。”② 由此可见,邓小平的思想与毛泽东的思想是一致的,并且两人的交往是密切的。

而“庸俗化”的提法主要是林彪搞的。邓小平和林彪同时补选进入中央政治局,成为政坛上的两位新秀,毛泽东没去阻止林彪那一套,而把自己的思想给邓小平交底,让他出面传达自己的思想。

毛泽东与邓小平的一致还体现在1962年1月召开的中央工作会议上。这次大会为了进一步总结“大跃进”以来经济建设的经验教训,召集了全国各级干部7000多人参加,史称七千人大会。在大会上,毛泽东、刘少奇、周恩来、邓小平等人都发了言,对前期工作的失误做了深刻的自我批评。2月4日,在邓小平讲话时,毛泽东多次插话。

> 在邓小平讲话过程中,毛泽东在旁边有十次插话,对邓讲的或补充、或加重、或提示,表现出邓、毛意见的一致。③

毛泽东插话,显然是对邓小平的欣赏和器重。

事实上,在这一段时间内,邓小平不仅在经济工作上是毛泽东、周恩来的重要助手,在党际外交上尤其是处理与苏共的关系中,也是毛泽东等人的重要助手,发挥着重要的作用,有软有硬,表现出了不凡的外交和斗

---

①《邓小平文选》第一卷,人民出版社1994年版,第283页。

②《邓小平文选》第一卷,人民出版社1994年版,第284页。

③余世诚:《半个世纪的情缘:邓小平与毛泽东》,中共中央党校出版社1999年版,第211页。

争才干。

1956年苏共二十大后，中苏两党关系开始恶化，随后两党多次进行谈判、争论，从20世纪50年代中期开始到60年代初，邓小平多次率中国代表团出访苏联。与赫鲁晓夫等人面对面地进行交锋。仅1960年就去过三次。在与苏共交往中，邓小平就是毛泽东选定的与赫鲁晓夫交锋的中方主帅。

对此，邓小平本人也认可。1989年，他对来访的苏共中央总书记戈尔巴乔夫说：

> 从1957年第一次到莫斯科会谈，到六十年代前半期，中苏两党展开了激烈的争论。我算是那场争论的当事人之一，扮演了不是无足轻重的角色。[①]

对于这场中苏争论，邓小平花费了很大的精力，但是，由于苏共的大国沙文主义，中苏关系终于在1963年破裂。对此，邓小平后来说："一九六三年我率代表团去莫斯科，会谈破裂。应该说，从六十年代中期起，我们的关系恶化了，基本上隔断了。"[②] 事后，两国都把关系"隔断"了，可见这一次谈判交锋是如何激烈，而影响又何其深远。然而，邓小平的做法获得了毛泽东的支持。

> （1963年7月21日下午）当邓小平率代表团回到北京的时候，毛泽东和所有的中央政治局常委都到机场迎接。建国后毛泽东亲自到机场迎接出访归来的国家领导人，这是少有的一次。[③]

---

①中央文献研究室、中央电视台编著：《大型电视文献纪录片〈邓小平〉》，中央文献出版社1997年版，第88页。

②《邓小平文选》第三卷，人民出版社1993年版，第294页。

③中央文献研究室、中央电视台编著：《大型电视文献纪录片〈邓小平〉》，中央文献出版社1997年版，第88页。

毛泽东带着中央政治局全体常委到机场迎接一位中共领导人,是很罕见的。据查,只有三次,一次是1939年王明、陈云等人从莫斯科带着共产国际的指示回到延安,毛泽东等人去延安机场迎接。还一次,是1960年12月。也是邓小平率中共代表团赴莫斯科会谈归来。那次在两党会谈中,邓

20世纪60年代刘少奇、邓小平等人访问莫斯科

小平针对苏方的恶劣态度做了一次长篇发言,其中义正词严地历数了苏共领导人违背马列、背信弃义、打大党大国沙文主义的种种劣迹,讲话内容令赫鲁晓夫等人十分震惊。德国作家乌利·弗兰茨在《邓小平传》中描述说:“苏联共产党农民出身的固执的领袖像吞一颗苦果似地咽下了邓小平尖刻的话语。”随后,刘少奇也来到莫斯科,与邓小平参加八十一国党会议,使得激化的中苏矛盾暂时得以缓和。毛泽东对他们的工作非常满意。12月9日,他亲率部分党和国家领导人到首都机场,迎接他们的归来。第三次,毛泽东还是迎接从莫斯科归来的邓小平等人,但与上一次迎接邓小平等人时完全不一样。

当7月21日下午代表团返回北京时,毛泽东又一次率刘少奇、周恩来、朱德、董必武等党和国家领导人及首都各界代表5000多人

到机场隆重迎接。飞机停稳后，毛泽东走到机前，同邓小平等人热烈握手，亲切问候，并让代表团绕场一周与欢迎群众见面，接受少先队献花。

接着，代表团的车队跟随着毛泽东的座车直驶中南海……①

毛泽东率中央政治局常委集体迎接，欢迎群众有 5000 人之多，而且毛泽东让邓小平和代表团在暴风雨般的掌声中绕机场一周……这样的欢迎场面和欢迎方式何其隆重和罕见！

随后，毛泽东又请邓小平和代表团成员到颐年堂谈话。邓小平向毛泽东和周恩来等人汇报会谈细节时，“毛泽东一直兴致勃勃，情绪高昂，他对邓小平等代表的莫斯科之行十分赞赏。”② 毛泽东赞扬邓小平说：

赫鲁晓夫曾经说，邓小平人那么矮，但是一个重量级拳师。事实上是这样，赫鲁晓夫都搬不动你、斗不过你，苏斯洛夫更不在话下。这次你们取得了完全胜利，完成了任务，做了一件好事情。③

毛泽东对邓小平等人如此隆重地接待，一则是对外显示中国共产党不畏强暴的坚强决心；二是对邓小平和中共代表团在莫斯科的所作所为表示赞赏。因为对于两党之间的那些争论，正如后来邓小平所说：“真正的实质问题是不平等，中国人感到受屈辱。”④ 而在历史上，“共计一百零五年时间，全世界几乎一切大中小帝国主义国家都侵略过我国，都打过我们”。⑤

①余世诚：《半个世纪的情缘：邓小平与毛泽东》，中共中央党校出版社 1999 年版，第 223 页。

②余世诚：《半个世纪的情缘：邓小平与毛泽东》，中共中央党校出版社 1999 年版，第 227 页。

③吴冷西：《十年论战》(下)，中央文献出版社 1999 年版，第 623—624 页。

④《邓小平文选》第三卷，人民出版社 1993 年版，第 294—295页。

⑤《毛泽东文集》第八卷，人民出版社 1999 年版，第 340 页。

其中也包括沙俄在内,中国人受尽了磨难。这次面对屈辱,邓小平等人采取了强硬回击的策略,显示了中国人的气概,所以,毛泽东说邓小平等人“做了一件好事情”。

邓小平等人的作为,提振了中国人的形象。在十年之后,毛泽东谈到邓小平时还称赞他访苏坚持了党的原则、“反修”有功。

在“文化大革命”爆发前,邓小平和毛泽东之间,不管私人关系,还是工作关系,都是相当密切,确实是如毛泽东所说的:“我们两个人,一正一副。”在这“一正一副”中,邓小平则是毛泽东重点培养的接班人之一。于南在谈及毛泽东处理九一三事件时说:

> 在“文革”前毛泽东就考虑过接班人的问题。周总理曾对王稼祥说过:将来的接班人或者是林元帅,或者是邓总书记。因为两个人的年龄差不多,到底是谁? 没有定。①

这就是毛泽东为什么赋予邓小平多重领导责任,让他参与党和国家各方面的工作,且在公众场合多次公开表扬和支持邓小平的原因;而邓小平作为毛泽东着意培养的接班人,在各项工作中认认真真,积极、务实,又表现出了公认的才干。因此,从20世纪五六十年代的情况来看,邓小平的政治前途是不可限量的。

---

①张素华、边彦军、吴晓梅编著:《说不尽的毛泽东——百位名人学者访谈录》(上),辽宁人民出版社、中央文献出版社1995年版,第483页。

8.“1959 年起,六年来从来不找我”

邓小平既然和林彪被毛泽东选定为两个接班人之一,为什么在“文化大革命”中却被打倒了呢?

其实,在 1966 年春“文革大革命”就要爆发之际,邓小平不是要打倒的对象,反而是被毛泽东派去“救火”的。邓榕说:

> 4 月 8 日,康生打电话叫邓小平即刻回京。其时,邓小平与李富春、薄一波率国务院部委领导干部正在西北视察工作……接到电话,紧急从延安坐专机直飞北京后,邓小平才知道,彭真又出问题了。

邓小平回京,是毛泽东亲自叫康生打电话的。毛泽东紧急召回邓小平,是要叫他主持中央政治局会议,撤销彭真和陆定一等人以党中央名义下达的一份被称为“二月提纲”的文件。

什么是“二月提纲”,为什么要由中央政治局会议来撤销呢?

事情起因于 1965 年 11 月 10 日上海《文汇报》发表的姚文元的《评新编历史剧〈海瑞罢官〉》一文。这篇文章批判时任北京市副市长的历史学家吴晗撰写的一部戏剧《海瑞罢官》,认为此剧是为 1959 年在庐山会议上被打倒的彭德怀鸣不平,进行翻案。姚文元的批评矛头直指以中央政治局委员、书记处书记兼北京市委第一书记彭真为首的北京市委。此文一出,立即引发全国性的批判浪潮。1966 年 2 月,为了规范学术批判,中宣部和中央文化革命五人小组彭真、陆定一等人起草了《关于当前学术讨论的汇报提纲》(即“二月提纲”),其中规定了学术批判的性质,并要求“有领导地、认真地、积极地和谨慎地搞好这场斗争”,强调“报刊上公开点名作重点批判要慎重”。有的人要经过领导机构同意才可以公开批判,并且提出“要坚持实事求是,在真理面前人人平等的原则,要以理服人,不要像学阀一样武断和以势压人”。[①] 文件下发后,全国甚至包括上海的学术批判形势有所缓和。

彭 真

这引起了上海市委书记处书记张春桥的不满。

3 月初,张春桥派上海市委宣传部部长杨永直赴京,与中宣部负责人许立群、胡绳等人先后谈话,了解情况。在谈话中,杨永直反复提出“学阀”是否有所指等问题。许立群向彭真打电话请示如何答复。于是,两人之间有了一段电话:

许:杨永直问,学阀有没有具体对象,指的是谁?

彭:学阀没有具体指什么人,是阿 Q,谁头上有疤就是谁。

许:杨永直问,上海要批判一批坏影片,包括《女跳水队员》,行不行? ……因为有大腿。

彭:你去问张春桥、杨永直,他们游过泳没有?

许:杨永直问,重要的学术批判文章要不要送中宣部审查?

---

①郑谦:《从评新编历史剧〈海瑞罢官〉到〈二月提纲〉》,李海文主编:《彭真市长》,中共党史出版社、山西人民出版社 2003 年版,第 147页。

彭:过去上海发姚文元的文章,连个招呼都不打,上海市委的党性到哪里去了?①

当晚,许立群将彭真的答复电话告诉了杨永直。杨永真回上海后向上海市委汇报。张春桥于是认为,“这个电话说明中宣部和北京市委是反对姚文元文章的,《二月提纲》的矛头是指向姚文元的,也就是指向毛主席的。”② 立即向毛泽东报告彭真的“电话事件”。

3月28日、29日,毛泽东在杭州和康生做了两次谈话。3月30日,毛泽东和康生、赵毅敏、魏文伯、江青、张春桥在杭州又做了一次谈话。在三次谈话中,毛泽东严厉地批评了“二月提纲”与北京市委和中宣部,他说:“五人小组的《二月提纲》混淆阶级界限,不分是非,是错误的。……北京市委针插不进,水泼不进,要解散市委;……中宣部是‘阎王殿’,要‘打倒阎王,解放小鬼’。谁是学阀?吴晗、翦伯赞是学阀,上面还有包庇他们的大党阀。”其中,大党阀是指彭真。

毛泽东完全否定了“二月提纲”,并且要求邓小平开会,撤销这个文件。

邓小平赶回北京后,4月9日,召集中央政治局会议。会议开了两天,最后决定撤销“二月提纲”。

毛泽东对撤销通知不满意,让再写,还是不满意,于是,毛泽东决定搞个文件起草小组,最后形成了《中国共产党中央委员会通知》。

4月16日起,毛泽东在杭州召集中央政治局常委扩大会议,讨论“二月提纲”和彭真等人的问题。24日,会议通过《中国共产党中央委员会通知》,决定召开中央政治局扩大会议来讨论和正式通过,并对彭真、罗瑞卿、

---

①郑谦:《从评新编历史剧〈海瑞罢官〉到〈二月提纲〉》,李海文主编:《彭真市长》,中共党史出版社、山西人民出版社2003年版,第149—150页。

②郑谦:《从评新编历史剧〈海瑞罢官〉到〈二月提纲〉》,李海文主编:《彭真市长》,中共党史出版社、山西人民出版社2003年版,第150页。

陆定一、杨尚昆等人做出组织上的处理。

5月4日至26日,中央政治局扩大会议在北京召开。会议通过了《中国共产党中央委员会通知》,即著名的“五一六通知”,决定发动“文化大革命”。而邓小平与彭真、罗瑞卿、陆定一、杨尚昆四人私交很好。在批判他们的时候,从内心到行动都是相当抵制,后来他回忆说:

> 彭真问题本来不大。我没有附和,送了半筐桔子给彭真,表明态度。[①]

毛泽东在井冈山

这大概就是撤销“二月提纲”通知两次都没写好的原因吧。毛泽东调邓小平去充当“救火员”,但是,邓小平的表现没有让毛泽东满意。

由于邓小平对批判彭真等人的消极态度,使得他在这场运动中尤其是随后的工作组问题上与毛泽东的初衷越走越远。

在中央政治局扩大会议结束前一日,5月25日,北京大学哲学系党总支书记聂元梓等七人在校园内贴出“文化大革命”“第一张马列主义大字

①毛毛:《我的父亲邓小平:“文革”岁月》,中央文献出版社2000年版,第12页。

报”,矛头直指北大校党委和北京市委。大字报贴出后,北京大中学校立即大字报铺天盖地,锋芒纷纷指向校领导层。5 月 29 日,刘少奇、周恩来和邓小平召集中央有关部门开会,决定向人民日报社和北京大学派遣工作组。但局势很快就失控。6 月 1 日,新华社全文播发北京大学聂元梓等人的那份大字报。同一日,《人民日报》发表题为《横扫一切牛鬼蛇神》的社论。6 月 3 日,刘少奇紧急召集有关部委负责人开会,决定向各大专院校和中学派出工作组,以控制局面。会议结束时,邓小平说,中央的八条传达要快,开个十万人大会,一竿子插到底。[①] 会后,北京市委向一些大中院校派出了工作组。

但是,工作组进校后,使得师生形成保守派和造反派两大阵营,反而没能够扭转局面。因为事态紧急,7 月 13、19、22 日,刘少奇和邓小平连续三次开会讨论工作组问题。在会上,刘少奇、邓小平与康生、陈伯达等人爆发冲突。陈伯达说工作组入校后压制民主,给群众运动泼冷水,要求撤出工作组。刘少奇坚持不同意撤出工作组。邓小平站在了刘少奇这一边。时任教育部副部长的张承先回忆:

> 邓小平同志说:多数工作组的成员是好的,不能撤,主要是如何教会他们工作;多数工作组的成员是好人,搞“文化大革命”没有经验,对工作组的估计不能说都坏了,现在主要是帮助教育工作组。[②]

但是,邓榕说的情况比张承先叙述的要严重得多:

> (会上)刘少奇愤而驳斥,并与康生发生争执。素以沉稳著称的

---

①毛毛:《我的父亲邓小平:“文革”岁月》,中央文献出版社 2000 年版,第 18 页。

②张承先:《“文革”初期的北大工作组》,《亲历重大历史事件实录》第五卷,党建读物出版社、中国文联出版社 2000 年版,第 224 页。

邓小平忍无可忍,一下子站立起来,指着陈伯达说,你们说我们怕群众,你们到前边试试! 并明确表态:“撤工作组我不赞成! ”[①]

在撤不撤工作组问题上,双方针锋相对,斗争白热化。

7 月 18 日,毛泽东回到北京,认为工作组入校后镇压学生,“有许多工作组是阻碍运动的”,[②] 对工作组提出了批评。

随后,刘少奇主持召开“文化大革命”汇报会。会上,他与中央文革小组再次就工作组问题发生冲突。毛泽东在插话中发表了一些意见,诸如:“大字报写得好。”并且说:“回到北京后,感到很难过,冷冷清清,有的学校大门都关起来了。甚至有些学校镇压学生运动。谁去镇压学生运动? 只有北洋军阀。共产党怕学生运动是反马克思主义。有人天天说走群众路线,为人民服务,实际却是走资产阶级路线,为资产阶级服务。”

24 日,毛泽东召集中央政治局常委和中央文革小组成员一起开会,在会上,他批评工作组起坏作用,阻碍运动,说:“工作组改成联络员或是叫顾问,你们讲顾问权大,那还叫联络员。工作组一个多月,起阻碍革命的作用,实际上是帮了反革命。”并且说:“开两天会,讲了一些文化大革命的工作,主要讲工作组要撤,要改变派工作组的政策。”指示立即撤出工作组。

7 月 29 日,北京市委在人民大会堂召开万人大会,宣布撤销工作组。

在大会上,刘少奇、周恩来、邓小平做了检查性的讲话。

8 月 1 日至 12 日,中共八届十一中全会在北京召开。

8 月 4 日下午,毛泽东在讲话中批评前一阶段中央的领导工作和新北京市委,谁也没想到刘少奇与毛泽东发生争论,弄得会议气氛十分紧张。8 月 5 日,毛泽东写了《炮打司令部——我的一张大字报》,指出从中央到地

---

①毛毛:《我的父亲邓小平:“文革”岁月》,中央文献出版社 2000 年版,第 21 页。

②张承先:《“文革”初期的北大工作组》,《亲历重大历史事件实录》第五卷,党建读物出版社、中国文联出版社 2000 年版,第 227 页。

方的某些领导同志站在反动的资产阶级立场，实行资产阶级专政。大字报虽未点名，但所批评的对象就是刘少奇、邓小平。

> ……大字报在党内高层第一次公开了毛泽东与刘少奇、邓小平等在一线主持工作的中央领导人在“文化大革命”问题上的严重分歧；而且又进一步将派工作组指责为“站在反动的资产阶级立场上，实行资产阶级专政”。①

8月6日，毛泽东在住处召开小范围会议，周恩来等人参加，商定调整中央领导班子和排名顺序。林彪由大连回京参加会议。

7日，周恩来向全会传达了毛泽东的大字报，并将大字报印发全会与会人员。会议开始对刘少奇、邓小平进行揭发和批判。一些人从派工作组镇压学生运动开始，倒溯1962年以来刘少奇主持中央一线工作的历史。其中，毛泽东不时插话，指出刘少奇、邓小平镇压学生运动是方向问题，是路线问题，是错误路线。最后，会议认为，在毛泽东为首的党中央之外，另有一个以刘少奇为首的资产阶级司令部。

8日，刘少奇做检讨，并要求辞去中央政治局常委和国家主席的职务。随后，根据毛泽东提议，会议临时增加了一项议程，改选中央政治局及政治局常委。刘少奇由原来的第二位降到第八位。邓小平虽由原来的第七位变为第六位，但实际地位下降。会后，刘少奇实际上退出了中央领导工作。

纵观这个过程，在短短几个月中，邓小平由“救火员”变成了“受难者”，其实并不是偶然的。

其中一个主要原因是：

> 党中央领导人在八大以后分为一线、二线，毛泽东退居二线，邓

① 中共中央文献研究室编，杨胜群主编：《邓小平传（1904—1974）》（下），中央文献出版社2014年版，第1343页。

小平作为在一线主持工作的中央领导人之一,在处理经常性工作中向毛泽东直接汇报少了。①

这个分析是有道理的。在中央划分成一线和二线后,邓小平与毛泽东确实接触少了。对此毛泽东是有意见的。后来毛泽东对邓小平批评说:

“他这个人耳朵聋,听不见,开会坐得离我很远,对我是敬鬼神而远之。”“1959 年起,6 年来从来不找我。”②

对比邓小平当初经常与毛泽东商谈工作,如对毛泽东思想的提法都可以当面交流,邓小平这种“敬而远之”是两人关系疏远的体现。但是,毛泽东对此又有过提醒。

毛泽东认为,邓小平不大听他的话,对他疏远,不向他请示、报告,有事不跟他商量。毛泽东曾在两次讲话中使矛盾公开化:一次是 1964 年 12 月 26 日他的生日这一天,毛泽东邀请部分中央领导同志、各大区主要负责同志及少数部长、劳模、科学家,在人民大会堂过了生日……他就陆续批评社教运动中的一些错误认识和提法:说什么四清四不清,党内外矛盾交叉,这是非马克思主义的。同时,他指责中央机关有两个“独立王国”,一个是邓小平主持的中央书记处,一个是李富春主持的国家计委。另一次是在他过生日的两天后,12 月 28 日中央工作会议上的讲话。负责组织这次会议的邓小平,以为是一般的工作会议,出于好意劝说过毛泽东不必参加这次

①中共中央文献研究室编,杨胜群主编:《邓小平传(1904—1974)》(下),中央文献出版社2014 年版,第 1348 页。

②中共中央文献研究室编,杨胜群主编:《邓小平传(1904—1974)》(下),中央文献出版社2014 年版,第 1348 页。

会议。按当时的惯例，许多会议毛泽东是无须参加的。但毛泽东坚持要参加，他是自己拿着《党章》和《宪法》到会的。他在讲话中气愤地说：我这里有两本书，一本是《宪法》，我有公民权；一本是《党章》，我有党员权利。现在，你们一个人不让我来开会（指邓小平），一个人不让我讲话（指刘少奇）。请你们回去也找《党章》和《宪法》看一下，那是讲民主自由的。不要犯法呀，自己通过的，又不遵守。他还说：我们这些人算不算中华人民共和国的公民？如果算的话，那么有没有言论自由？准不准许我们和你们讲几句话。在毛泽东看来，这不是对他个人尊重不尊重的问题，而是马克思主义与修正主义的原则分歧。[①]

毛泽东、刘少奇在八届十一中全会上

邓小平在与毛泽东疏远、产生隔阂的同时，又与刘少奇、彭真等人走得很近。而刘少奇、彭真等人与毛泽东的分歧越来越大。邓小平的这种"走得近"，表现在执行刘少奇的"资产阶级路线"，甚至与他一起"屡次坚持派工作组'阻碍运动'"。[②] 这种"屡次"是很说明问题的。昔日的"毛派头子"与毛

①余世诚：《半个世纪的情缘：邓小平与毛泽东》，中共中央党校出版社 1999 年版，第 242 页。

②中共中央文献研究室编，杨胜群主编：《邓小平传（1904—1974）》（下），中央文献出版社2014 年版，第 1348 页。

泽东有重大分歧的人站在一起,并且是他们的坚决支持者。这自然对邓小平和毛泽东关系不可避免地产生很大影响。而毛泽东的两次批评或者提醒,并没有使得邓小平有所改变,派撤工作组之争就是事实。

对于刘少奇和邓小平的密切关系,邓小平本人是承认的。他于 1966 年 10 月 23 日在中共中央工作会议上检讨说:

> 在这场“文化大革命”中,代表资产阶级反动错误路线的,在中央领导同志中,在全党范围内,就是少奇同志和我两人。①

在这场“事关党和国家变色”的“反修防修”的斗争中,邓小平站在毛泽东认为是“中央出了修正主义”和“党内最大的走资派”的刘少奇一边,在政治上被打倒其实是必然的。因此,派工作组的错误只不过是导火索而已。于是,在刘少奇停止工作后,邓小平也将分管的中联部、中调部等工作移交给康生,停止了正常的工作。

邓小平由此陷入了极大的痛苦之中,那么他的命运会如何呢?

9.“邓,大家要开除,我有点保留,他和刘还有点区别”

邓小平在“文化大革命”中被打倒,但毛泽东与他没有私怨,只是政治上的分歧。

---

①中共中央文献研究室编,杨胜群主编:《邓小平传(1904—1974)》(下),中央文献出版社2014 年版,第 1347 页。

（邓毛——引者注）这种疏远背后的原因之一，是他们对一些重大问题认识上有分歧。比如，在纠正“大跃进”和人民公社化运动“左”倾错误之后调整农村生产关系的问题上，邓小平和刘少奇、陈云等赞成和支持包产到户等主张和办法；在开展社会主义教育运动问题上，邓小平明显不赞成毛泽东坚持的社会主义教育运动主要要解决社会主义与资本主义矛盾的观点。特别是，在毛泽东发动“文化大革命”的过程中，邓小平表现得“很不积极”，还屡次坚持派工作组“阻碍运动”。①

毛泽东停止了邓小平的工作，并不是要将他如何如何，更多可能是教训他一下。

对于毛泽东来说，他的“无产阶级震怒”，最主要的是对着他原本选定的接班人刘少奇而发的。对于邓小平，虽然他的不满从60年代以后逐渐增加，但“气”远不如对刘的那样大。同时，纵观毛泽东前后讲话和做法，可以证明，对于邓，他始终心存一份赏识。刘、邓在“文革”中犯“错误”以后，毛泽东批刘也批邓，但批判的矛头，始终主要对着刘。邓小平后来对此曾说过：“谁不听他（指毛）的话，他就想整一下，但是整到什么程度，他还是有考虑的。”②

也就是说，毛泽东开始并没有完全打倒邓小平的意思。

当时的中央文革成员王力回忆，在邓被打倒以后的1967年7

①中共中央文献研究室编，杨胜群主编：《邓小平传（1904—1974）》（下），中央文献出版社2014年版，第1348页。

②毛毛：《我的父亲邓小平：“文革”岁月》，中央文献出版社2000年版，第46页。

毛泽东和邓小平、叶剑英在天安门城楼上

月16日,毛泽东曾单独与他谈过一段耐人寻味的话。毛泽东说:“林彪要是身体不行了,我还是要邓出来。邓至少是常委。”从这个谈话看,毛泽东在批判和处理上区别刘、邓还有更深层次的原因,那就是留着邓,到了需要的时候,也许还可一用。①

邓榕分析毛泽东对邓小平的态度是比较准确的,用当时一句时髦话说,他是要“保”邓小平的。

我们不能用个人之间的恩怨来解释毛泽东与刘、邓之间的矛盾和斗争。毛泽东的本意是搞掉“第一线”,由他亲自领导防修反修的伟大斗争,以确保“中国不会改变颜色”。他并不想置刘、邓于死地。

①毛毛:《我的父亲邓小平:“文革”岁月》,中央文献出版社2000年版,第46页。

现在，既已初步达到了目的，他就想在适当的机会解脱刘、邓。①

这个说法是有道理的。

1966年10月，毛泽东主持召开中央工作会议，给刘少奇、邓小平安排了检讨的机会。事前，毛泽东亲自为邓小平修改了检讨稿，并写道：

> 小平同志：可以照此去讲。但在……第一行“补过自新”之后，是否加几句积极振奋的话，例如说，在自己积极努力和同志们积极帮助之下，我相信错误会得到及时纠正，请同志们给我以时间，我会站起来的。干了半辈子革命，跌了跤子，难道就一蹶不振了？
>
> 又，题目“初步”二字可以去掉。
>
> 毛泽东
>
> 10月22日上午4时②

这些修改中有鼓励的话语，可以看出毛泽东对邓小平虽有过生气但没有恶意，且在邓小平被打倒的时候是关心他的。余世诚说：“从毛泽东对邓小平检讨稿的批示和修改情况看，他确实是想保邓小平过关的。”事后，邓小平也照毛泽东的批示办了。毛泽东又为他开脱了一些责任。

> 他（邓小平——引者注）在“检讨”中没有推脱责任……毛泽东在会上也为刘、邓说了一些解脱的话。他在讲话中……不同意康生、谢富治……他说：把刘、邓的大字报贴到大街上去不好，要允许犯错误，允许改……刘、邓两人是搞公开的，不是搞秘密的，要允许

---

①余世诚：《半个世纪的情缘：邓小平与毛泽东》，中共中央党校出版社1999年版，第253页。

②余世诚：《半个世纪的情缘：邓小平与毛泽东》，中共中央党校出版社1999年版，第254页。

刘、邓革命。你们说我是和稀泥,我就是和稀泥的人。康生又提出刘、邓搞的八大政治报告是阶级斗争熄灭论,毛泽东说,报告我们看了,这是大会通过的,不能单叫刘、邓负责任。①

毛泽东对邓小平在公开场合有所批评,但又要保,把邓小平看作是“批评教育对象”,而不是敌人。邓小平检讨之后,毛泽东便满意了。

10 月 25 日,毛泽东在全体大会上说:“北京的问题,到现在可以说基本上解决了。”“无非是犯一些错误,那有什么了不起的呀?路线错误,改了就是了。谁人要打倒你们呀?我是不要打倒你们的,我看红卫兵也不一定要打倒你们。”“你们过不了关,我也着急呀。时间太短,可以原谅,不是存心要犯路线错误,有的人讲是糊里糊涂犯的。也不能完全怪刘少奇同志、邓小平同志。他们两个同志犯错误也有原因。”②

“从这段谈话可以看出,毛泽东认为,通过对刘、邓的批判以及对中央领导成员作出相应的调整后,‘北京的问题’就基本上解决了。”③

但是,随着“文化大革命”运动的深入,尤其是 1967 年 1 月上海发生“夺权风暴”后,全国局面更加混乱了。刘邓的问题不但没有淡化,反而变得更加严重。1967 年春,刘少奇专案组正式成立。4 月 1 日,人民日报发表戚

---

①余世诚:《半个世纪的情缘:邓小平与毛泽东》,中共中央党校出版社 1999 年版,第 254 页。

②中共中央文献研究室编,杨胜群主编:《邓小平传(1904—1974)》(下),中央文献出版社 2014 年版,第 1349 页。

③中共中央文献研究室编,杨胜群主编:《邓小平传(1904—1974)》(下),中央文献出版社 2014 年版,第 1349 页。

本禹批刘少奇的文章《爱国主义还是卖国主义》，其中不点名地把邓小平称为“党内另一个最大的走资本主义道路的当权派”。[①] 邓小平看到这篇文章大为震惊，4 月 3 日，给毛泽东写了一封信：

> 从 1 月 12 日起我一直想见见你，向你求教，只是觉得在群众激烈批判我们的反动路线及其恶果的时候求见主席是否适当，所以一直在犹豫着。近日看了戚本禹同志的文章，觉得我所犯错误的性质似已确定。在这种情况下，我求见主席当面聆听教益的心情是很迫切的。如果主席认为适当，请随时通知我去。[②]

但是，信送出去后一直没有回音。而对刘少奇夫妇的批斗一步步在升级。邓小平因此也变得忐忑不安了。邓榕回忆说：“对刘少奇的批判已变得疯狂，父亲和我们一家人做好了思想准备，以应付更加严酷的局面。”[③] 可是，他们担心的事情并没有发生，相反，邓小平给毛泽东的信有了回音：

> 到了 5 月，一天，中央办公厅主任汪东兴来到我们家，找父亲谈话。汪东兴对邓小平说，主席最近刚回到北京，让汪东兴来看看邓小平。毛泽东让汪东兴向邓小平转达他的三个意思：第一，要忍，不要着急；第二，刘、邓可以分开；第三，如果有事可以给他（毛泽东）写信。听完汪东兴转达毛泽东的意思，邓小平表示，大字报中提出的许多问题与事实不符，他要求见主席当面谈谈。汪东兴把邓小平的要求转报了毛泽东。[④]

---

①中共中央文献研究室编，杨胜群主编：《邓小平传（1904—1974）》（下），中央文献出版社2014 年版，第 1353 页。

②毛毛：《我的父亲邓小平：“文革”岁月》，中央文献出版社 2000 年版，第 44 页。

③毛毛：《我的父亲邓小平：“文革”岁月》，中央文献出版社 2000 年版，第 44 页。

④毛毛：《我的父亲邓小平：“文革”岁月》，中央文献出版社 2000 年版，第 44 页。

毛泽东派汪东兴来访,对邓小平来说无疑是沙漠甘泉。

汪东兴带来的毛泽东口信给困境中的邓小平带来了莫大的安慰。在毛泽东看来,邓小平和刘少奇一起执行了一条“资产阶级的反动路线”,把轰轰烈烈的“文化大革命”运动打压了下去,这是“方向性”、“路线性”的严重错误,因此,要对邓小平进行严厉的批判。但是,毛泽东绝不是要“彻底打倒邓小平”。这时候,毛泽东告诫邓小平“要忍,不要着急”,明显表示了他对于邓小平的政治前途是有所考虑的。毛泽东让邓小平有事给他写信,这一方面是他想看到邓小平思想的“转变”,另一方面是他对邓小平的一种保护。①

毛泽东对邓小平的回应还没有停止。邓榕回忆:

不久之后,一天深夜,院子里黑漆漆的,我们全家人早已熟睡。也不知是几点钟,突然我们孩子们住的西屋里电话铃不断地响了起来。我朦朦胧胧地跑去接电话,只听总机说,一组(毛泽东处)秘书要找秘书王瑞林讲话,可王不在办公室值班,让找一下王来接电话。其实,王秘书就住在离我们家不远的地方,只是家中没有电话。把王秘书叫来不久以后,毛泽东的秘书徐业夫来到我们那个在中南海怀仁堂边上的家中。

王秘书带着徐业夫到父亲的卧室把他叫起来,告诉说主席要找他谈话,父亲赶紧起身。徐业夫没有让带警卫员,接着父亲一个人走了。父亲走后,母亲很紧张。要知道,自“文革”后开始批刘、邓以来,毛泽东一直未找邓谈过话呀。

---

①中共中央文献研究室编,杨胜群主编:《邓小平传(1904—1974)》(下),中央文献出版社2014年版,第1354页。

> 天快亮了，父亲才从主席处回来。父亲告诉母亲，主席主要问他30年代离开红七军到上海向中央汇报工作这一段的历史情况，他向主席详细讲了。主席批评了他派工作组的错误。父亲说他向主席表示接受批评。父亲问主席，以后如有事情向主席汇报找谁？主席说，可以找汪东兴，也可以给他本人直接写信。看到主席态度缓和，批评得并不严厉，使人感到相当大的安慰。①

在打倒邓小平的过程中，林彪一直是急先锋。1966年12月，林彪主持中央政治局扩大会议时把刘少奇、邓小平的问题提升，说："刘邓不是50天的问题，而是10年20年的问题。"② 可是，事后毛泽东没让林彪或中央文革小组来管邓小平的事情，而是让他十分信任的汪东兴负责。

> 对于邓小平，毛泽东在对其批判打倒的同时，在政治上是有所保留的，在人身上也是保护的。对邓小平的监管，毛泽东只让他所信任的汪东兴来管，从来没有让林彪和中央文革插手。

毛泽东这么做，让许多人深思而不得其解。邓榕后来也说：

> 明知道林彪不容邓小平，而毛泽东却偏偏保留邓小平，这又是为什么？把刘、邓拆开，难道仅仅因为邓的"问题"没有刘的大？难道在那个时候，在那个林彪最"红"的时候，毛泽东就想到了什么，或者已经在准备着什么？毛泽东之心，实如大海之深，深不可测啊。

其实，毛泽东之心很简单，他就是要保邓小平，并不是要把他一棍子打

①余世诚：《半个世纪的情缘：邓小平与毛泽东》，中共中央党校出版社1999年版，第251页。

②毛毛：《我的父亲邓小平："文革"岁月》，中央文献出版社2000年版，第61—62页。

死,“让他永不翻身”。

邓 小 平

正是因为毛泽东要保邓小平,所以,以后尽管刘少奇的问题不断升级,作为他的“同党”——邓小平虽然是“第二号最大的走资派”,但还是没被拉去批斗会,也不曾被造反派声嘶力竭地批斗过。邓小平说:“我一生最痛苦的当然是‘文化大革命’的时候。”[①] 但他的遭遇事实上没有其他人那么悲惨。邓榕回忆说:

> 在那个年代,凡是被批判被打倒的人,都会被强制参加惩罚性的劳动改造,有些造反派甚至用强劳动来达到迫害和折磨人的目的。父母亲被关在我们自己家的院子里,要劳动改造,却没有什么可干的活。
>
> ……除此(扫院子——引者注)之外,父母亲就只有坐在屋子里,看书、看报、听广播,或者静坐沉默。
>
> ……
>
> 这种囚禁的生活虽然难过,但可庆幸的是,他们总算没有像别的“走资派”那样受到残酷的人身迫害和摧残。

在“文化大革命”运动中,被打倒的人几乎都挨过批斗,甚至坐过“土飞

①《邓小平文选》第三卷,人民出版社 1993 年版,第 54—55 页。

机”,受尽凌辱;但邓小平夫妇始终没有。他们只是被限制在住处的院子之内,仅仅是没了人身自由而已。这自然是一种难得的优待。而这种优待又与毛泽东有关系。邓榕说:

> 父亲没有受到其他“走资派”所受的迫害和虐待,并不是什么侥幸。还是前面所提到的那个原因,这是毛泽东的意思,也可以说是毛泽东的一种政治安排。

毛泽东对邓小平一直是这种态度,没有改变。1967年11月5日,毛泽东在与中央文革小组成员谈关于党的九大和整党问题时,仍把邓小平与刘少奇联系起来批评说:“刘、邓互相合作,‘八大’决议不通过大会主席团,也不征求我的意见就通过了。刚通过,我就反对。六三年搞了个十条,才隔三个月,他们又开会搞后十条,也不征求我的意见,我也没到会。邓小平要批,请军委准备一篇文章。”但同时,他又说:“我的意见还要把他同刘少奇区别一下,怎样把刘、邓拆开来。”①

> 把刘、邓拆开来,话只是一句,但含义很深。明面上,是对刘、邓个人生死前途的决定,而在深层次上,涉及的问题则是既多又复杂。②

邓榕所说的“涉及的问题则是既多又复杂”,主要是指毛泽东对待林彪和邓小平两个人上。

这时邓小平虽然是“党内第二号走资派”,但党中央没有正式成立邓小平专案组,只是为了保存资料,在周恩来、陈伯达、康生、汪东兴等人建议下,在贺龙专案组内设了一个分组,“收存有关邓小平‘问题’的材料”。③

---

①毛毛:《我的父亲邓小平:“文革”岁月》,中央文献出版社2000年版,第62页。

②毛毛:《我的父亲邓小平:“文革”岁月》,中央文献出版社2000年版,第62页。

③毛毛:《我的父亲邓小平:“文革”岁月》,中央文献出版社2000年版,第74页。

这个分组既没有组长、副组长,也没有组员。邓小平夫妇虽然被打倒了,但工资照常发,两人每月共524元(邓小平每月404元,卓琳120元)。524元在当时是一笔不小的数目。在北京大学读书的邓榕回忆说:"况且,工人们就是这么过来着,比起他们,我们还算是'富裕'的呢。"① 从这些情况来看,邓小平一家比起那个时代被打倒的许多"走资派"的境况要好得多,尽管他是"第二号大走资派"。

> 1968年10月举行的八届十二中全会上,刘少奇被诬陷为"叛徒、内奸、工贼"开除了党籍,毛泽东则"保"了一下邓小平,说:"邓小平在战争时期是打敌人的,历史上还未发现有什么问题。"可是林彪、江青一伙仍鼓噪"开除邓小平"。毛泽东在闭幕会上又讲道:"邓,大家要开除,我有点保留,他和刘还有点区别。"②

毛泽东不同意开除邓小平的党籍,邓小平的党籍也就保留了。

> 毛泽东对邓小平的态度,使邓小平在十分危急的情况下避免了被"彻底打翻在地"、"永世不得翻身"的结局,避免了遭受刘少奇一样的厄运,而且还为他在政治上东山再起保留了余地。③

对于毛泽东多次保邓小平的做法,邓榕说:

---

①毛毛:《我的父亲邓小平:"文革"岁月》,中央文献出版社2000年版,第66页。

②余世诚:《半个世纪的情缘:邓小平与毛泽东》,中共中央党校出版社1999年版,第256页。

③中共中央文献研究室编,杨胜群主编:《邓小平传(1904—1974)》(下),中央文献出版社2014年版,第1354页。

毛泽东有他的顽强，有他那湖南人特有的固执。他一旦下决心作出的决定，任凭任何人均不能动摇。①

邓榕只是从性格方面解释毛泽东，从邓小平被打倒后，毛泽东对邓小平的“保”确实“固执”而“不能动摇”，而这种“固执”和“不能动摇”，哪里仅

毛泽东与群众在一起

仅是个性，何尝不是毛泽东和邓小平之间几十年个人关系的结果?!

就这样，邓小平的问题被“挂”了起来。

说邓小平的问题被“挂”了起来，确实是真正“挂”起来了，不是形式。在整个“文化大革命”中，邓小平作为“党内第二号走资派”，党中央对其“错误”始终没有一个正式的结论。邓小平只是停止了工作，始终也没受什么党纪处分，甚至工资一直照发，一分也没减过。1977 年 9 月 14 日，邓小平同

①毛毛：《我的父亲邓小平：“文革”岁月》，中央文献出版社 2000 年版，第 83 页。

日本新自由俱乐部访华团谈话时颇有感慨地说:

“他们(林彪、江青等人)是非打倒我不可,打倒还不算,还要把我整死”,“但是毛主席保护我”。①

这句“毛主席保护我”,就是邓小平作为当事人道出了真情。

10.“时隔七年多,邓小平再次见到毛泽东”

邓榕在谈及父亲在“文化大革命”中的遭遇时,多次提到过毛泽东对邓小平的保护,并且感慨地说:

其实,说怪也怪,说不怪也不怪。邓小平的情形,在“文革”中,是绝无仅有的。一方面,毛泽东要批判邓小平,在林彪、江青等人的鼓噪下打倒了邓小平;另一方面,毛泽东又保留了邓小平的党籍,而且自始至终让中办,也就是让汪东兴直接管邓小平的事情,从未让林彪、江青等人插手。可以说,在批判打倒的同时,毛泽东在一定程度上保护了邓小平,包括他的人身安全。现在想起来,如若毛泽东不想保邓小平,如若让林彪、江青等人得到处置邓小平的权力,那邓小平的命运,将会截然不同。

---

①中共中央文献研究室编,杨胜群主编:《邓小平传(1904—1974)》(下),中央文献出版社2014 年版,第 1354 页。

但是，她分析其中的原因，多是从毛泽东要依靠和制衡林彪等人发动“文化大革命”的角度出发的。[①] 毛泽东如此地多次保邓小平，会不会一是更因为邓小平在历史上是“毛派头子”和几十年来一直紧紧跟随毛泽东勤勤恳恳工作的缘故？二是毛泽东对邓小平，虽然政治上有分歧，但在个人关系上依旧信任邓小平，只是把他当作一时糊涂犯了错的弟弟看待？毛泽东比邓小平大 11 岁，而邓小平在年龄上和他的胞弟毛泽覃相仿。因此，毛泽东之所以善待邓小平，这两种因素或者说情怀不能说绝对没有。

毛泽东善待了邓小平，有意思的是，作为另一方，邓小平虽然在政治上被打倒，但对毛泽东本人则也是十分信任的。在被打倒的岁月，尤其是下放到江西期间，他尽力与毛泽东保持联系，维系两人的情谊，并且，在遇到不能解决的困难时，第一时间想到并且做的，就是向毛泽东写信求救，而不是找其他人抑或组织上，诸如“近水”——江西省革委会，而是去找“远水”——毛泽东。最终，毛泽东这个“远水”也救了邓小平的“近火”。这些事实体现出了邓小平和毛泽东之间特殊的个人关系。

邓小平去江西是 1969 年 10 月的事情。

在离开北京之前，在邓小平要求下，毛泽东为邓小平解除了一个困扰他的难题：把“刘邓路线”中的“邓”剔除了。

这次按照党中央的统一安排，邓小平夫妇带着继母疏散到江西去。这次疏散，不是针对邓小平一个人的，也不是针对犯错误的干部，而是在中苏爆发珍宝岛之战后，党中央为应付苏联重兵压境随时可能爆发战争的压力而采取的应急措施，是毛泽东提议的，并且毛泽东、朱德、林彪等人都疏散到外地去。邓小平的疏散，是由汪东兴亲自到邓小平的住处当面通知他的。

本来要疏散，中央办公厅派一个人通知邓小平就可以了。为什么汪东兴亲自去呢？

---

① 毛毛：《我的父亲邓小平：“文革”岁月》，中央文献出版社 2000 年版，第 132—133 页。

据汪东兴回忆：在他通知邓小平前，毛泽东曾把他找去，专门吩咐他去看看邓小平。汪东兴询问："你有什么指示要我去传达？"毛泽东说："没有，就让你去关心他一下。"①

汪东兴的到来，让邓小平开始很紧张，但是当他获悉是毛泽东关心他，让来看看他时，心里就安定了，并且马上答应做去江西的安排。但是，他对汪东兴说：

我最难受的是"刘邓路线"。你是主席派来看我的，我有两个要求能不能提？第一个，能不能把"刘邓路线"去掉；第二个，我还想做点工作。②

随后，汪东兴将邓小平的两个要求向毛泽东做了汇报。

毛泽东表示，你可以赶快回去告诉他，"刘邓路线"可以分，去江西先锻炼一下。汪东兴又将毛泽东的意见向邓小平作了通报。③

就这样，党中央以后就没再提"刘邓路线"了。对于工作问题，毛泽东的答复是："去江西先锻炼一下。"毛泽东对邓小平的两个要求都给予了答复，让邓小平看到了希望。

---

①中共中央文献研究室编，杨胜群主编：《邓小平传(1904—1974)》(下)，中央文献出版社2014年版，第1367页。

②中共中央文献研究室编，杨胜群主编：《邓小平传(1904—1974)》(下)，中央文献出版社2014年版，第1367—1368页。

③中共中央文献研究室编，杨胜群主编：《邓小平传(1904—1974)》(下)，中央文献出版社2014年版，第1368页。

> 临行前能得到毛泽东的关心，知道毛泽东对自己的态度，这使邓小平心里安定了许多。想到能够脱离被监管的处境，还能够到工厂里参加劳动，他也很高兴，便和夫人卓琳开始加紧收拾行装，准备出发。[①]

邓小平要去外地了，最关心的事情，除要带上无依无靠的继母一起走外，就是自己与毛泽东本人的联系。邓榕回忆说：

> （与汪东兴——引者注）谈话的最后，邓小平说，以前主席说过，有事情找你，到了江西后是不是还可以给你写信？汪东兴也表示可以。

在离开北京前一天晚上，邓小平给汪东兴写了一封信。信中表示接受中央对他的处理，重申自己对中央和毛泽东做出过的保证，以一个普通党员和社会主义公民的身份，尽力工作和劳动，并希望将此信转报毛主席和党中央。对于邓小平写此信的意图，邓榕后来说：

> 父亲知道，这次离开北京，虽然算是结束了被囚禁的状态，但在千里之外的江西，与中央和毛泽东的距离就远了。离开北京之前，他写信给汪东兴表明自己的态度，是要通过汪东兴，将信息传递给毛泽东。
>
> 正如所愿，此信由汪东兴转呈了毛泽东，而且毛泽东本人看到了。[②]

---

①中共中央文献研究室编，杨胜群主编：《邓小平传（1904—1974）》（下），中央文献出版社2014年版，第1368页。

②毛毛：《我的父亲邓小平："文革"岁月》，中央文献出版社2000年版，第127页。

邓小平和夫人卓琳在新建县

邓小平为什么如此关心自己与毛泽东的联系?自然是出于几十年对毛泽东的了解和信任,相信毛泽东迟早会把他“解放”出去。因此,到达江西后,护送人员与他谈话时,邓小平对他们说道:“我到江西来了, 但我还会出来工作的,我还能为党工作 10 年。”① 据邓榕说,邓小平这一席话令对方“十分意外”。其实,这倒不是邓小平预判准确,而是毛泽东叫他“先锻炼一下” 让他看到了出来工作的希望,并且他对毛泽东为人和毛泽东说的话是十分信赖的。

在江西,邓小平被安排在南昌附近的新建县,一家住进了将军楼,而非什么“牛棚”。邓小平虽然仍然不能外出,但保卫工作由江西省革委会副主任兼保卫部部长陈昌奉直接负责。陈昌奉是谁?他是毛泽东长征时的警卫员。② 也就是说,邓小平的安全,还是在由毛泽东和汪东兴最信得过的人掌管。

由于“刘邓路线”中的“刘邓”分开了,在江西有带有“锻炼一下”的性质,邓榕说:

> 比起在北京中南海那种完全的监禁,如今这个步校,这个小院,这栋小楼,气氛已经轻松了许多,生活也自然了许多。

---

①毛毛:《我的父亲邓小平:“文革”岁月》,中央文献出版社 2000 年版,第 131 页。

②华宸:《毛泽东的红色卫队》,中央编译出版社 2011 年版,第 421 页。

在江西的日子中，邓小平多次给汪东兴写信，以保持自己和毛泽东之间的联系。

但是，1971 年这种联系中断了。起因是 1 月邓小平获悉长子邓朴方被撵出 301 医院，送到了北京市郊清河的社会救济院，十分着急，给汪东兴写了一封求救信。邓朴方本在北京大学物理系学习，在“文革大革命”中因为受父亲问题牵连，被取消预备党员资格，一气之下跳楼，摔伤并致使身体残疾。邓小平立即给汪东兴写信求救，请求组织上把邓朴方送到江西来由他们自己照顾。但是，信件交给江西省革委会后，不仅没有回音反而被告知：以后有事不能再给汪东兴写信。就这样，邓小平与汪东兴乃至毛泽东的联系中止了。

邓朴方自己到中南海上访，才于 6 月被有关方面送到江西，与邓小平夫妇生活在一起。

但是，不到一年，邓小平和毛泽东又恢复了通信联系。

那是九一三事件之后，11 月 6 日，邓小平在参加劳动的新建拖拉机修理厂听取了林彪反党集团的材料传达后，经过两天思索，8 日，提笔给毛泽东直接写信。在信中，他除表达对中央决定的拥护外，还向毛泽东汇报了自己在江西的情况。其中，再次提出了出来工作的请求：

> 我个人没有什么要求，只希望有一天还能为党做点工作，当然是做一点技术性质的工作。我的身体还好，还可以做几年工作再退休。报上每天看到我们社会主义祖国在国内建设的突飞猛进，和国际威望的空前提高，都使我的心情激动起来，想做点事，使我有机会能在努力工作中补过于万一。①

---

①毛毛：《我的父亲邓小平：“文革”岁月》，中央文献出版社 2000 年版，第 210 页。

邓小平在信中还像叙家常一样向毛泽东提起了自己几个子女的情况，请求毛泽东给予帮助安排学习和工作。在末尾他写道:“过去,主席交代我有事情找汪东兴同志,今年初因我大儿子的事写信给他,工作同志告我不要再写信了,所以11个月来,我没有再写信。不知以后有事,是否还可以写信给汪东兴同志。”①

这封信毛泽东很快就收到了。邓榕叙述了毛泽东接到信后的情况：

毛泽东在看到这封信后,曾问汪东兴:“你怎么不管人家啦?”汪东兴其实并不知不让邓小平再写信的事,他向主席说道:“没有不管啊。我跟你在外地,不在北京……”毛泽东对汪东兴说:“小平同志的信上讲了,他的事还要让汪东兴管！”毛泽东的意思也十分明确,邓小平的事情还是要汪东兴管。在邓的来信的信封上，毛泽东批示道:“印发政治局。他家务事请汪办一下。”

原来是江西省革委会有人从中作梗。但是,在毛泽东的过问下,邓小平又可以继续与汪东兴写信,与毛泽东保持联系了。邓小平的这封信再次引起了毛泽东的关注。邓榕后来说：

自从被打倒以来,自从最后一次与毛泽东谈话以后,他(邓小平)从来没有给毛泽东直接写过信。凡有事情,或政治,或家事,均按毛泽东最后一次见面时的交代,给汪东兴写信,或请汪东兴转报毛泽东和中央。但是,这一次不同。这一次他直接给毛泽东本人写信,一是因为林彪覆亡,的确事关重大;二是他清醒地认识到,这是一个重要的时机。

……

①毛毛:《我的父亲邓小平:“文革”岁月》,中央文献出版社2000年版,第211页。

> 从事后来看，对于父亲的政治生命，这的确是一封很重要的信。

确实，不久邓小平的命运便开始发生逆转了。

1972 年 1 月 6 日，邓小平的老战友陈毅因病去世。10 日下午，毛泽东突然决定参加陈毅的追悼会。在同陈毅夫人张茜谈话时，毛泽东高度评价了陈毅的一生，同时特别提到了邓小平："邓小平的问题，属于人民内部矛盾。"①

毛泽东对邓小平提及的话语，大概是话语不多的缘故，许多记载都是一语带过，但是对邓小平起的作用非常大。

> 说邓是人民内部矛盾，显然，毛泽东是将邓小平划出于自己的"对立面"。②

其实，毛泽东不是把邓小平划出了"自己的'对立面'"，而是将他划出了"人民的'对立面'"，这样邓小平问题的性质就完全转化了。在场的周恩来立即做出了反应。邓朴方回忆：

> 周总理立刻暗示陈毅的子女，把这个消息传出去。之后，周总理在见新疆代表团的时候，当着江青、姚文元的面说："林彪就是想打倒老干部，像邓小平啊，要打倒。"有意把这个风散出去。

不久，参与国务院业务领导的中央委员王震会见了途经北京的邓榕，

---

①中共中央文献研究室编，杨胜群主编：《邓小平传(1904—1974)》(下)，中央文献出版社2014 年版，第 1389 页。

②刘金田主编：《邓小平的历程：一个伟人和他的一个世纪》(下)，解放军文艺出版社 1994 年版，第 155 页。

详细询问了邓小平一家的情况，让邓榕转告邓小平：毛主席对他是有区别的,自己要向主席及中央上书,让邓小平出来工作。邓小平得到这个消息后,立即采取了第二个行动：

邓小平夫妇在江西

8月3日,邓小平给毛泽东写了第二封信。信中,邓小平检讨了过去,作了自我批评，承担了责任，也解释了一些问题。邓小平再次表示自己身体还好,愿意为党、为人民、为国家做些工作。此信通过中共中央办公厅汪东兴很快转给了毛泽东。①

8月24日,毛泽东做了如下批示：

请总理阅后,交汪主任印发中央各同志。邓小平同志所犯错误是严重的。但应与刘少奇加以区别。(一)他在中央苏区是挨整的,即邓、毛、谢、古四个罪人之一,是所谓毛派的头子。整他的材料见《两条路线》、《六大以来》两书……(二)他没历史问题。即没有投降过敌人。(三)他协助刘伯承同志打仗是得力的,有战功。除此之外,

①余世诚:《半个世纪的情缘:邓小平与毛泽东》,中共中央党校出版社1999年版,第262页。

> 进城以后，也不是一件好事都没有作的，例如率领代表团到莫斯科谈判，他没有屈服于苏修。这些事我过去讲过多次，现在再说一遍。①

这样，邓小平的处境完全改变了，他不仅被宣布解除监督劳动，而且做一些调查研究工作了，于是，邓小平夫妇开始在江西境内的井冈山和瑞金等地进行参观。他的老秘书王瑞林也调回了身边。

1973年2月，党中央通知邓小平回京。2月20日，邓小平一家乘火车终于回到了久别的北京。

邓小平搬入西郊花园村的大院后，邓榕回忆说：

> 当晚，中办主任汪东兴来了，看望了父亲。父亲向他表示，感谢他几年以来的关照。汪东兴说："我是按毛主席的意思办的"。

随后，周恩来受毛泽东的委托，召开中央政治局会议，专题讨论了邓小平的复出问题。3月10日，中央政治局做出《关于恢复邓小平同志的党的组织生活和国务院副总理的职务的决定》。

> 3月28日晚十点，周恩来总理、李先念副总理和江青约见邓小平。这是邓小平恢复职务后第一次正式的工作谈话，也是他近七年来，第一次见到周恩来。②

江青也在列。会谈的情况，周恩来向毛泽东专门写信做了汇报。

3月29日，周恩来和邓小平一起去见毛泽东本人。

---

①毛毛：《我的父亲邓小平："文革"岁月》，中央文献出版社2000年版，第274页。

②毛毛：《我的父亲邓小平："文革"岁月》，中央文献出版社2000年版，第274页。

毛泽东握着他（邓小平）的手说："努力工作，保护身体。"毛泽东问他这些年是怎么过来的，他回答了两个字："等待"。

毛泽东的问话和邓小平的回答都是真诚的。①

这次两人见面的时间比较短暂，邓榕后来说：

3月29日，毛泽东在其住处那个著名的书房中召开政治局会议。会前，周恩来约邓小平先到毛泽东那里。这是自从1966年9月之后，时隔七年多，邓小平再次见到毛泽东。见了毛泽东后，邓小平参加了这次政治局会议。会上，由毛泽东提出，政治局当场作出决定，邓小平正式参加国务院业务组工作，并以国务院副总理身份参加对外活动；有关重要政策问题，小平列席政治局会议参加讨论。这次会后，邓小平正式恢复了在国务院担任的副总理的工作。

邓小平的复出是毛泽东亲自做出的一个重要决策。邓小平后来深有感触地说：

"我长期在毛主席领导下工作，就我个人内心来说，对毛主席抱有希望。我相信毛主席了解我。事实证明，1973年他又把我接回来了并很快委托我非常重要的任务。②

就这样，邓小平复出了，重新回到了中国政治的大舞台上。

---

①中共中央文献研究室编，杨胜群主编：《邓小平传（1904—1974）》（下），中央文献出版社2014年版，第1410页。

②钱其琛：《一次极不寻常的谈话》，《回忆邓小平》（上），中央文献出版社1998年版，第38、39页。

11.“他不愿意违心地主持写一个肯定‘文化大革命’的决议”

对于邓小平的复出,邓榕后来说:

> 50年代设立中央一线、二线,让邓小平作为实际上的接班人之一,是毛泽东作出的决定。“文革”开始时打倒刘少奇、邓小平,是毛泽东作出的决定。打倒邓小平却不开除邓小平的党籍,是毛泽东的决定。让邓小平复出重新起用,也是毛泽东作出的决定。这次见到邓小平,毛泽东是高兴的。其实,对于邓小平,毛泽东始终存有一分赏识,或者说留意。在作出让邓小平复出的决定后,首先,毛泽东对邓小平在使用的时候还要继续进行观察。同时,可以说,毛泽东对于邓小平,心中确实是寄予了一份厚望。从以后的事实中可以看到,对复出后的邓小平,毛泽东确曾给予了相当的重托和有力的支持。①

大概的确是寄予了相当的希望,也给予了相当的重托,毛泽东对邓小平工作的支持超过了寻常。

邓小平复出是有阻力的,据邓榕说,毛泽东重新启用邓小平有三个难度,一是邓小平是“全国第二号走资本主义道路的当权派”,是犯了“错误”的人;二是江青等中央文革小组成员是反对邓小平复出的;三是邓小平被

---

①毛毛:《我的父亲邓小平:“文革”岁月》,中央文献出版社2000年版,第274—275页。

“文化大革命”运动打倒过,以后是否会翻案。因此,在中央政治局会议决定邓小平复出时,是以“对犯错误干部落实政策”的名义做出的。[①] 邓榕说:“这次让邓小平复出,是毛泽东的决定,中央文革再心怀不满,也未能得逞。”[②] 因此,对邓小平的复出,毛泽东是下了大决心的。

邓小平复出后,专门去了一趟毛泽东故乡韶山,在一次吃午饭时,他端起酒杯大声地说:“来,我们为我们党,为毛主席干杯!”[③]

邓小平除了这次,尚无为哪位领导人干杯过的记载。由此也可见他对毛泽东的感情是真切的,发自内心的。

8 月,在党的十大上,邓小平当选为中央委员,但在政治局中仍然没有位置。但是,到了 12 月,毛泽东就下定了决心,重用邓小平,担任中央军委委员和中央政治局委员。其中,中央军委委员是叶剑英提议的。

12 月 12 日开始,十日内,毛泽东连续主持召开中央政治局会议。

12 日,在毛泽东主持的中央政治局会议上,邓小平也参加。

> 他(毛泽东——引者注)在会上向大家推荐邓小平说:“我和剑英同志请邓小平同志参加军委,当委员。是不是当政治局委员,以后开二中全会报告追认。”
>
> 毛泽东又指着叶帅说:“你是赞成的,我赞成你的意见,我代表你讲话。”[④]

14 日,毛泽东继续推荐邓小平。

---

①余世诚:《半个世纪的情缘:邓小平与毛泽东》,中共中央党校出版社 1999 年版,第 265 页。

②毛毛:《我的父亲邓小平:“文革”岁月》,中央文献出版社 2000 年版,第 272 页。

③刘金田主编:《邓小平的历程:一个伟人和他的一个世纪》(下),解放军文艺出版社 1994 年版,第 151 页。

④余世诚:《半个世纪的情缘:邓小平与毛泽东》,中共中央党校出版社 1999 年版,第 268 页。

1973 年 10 月邓小平(前排左六)在韶山留影

12 月 14 日晚，邓小平出席毛泽东召集的有部分中央政治局委员参加的会议。会上，毛泽东谈及各大军区司令员对调问题说：“现在，请了一个军师，叫邓小平。发个通知，当政治局委员、军委委员。政治局是管全部的，党政军民学、东西南北中。我想政治局添一个秘书长吧！”毛泽东还指了指邓小平说：“你不要这个名义，那就当个参谋长吧！”①

第二日，毛泽东召集中央政治局委员和各大军区司令员谈话。会上，毛泽东又介绍邓小平说：

①中共中央文献研究室编，杨胜群主编：《邓小平传(1904—1974)》(下)，中央文献出版社2014 年版，第 1418 页。

> 我们现在请了一位总参谋长。他呢,有些人怕他,但他办事比较果断。他一生大概是三七开。你们的老上司,我请回来了,政治局请回来了,不是我一个人请回来的。[①]

然后,毛泽东转过身对邓小平说:

> 你呢,人家有点怕你。我送你两句话,柔中寓刚,绵里藏针。外面和气一点,内部是钢铁公司。过去的缺点,慢慢地改一改吧。[②]

在毛泽东三次推介邓小平后,12 月 18 日, 周恩来主持中央政治局会议,根据毛泽东的提议,决定由邓小平担任中央政治局委员、中央军委委员的职务。

21 日,毛泽东接见军委会议全体人员时,又指着邓小平说:

> 这位同志也是跟我几十年了。他现在是中央政治局委员、军委委员了。他呢,我喜欢他,有一些人怕他。打起仗来呢,此人还是一个好人啊![③]

随后,党中央就邓小平的任职发出了通知。邓小平一下子就成为了党(中央政治局委员)政(国务院副总理)军(中央军委委员)主要领导人。邓榕叙述毛泽东的这个安排时说:

---

①中共中央文献研究室编,杨胜群主编:《邓小平传(1904—1974)》(下),中央文献出版社2014 年版,第 1418 页。

②毛毛:《我的父亲邓小平:“文革”岁月》,中央文献出版社 2000 年版,第 292 页。

③中共中央文献研究室编,杨胜群主编:《邓小平传(1904—1974)》(下),中央文献出版社2014 年版,第 1419 页。

父亲不仅恢复了政治局委员的职务,而且还进入军委,参加军委的领导工作。这一个安排,大大出乎人们的意料。让邓小平进国务院,帮助周恩来做政府、哪怕外交方面的工作,是料想之中的事。因为“文革”前邓小平本来就是国务院副总理。可是,让邓小平参与军委的工作,则谁也没有想到。虽然解放前邓小平长期在部队工作,也有战功,但解放后他主要在党中央和国务院工作,没有军队职务,只担任过一个没有实体的国防委员会的委员。毛泽东决定让邓小平参与管政又管军。这样一来,形成了一个新的政治局面:国务院的工作,由周恩来和邓小平主持;军队的工作,由叶剑英和邓小平主持。这样一个部署,实际上对以周恩来为首的老干部形成了有力的支持。

事实上,由于周恩来病重,邓小平成为了代替周恩来的主要人物。

但是,邓小平上台后,不到十个月时间,与江青就风庆轮事件大吵了一架。

所谓“风庆轮”事件……的起由是这样的:“风庆轮”远航胜利归来,是我国自己生产远洋轮船的又一成功事例,是一件喜事。因迫于远洋运力不足,国务院和交通部曾决定从国外适当买进一批船只。江青一伙便抓住这一“事件”,大肆攻击交通部“卖国”,并宣称“(交通)部的背后有中央的人”。江青、张春桥、王洪文、姚文元诬蔑交通部“崇洋媚外”,是“买办资产阶级思想专政”,并把不同意批判交通部和国务院的“风庆轮”政委李国堂等人扣压批判,定为“反动的政治事件”。①

---

①毛毛:《我的父亲邓小平:“文革”岁月》,中央文献出版社 2000 年版,第 318 页。

1974 年 10 月 17 日晚,在中央政治局召开会议时,江青提出风庆轮事件是"崇洋媚外"和"卖国"的问题,然后问邓小平:"对这件事,你是支持,还是反对?或者想站在中间立场上?你要表明态度。"

> 邓小平说:"对这件事我还要调查,不能搞强加于人,一定要赞成你们的意见?"①

结果,两人就是吵起来了。邓榕这么叙述这场吵架的情况:

> 邓小平忍无可忍,厉声对江青说,政治局开会讨论问题,要平等嘛,不能用这样的态度对人呀。邓小平继续说,这样政治局还能合作?强加于人一定要写出赞成你的意见吗?江青一向骄横跋扈惯了,而今天,在全体政治局成员面前,邓小平竟然这样顶她,使她不禁怔了一下,接着,她便大叫大闹了起来。看见江青如此泼皮嚣张,邓小平站了起来,严肃而气愤地说,问题还没有了解清楚,就戴了这么大的帽子,这会怎么开!说完,邓小平即离席走出了会场。邓小平走后,张春桥狠狠地说:"邓小平又跳出来了。"②

这是邓小平复出后,第一次公开顶撞江青。

第二天,王洪文飞往长沙,向毛泽东告邓小平的状,并且说:"北京现在大有庐山会议的味道。"但是,令江青、王洪文等人意外的是,毛泽东并没有支持他们。

> 听完王洪文的汇报,毛泽东严厉批评王洪文:"有意见当面谈,

---

①刘金田主编:《邓小平的历程:一个伟人和他的一个世纪》(下),解放军文艺出版社 1994 年版,第 164 页。

②毛毛:《我的父亲邓小平:"文革"岁月》,中央文献出版社 2000 年版,第 318—319 页。

这么搞不好,要跟小平同志搞好团结。小平同志政治上强,会打仗呢!”毛泽东还对王洪文说:“你回去,要多找总理和剑英同志谈,不要跟江青搞在一起,你要注意她。”①

在江青和邓小平之间,毛泽东选择支持了邓小平。这正是他对邓小平信任的表现。

与江青吵架之后,邓小平不仅没受到什么影响,还继续获得毛泽东的信任。毛泽东还给邓小平身上压担子,提议由他担任第一副总理、军委副主席兼总参谋长。12 月底,周恩来与王洪文和毛泽东商谈四届全国人大人选问题。邓榕说:

……在长沙,毛泽东同周恩来和王洪文进行了四次谈话,三次是三人一起谈的,一次是同周恩来单独谈的。……对于邓小平,毛泽东明确地说,邓小平“政治思想强,人才难得”。他对着王洪文说:“比你强。”在报告叶剑英当军委副主席兼国防部长、邓小平当第一副总理兼总参谋长时,毛泽东进一步提出:“小平要担任第一副总理、军委副主席和总参谋长三个职务。”

随后,在毛泽东的安排下,邓小平再担任了上述职务,于是,1975 年前后,邓小平再次成为身兼多个党政军重要职务的人。邓榕说:

四届人大之后,邓小平已由毛泽东确定,担任党的副主席、中央政治局常委、国务院第一副总理、军委副主席和解放军总参谋长。

---

①中共中央文献研究室编,杨胜群主编:《邓小平传(1904—1974)》(下),中央文献出版社2014 年版,第 1438 页。

他此时所任职务,兼党政军要职于一身,职务比“文革”以前还要多,地位比“文革”以前还要高。[①]

毛泽东授予邓小平如此重要的权力,是出于什么考虑呢?邓榕说:

仅从他(邓小平——引者注)的任职看,即充分说明垂暮之年的毛泽东对邓小平所寄予的厚望。毛泽东信任邓小平的才能,赏识他的品格。他此时真切地希望,邓小平既能做到“永不翻案”,不反对“文革”路线,又能够挽狂澜于既倒,像周恩来一样,支撑起偌大一个中国国家机构的运行。[②]

但是,邓小平复出后,便开始在一定程度上纠正“文化大革命”错误,在对待“文化大革命”上与毛泽东的希望背道而驰。

四届全国人大结束一周后,1975 年 1 月 25 日, 邓小平就在总参干部会议上提出要对军队进行整顿。2 月 2 日,他代替病重的周恩来主持国务院工作,2 月 10 日发出《批转一九七五年国民经济计划的通知》,提出整顿国民经济,月底开始召开各省、市、自治区主管工业的书记会议,以铁路运输整顿为突破口,开始对各行各业进行整顿。邓小平这些整顿的目的是什么呢?

谷牧后来谈及这一场整顿说:

这段整顿是非常必要的。实际上就是把“四人帮”搞乱了的思想,搞乱了的生产秩序,搞乱了的管理系统,把它恢复起来。没有明

①毛毛:《我的父亲邓小平:“文革”岁月》,中央文献出版社 2000 年版,第 338 页。

②毛毛:《我的父亲邓小平:“文革”岁月》,中央文献出版社 2000 年版,第 338 页。

讲，实际上就是跟“四人帮”对着干。

这种“对着干”，自然为江青等人不接受，于是双方继续较量。江青等人便开始反“经验主义”，把矛头对着邓小平和支持他的“后台”周恩来，并且提出“经验主义是修正主义的助手”。① 但是，他们的做法随即就被毛泽东叫停了。

> 4月18日，毛泽东偕邓小平会见来访的金日成。毛泽东当着金日成的面，再次称赞了邓小平。他对金说：“我不谈政治，由他来给你谈，此人叫邓小平。”又说：“邓小平会打仗，还会反对修正主义。他被红卫兵打倒了好几年，现在没事了，又起来，我们需要他。”会见结束后，邓小平借机以向主席请教的方式，向他报告了江青、张春桥、姚文元等大批“经验主义”的情况，并坦率地谈了自己的看法。此事当即引起毛主席的注意，他同意邓小平的意见。②

4月27日，邓小平主持召开中央政治局会议，会上传达了毛泽东的指示，批评了江青等人的做法。

大批“经验主义”的声浪就这样消逝了。

5月3日夜，毛泽东亲自召集中央政治局委员开会。他再次批评江青等人说：“你们只恨经验主义，不恨教条主义。”③

> 毛主席又提起“邓、毛、谢、古”事件，指着邓小平说：“邓是你，毛

①《人民日报》1975年3月21日。

②余世诚：《半个世纪的情缘：邓小平与毛泽东》，中共中央党校出版社1999年版，第292页。

③余世诚：《半个世纪的情缘：邓小平与毛泽东》，中共中央党校出版社1999年版，第289页。

是毛泽覃，谢是谢唯俊，古是古柏，其他的人都牺牲了。我只见过你一面，你就是毛派的代表。”然后，他加重语气说:“要搞马列主义，不要搞修正主义:要团结，不要分裂;要光明正大，不要搞阴谋诡计。不要搞‘四人帮’，你们不要搞了，为什么照样搞呀？为什么不和200多个中央委员搞团结，搞少数人不好，历来不好。”①

1975年邓小平等人在大寨

在毛泽东的主持下，5月27日和6月3日，邓小平主持召开中央政治局会议，对江青等人进行批评。随后，江青被迫向毛泽东和中央政治局写了检讨。这是江青第一次写检讨。后来有人称邓小平是“捅马蜂窝”。②

当然，从总体事实而言，邓小平的“全面整顿”也确实是对“文化大革命”错误路线的否定。③

①余世诚:《半个世纪的情缘:邓小平与毛泽东》，中共中央党校出版社1999年版，第293页。
②余世诚:《半个世纪的情缘:邓小平与毛泽东》，中共中央党校出版社1999年版，第295页。
③余世诚:《半个世纪的情缘:邓小平与毛泽东》，中共中央党校出版社1999年版，第303页。

邓小平的全面整顿势必涉及纠正“文化大革命”的错误,因此事情并不就是这么简单。在毛泽东的心目中,“文化大革命”是“反修防修”的运动,是保证党和国家不变色的一场伟大的群众性运动,它的意义和推翻蒋介石在大陆统治是一样的。因此,毛泽东开始没有听信江青等人告邓小平的状。但是,当毛远新当了联络员后,经毛远新多次汇报,他终于相信江青说的话,认为邓小平等人的态度“一是对‘文化大革命’不满意,二是要算账,算‘文化大革命’的账”。[①] 但是,邓蓉说:

> 在争取复出的过程中,邓小平的确曾经向毛泽东保证“永不翻案”。他的这一表态,绝对不是一个韬晦的权宜之计。永不翻案,表明了他那始终不变的对党的信念,表明了他那始终如一的对毛泽东本人的敬重。他看待问题,看待历史,看待个人功过,从来是从历史的角度,从辩证的角度,从客观实际的角度,从大局出发的角度。他绝对不会因为个人恩怨,算历史旧账,或翻历史的旧案。对于党,对于毛泽东本人,他永远不会“翻案”。即使在“文革”结束以后,在回顾历史、总结经验教训、评价毛泽东的功过的时候,他也没有“翻案”。[②]

随后,毛泽东让毛远新找邓小平、汪东兴、陈锡联等人讲了自己对邓小平这段时间工作的意见。但是,邓小平回答:“说毛主席为首的党中央搞了修正主义路线,这个话不好说。……对九号文件以后的评论,远新同志看法是不同的。是好是坏,实践可以证明。”[③]

---

①余世诚:《半个世纪的情缘:邓小平与毛泽东》,中共中央党校出版社 1999 年版,第 303 页。

②毛毛:《我的父亲邓小平:“文革”岁月》,中央文献出版社 2000 年版,第 339 页。

③余世诚:《半个世纪的情缘:邓小平与毛泽东》,中共中央党校出版社 1999 年版,第 303 页。

毛泽东……支持邓小平搞整顿，抓生产，却难以容忍邓小平否定由他亲自发动的“文化大革命”。

11月20日，毛泽东提出一个建议，要求邓小平主持中央政治局会议，作一个肯定“文化大革命”的决议，总的评价是“七分成绩，三分缺点”。

邓小平没有接受这个建议。他说，由我主持写这个决议不合适，我是桃花源中人，不知有汉，无论魏晋。①

邓小平拒绝了。邓榕说：

毛泽东希望通过这个会议，在如何评价“文化大革命”这一问题上，统一思想认识。会前，毛泽东提出，由邓小平主持，中央作出一个肯定“文化大革命”的“决议”。按照毛泽东的说法，这个“决议”的基调应该是：对于“文革”，总的评价是“七分成绩，三分缺点”。毛泽东让邓小平主持作这个决议，一是让邓小平这样对“文革”有看法的人来作这个决议，可以堵住对“文革”持异议人的嘴，让人不敢再唱反调。二是，毛泽东再给邓小平一个机会，让邓小平改变观点。毛泽东对邓小平，真应该说是“仁至义尽”了。②

毛泽东“仁至义尽”，邓小平却没有接受。

但是，令毛泽东悲哀的恰恰却是，邓小平具有和毛泽东一样的性格，也是一个在原则问题上绝对不会让步的人。在毛泽东这样般

---

①中央文献研究室，中央电视台编著：《大型电视文献纪录片〈邓小平〉》，中央文献出版社1997年版，第116页。

②毛毛：《我的父亲邓小平：“文革”岁月》，中央文献出版社2000年版，第426页。

切的期望下，邓小平没有接受毛泽东的这个建议。……其实，最根本的，他不愿意违心地主持写一个肯定“文化大革命”的决议。[①]

随后，又发生清华大学刘冰等人两次向毛泽东告驻校军宣队迟群、谢静宜状的事件。告状信两次都是由邓小平转交的。

迟群和谢静宜都曾是毛泽东身边的工作人员。刘冰等人信中一些说法让毛泽东不高兴，随后，毛泽东批示说：

清华大学刘冰等人来信告迟群和小谢。我看信的动机不纯，想打倒迟群和小谢。他们信中的矛头是对着我的。我在北京，写信为什么不直接写给我，还要经小平转。小平偏袒刘冰。清华大学所涉及的问题不是孤立的，是当前两条路线斗争的反映。[②]

11 月 3 日，北京市委第一书记吴德到清华大学传达了毛泽东的批示。于是，从清华大学首先开始了“反击右倾翻案风”。11 月下旬，按毛泽东的指示，中央政治局在北京召开 130 多名党政军负责人和老同志参加的“打招呼”会议，正式部署“反击右倾翻案风”。邓小平领导的整顿工作持续九个月就中止了。

随后，邓小平两次进行检讨。1976 年 1 月 20 日，中央政治局开会，继续对邓小平进行批评教育，邓小平再次做了检讨。次日，毛泽东听取毛远新向他汇报中央政治局会议情况后，对邓小平的问题做出了新的指示。

---

①毛毛：《我的父亲邓小平：“文革”岁月》，中央文献出版社 2000 年版，第 426—427 页。

②余世诚：《半个世纪的情缘：邓小平与毛泽东》，中共中央党校出版社 1999 年版，第 304 页。

毛泽东说:(邓小平)“还是人民内部问题,引导得好,可以不走到对抗方面去,如刘少奇、林彪那样。”毛泽东说:“邓与刘(少奇)、林(彪)还是有一些区别,邓愿意作自我批评,而刘、林则根本不愿。”毛远新汇报说,邓小平要求向主席当面陈述自己的错误,听取教诲外,还想讲他自己的工作问题。毛泽东说:“小平工作问题以后再议。我意可以减少工作,但不脱离工作,即不应一棍子打死。”毛远新试探性地问毛泽东:“还是惩前毖后,治病救人?”毛泽东肯定地说:“对。”①

就这样,邓小平还是没有被打倒。2 月 2 日,在毛泽东的提议下,华国锋担任国务院代总理,主持党中央和国务院日常工作。

尽管毛泽东对邓小平的态度是“批还是要批,但不应一棍子打死”,但是,事态还在继续发展。1976 年 4 月 5 日,天安门发生追悼周恩来活动,并有人喊出“支持邓小平,打倒张春桥”的口号。随后,中央政治局将之定性为反革命事件,邓小平被指为总后台。

这时邓小平虽然被毛泽东决定“专管外事”,但实际上已赋闲在家里了。天安门事件发生后,毛泽东听取毛远新的汇报时,做了以下指示:

“据此开除邓的一切职务,保留党籍,以观后效。”“这次,一、首都,二、天安门,三、烧、打这三件好。性质变了,据此,赶出去!”②

邓榕后来说:“父亲和我们全家人都明白,最终决定父亲命运的时刻就要来到了。我们早就做好了最坏的思想准备”。③ 然而,令他们大出意外的

---

①毛毛:《我的父亲邓小平:“文革”岁月》,中央文献出版社 2000 年版,第 448—449 页。

②毛毛:《我的父亲邓小平:“文革”岁月》,中央文献出版社 2000 年版,第 473—474 页。

③毛毛:《我的父亲邓小平:“文革”岁月》,中央文献出版社 2000 年版,第 475 页。

是，毛泽东决定撤销邓小平的一切职务的时候，却派汪东兴把邓小平接了出来。邓榕回忆：

> 7日下午三时，父亲的秘书王瑞林接到电话，通知说汪东兴要找邓小平谈话，警卫局来人来车接，不让带秘书，也不让带警卫员。接到通知就知道时刻已经来临，我们全家人不但没有惊慌，反而表现得异常镇定。
>
> 三点多钟，中办警卫局的东方来了。我们全家老老少少近十口人，年轻的扶着老的，大人抱着孩子，一起给父亲送行。邓楠灵机一动，在最后的一刻，想起往父亲的中山服口袋里放进了一副扑克牌。我们全家人，送父亲走出客厅，走过院子，一直走到大门口。看着父亲沉着而从容地上了汽车，看着汽车开出大门，看着灰色的大门紧紧关上，泪水涌上了我们的眼睛。也许，这就是和父亲的永诀啊。

邓小平一家合影

然而，令他们没想到的是，汽车载着邓小平去了他住过的东交民巷17号院——不久前邓小平一家住过的房子；随后，汪东兴又派人把卓琳也接过去了。汪东兴把邓小平夫妇接出去，是毛泽东的命令，并且不是要处理他们，更不是永别，而是要把他们保护起来。

毛泽东为什么要把邓小平夫妇保护起来呢？这与当日下午在人民大会堂召开的中央政治会议和汪东兴有关系。

这个会议主要是讨论毛泽东关于天安门事件的指示。在会上,有人说邓小平曾坐着汽车到天安门广场亲自进行指挥。江青和张春桥说,要做好思想准备,可能有“群众”要去冲击邓小平,把邓小平抓起来。邓榕后来说:

> 华国锋主持会议,对于“四人帮”说邓小平坐车到天安门广场直接指挥一事,他说,应该去向邓小平本人问一问,以便核实。……于是讨论要派一个人去向邓小平进行“查问”。没人愿意去干这一“公差”,江青自己当然更不会去了,她说:“让汪东兴去吧。”
>
> ……汪东兴认为此事事关重大需请示主席。他从人民大会堂出来,并没有直接去找邓小平谈话,而是车子一拐,进了近在咫尺的中南海。
>
> 见到毛泽东后,汪东兴向毛泽东汇报,政治局正在紧急开会讨论“天安门事件”和邓小平的问题。毛泽东说,是刘冰的信惹了祸,矛头是对着我的,现在不行了。汪东兴向毛泽东汇报可能有人会去冲击邓小平。毛泽东说,不能再冲击,不能抓走,并问汪东兴有没有办法。汪东兴建议,把邓小平转移个地方,可以转移到东交民巷那个房子去。毛泽东说,可以。

毛泽东指示不能让人冲击邓小平,汪东兴立即布置,于是才有了前面的一幕。

而汪东兴把邓小平夫妇转移到东交民巷后,没有告诉任何人,一时之间,邓小平失踪了。不仅江青等人找不到,连邓小平的子女们也不知道他们的下落。

按照毛泽东的提议,中央政治局决定撤销邓小平的党内外一切职务。邓小平第三次被打倒了,但是毛泽东再一次保留了邓小平的党籍。邓榕说:

> 对于父亲来说,毛泽东在决定打倒他的同时再次保留了他的党籍,可能有些出乎他的预料。“文革”复出后,他的举动实在太大了,

他的态度也太不妥协了。在“天安门事件”之后，他本已做好了最坏的思想准备，没想到，在最后的关头，毛泽东竟然保留了他的党籍。对毛泽东，父亲是太了解了。在起用他——支持他——批判他——直到再次打倒他的这一个全过程中，无不体现着毛泽东百转回肠的一番苦心，和他那无可奈何的千般失望。[①]

邓榕说的无不是毛泽东此时的心态。对此，邓小平是否也感到庆幸呢？美国记者约翰·罗德里克说：

毛泽东曾在几十年里两次把邓小平打倒……邓小平在一次接受采访时说：“总的来说，我受到的对待相当不错。”[②]

这个“相当不错”，无疑是毛泽东的恩情。

随后，邓小平和卓琳在东交民巷生活，而毛泽东的身体却越来越差了。不久，卓琳患眼疾，不得不住进了301医院。6月10日，在东交民巷独居的邓小平给汪东兴写了一份信并转毛泽东，要求回到宽街的家中去。这时毛泽东已经病情很严重了，在身体略微好转后，他口头批示：“可以同意。”[③]

随后，邓小平搬回了宽街的家，和子女们又团聚了。

然而，这是毛泽东最后一次为邓小平解决“家务事”了。9月9日，毛泽东因病离开了人世，终年83岁。

余世诚说：

---

①毛毛：《我的父亲邓小平：“文革”岁月》，中央文献出版社2000年版，第483—484页。

②参考消息报社编译：《举世悼念敬爱的邓小平同志》，新华出版社1997年版，第218页。

③毛毛：《我的父亲邓小平：“文革”岁月》，中央文献出版社2000年版，第498页。

> 邓小平在301医院得知毛泽东逝世的消息时万分悲痛。……出院后,邓小平让家人采来松枝,做成了花圈,在家中设立了一个灵堂。他带领全家一起,在毛泽东的遗像前深深地默哀。

但据邓榕《我的父亲邓小平:“文革”岁月》记载,此时邓小平正在宽街的家中。当日下午4点钟,邓榕听到收音机里说要播发重要消息,就去告诉父母。他们打开收音机获悉毛泽东去世的消息。遗憾的是,邓榕没有叙述邓小平听到这个消息后的反应。但是,毛泽东的去世,无论是中国,还是对邓小平本人,都是一个大事件。这个事件对邓小平来说,心灵上的震动无疑是巨大的,在短时间内是难以平息的。就是这样,对邓小平一生产生重大影响的毛泽东走了,把中国这艘巨大的航船留给了邓小平等人……

12.“科学地评价了毛泽东思想,充分体现出小平同志作为一个共产党人的博大胸怀”

在若干年之后,邓榕在回顾1976年4月党中央对邓小平的处理时说:

> 毛泽东保留邓小平党籍的这一决定,对于邓小平今后再次复出所起的作用,虽然不是决定性的,却是不可忽视的。①

在毛泽东去世后不到一个月,江青、王洪文等人被华国锋、叶剑英、汪

①毛毛:《我的父亲邓小平:“文革”岁月》,中央文献出版社2000年版,第483页。

东兴等人逮捕，中国局面再次发生新的改变。八个月后，邓小平于 1977 年 7 月再次复出。由于他的巨大威望，在新的中央领导班子中逐渐成为主要领导人。1978 年全国上下又进行了真理标准的讨论，对“文化大革命”进行了彻底的否定。于是，如何评价毛泽东，成为了党中央面临的一个重要问题。

在这样的背景下，1980 年 7 月，北京人民大会堂前的毛泽东画像和标语被摘掉了。有人这么叙述当时的情景：

> 这年 7 月 30 日上午，在天安门广场上很少见到的一辆大吊车和一辆加长大卡车开到了人民大会堂前。开始，人们并没有注意到，很快当地人和外地观光客便围了过去，看个究竟。他们看见吊车的吊斗把带着工具的人送到人民大会堂前面的巨幅毛泽东画像前，那个工人开始用工具慢慢拆下毛泽东画像。
>
> 围观的人越来越多，忽听人群中有人大声喊：“毛主席像不能摘！”然而，更多的则是以严肃的表情默默地注视着眼前发生的事情。但是，当大吊车用钢绳拔下人民大会堂前两块巨幅标语的一瞬间，则引来了一片斥责声。①

这消息一出，立即成为了全世界关注的事件。

8 月 11 日，党中央发出《少宣传个人》的文件，其中明确指出：毛主席的画像、语录和诗词，过去在公开场合挂得太多，这样做很不庄重，也有损于毛泽东同志的形象，今后要减少到必要程度。② 随后，各地把毛泽东画像纷纷从办公室、家里客厅取下，有关单位清洗墙壁上的毛泽东语录，西方一些报刊纷纷说：“毛泽东时代从此结束。”港台报刊则预言：“大陆批毛，势在必行。”③

---

①刘杰、徐绿山：《邓小平和陈云在十一届三中全会前后》，中央文献出版社 2009 年版，第 309 页。

②刘杰、徐绿山：《邓小平和陈云在十一届三中全会前后》，中央文献出版社 2009 年版，第 310 页。

③刘杰、徐绿山：《邓小平和陈云在十一届三中全会前后》，中央文献出版社 2009 年版，第 310 页。

邓小平和奥琳埃娜·法拉奇合影

那么,邓小平是一个什么态度呢?而他的态度将左右中国高层对毛泽东的态度。

正在这时候,意大利著名记者奥琳埃娜·法拉奇来到了北京。8月21日、23日,她连续两次采访邓小平。在采访谈话中,邓小平主要谈论了毛泽东和自己以及他与江青等人的事情,并对毛泽东的历史地位做了重新评价。

奥琳埃娜·法拉奇:天安门上的毛主席像,是否永远保留下去?

邓小平:永远要保留下去。过去毛主席像挂得太多,到处都挂,并不是一件严肃的事情,也并不能表明对毛主席的尊重。尽管毛主席过去有段时间也犯了错误,但他终究是中国共产党、中华人民共和国的主要缔造者。拿他的功和过来说,错误毕竟是第二位的。他为中国人民做的事情是不能抹杀的。从我们中国人民的感情来说,我们永远把他作为我们党和国家的缔造者来纪念。

……

奥:那末毛主席纪念堂不久是否将要拆掉?

邓:我不赞成把它改掉。已经有了的把它改变,就不见得妥当。建是不妥当的,如果改变,人们就要议论纷纷。现在世界上都在猜测我们要毁掉纪念堂。我们没有这个想法。①

采访结束后,邓小平与奥琳埃娜的谈话内容在国外报刊披露,立即引起强烈反响,外电评论:"邓小平第一次宣布,在明年的党代会上,将不会像批判斯大林那样,全面批判毛泽东。但是总结大跃进以后的总路线,今后的中国将与毛路线诀别,进行四个现代化。"②

其实,邓小平这一席话并不是一时心血来潮的。在法拉奇采访之前,1980年3月,党中央就已着手起草《关于建国以来党的若干历史问题的决议》,其中如何评价毛泽东及其历史地位是最重要的内容。而邓小平先后九次就决议稿的起草和修改谈过意见。

早在1979年初的时候,胡耀邦就提出要为国庆30周年准备一篇重要文章。6月党中央决定新中国成立30周年时由叶剑英发表一篇讲话,对过去30年做一个总结。邓小平一直关注这篇讲话的起草。

9月4日,邓小平第二次找胡耀邦、胡乔木、邓力群三人谈稿子的修改问题。

他认为最重要的是毛泽东的提法问题,现在的稿子,对毛泽东的地位、作用、贡献讲的太弱了。他对讲话稿中关于毛泽东在新中国成立20多年各个阶段的作用怎么提法,讲了原则性的意见:

还是要讲在30年的历史上毛主席是有伟大功绩的,我们的一

---

①《答意大利记者奥琳埃娜·法拉奇问》,《邓小平文选》第二卷,人民出版社1994年版,第344、350页。

②刘杰、徐绿山:《邓小平和陈云在十一届三中全会前后》,中央文献出版社2009年版,第324页。

切成就是在毛泽东思想照耀下取得的。我们的党、军队和人民是受毛泽东思想的教育,在毛主席领导下建立功勋的。要讲我们有了正面经验,也有了反面经验,两方面的经验经过总结,教育了我们人民,教育了我们党。说明马列主义、毛泽东思想是我们前进的指南,正是因为这样,我们党就站住了,我们社会主义制度也站住了。过去的 30 年,是坚持、发扬四项基本原则同背离、破坏四项基本原则的斗争。我们的斗争尽管受到这样那样的干扰、破坏,但我们终于克服了这些干扰、破坏,我们始终是坚持社会主义,坚持无产阶级专政,坚持党的领导,坚持马列主义、毛泽东思想的。要把坚持四项基本原则同 30 年的整个历史衔接起来,要在坚持四项基本原则的大前提下写这个讲话。要使人看了这个讲话以后得出一个总的印象,我们的党和人民现在是真正坚持毛泽东思想,是完整、准确地学习、运用毛泽东思想,是真正将毛主席为我们制定的路线、方针、政策付之实现,不是搞片言只语。无论如何不能使人看了以后认为中国共产党已经否定了毛泽东。这是个非常大的问题。①

按照邓小平的意见,起草小组改出一个第二次修改稿后,邓小平于 9 月 12 日又把胡耀邦等人找过去,说:“现在这个稿子,对毛主席讲够了,这样很好。”②

10 月下旬,邓小平决定对党的历史搞出一个决议,起草工作由中央政治局和中央书记处领导,邓小平和胡耀邦主持。

经过将近两个月的工作,起草小组搞出了决议提纲(草稿)。

1980 年 3 月 19 日,邓小平找胡耀邦、胡乔木、邓力群三人谈话。邓小

①刘杰、徐绿山:《邓小平和陈云在十一届三中全会前后》,中央文献出版社 2009 年版,第 314 页。

②刘杰、徐绿山:《邓小平和陈云在十一届三中全会前后》,中央文献出版社 2009 年版,第 315 页。

平提出了起草历史决议的“三条总的指导思想”:

起草历史决议的中心意思应该是三条:第一,确立毛泽东同志的历史地位,坚持和发展毛泽东思想。这是最核心的一条。不仅今天,而且今后,我们都要高举毛泽东思想的旗帜。要写毛泽东思想的历史,毛泽东思想形成的过程。要正确评价毛泽东思想,科学地确立毛泽东思想的指导地位。第二,对建国三十年来历史上的大事,哪些是正确的,哪些是错误的,要进行实事求是的分析,包括一些负责同志的功过是非,要做出公正的评价。第三,通过这个决议对过去的事情做个基本的总结。这个总结宜粗不宜细。总结过去是为了引导大家团结一致向前看。总的指导思想,就是这三条。其中最重要、最根本、最关键的还是第一条。①

这次谈话以后,4 月 1 日,邓小平又找胡耀邦、胡乔木、邓力群谈话。其中谈了对新中国成立以后毛泽东的评价。邓小平说:

“总起来说,1957 年以前,毛泽东同志的领导是正确的,1957 年反右派斗争以后,错误就越来越多了。”“建国后 17 年这一段,有曲折,有错误,基本方面还是对的。社会主义革命搞得好,转入社会主义建设以后,毛泽东同志也有好文章、好思想。”“讲错误,不应该只讲毛泽东同志,中央许多负责同志都有错误。……不要造成一种印象,别的人都正确,只有一个人犯错误。”②

6 月,初稿送中央书记处讨论。

---

①刘杰、徐绿山:《邓小平和陈云在十一届三中全会前后》,中央文献出版社 2009 年版,第 318 页。

②刘杰、徐绿山:《邓小平和陈云在十一届三中全会前后》,中央文献出版社 2009 年版,第 318—319 页。

6 月 27 日,邓小平又找胡耀邦、胡乔木、姚依林、邓力群等人,要谈对历史决议稿的意见。

他为什么找他们?

> 他(邓小平)认为稿子没有很好地体现确立毛泽东的历史地位和坚持毛泽东思想的要求,要进行比较大的修改。①

邓小平与他们进行了一席谈话,说了自己的意见:

> “重点要放在毛泽东思想是什么、毛泽东同志正确的东西是什么这方面。错误的东西要批评,但是要很恰当。单单讲毛泽东同志本人的错误不能解决问题,最重要的是一个制度问题。毛泽东同志说了许多好话,但因为过去一些制度不好,把他推向了反面。”……“毛泽东同志的错误在于违反了他自己正确的东西。封建主义残余影响的问题要讲一讲,也要讲得恰当。结语写一段我们还要继续发展毛泽东思想。”②

几人把稿子重新按照邓小平的意见修改后,10 月,党中央组织了 4000 多名高级干部对决议草稿进行讨论。

> 讨论会上,出现了一些比较片面、偏激,甚至错误的意见,有的人主张决议里干脆不要写毛泽东思想这一部分,不提毛泽东思想。③

---

①刘杰、徐绿山:《邓小平和陈云在十一届三中全会前后》,中央文献出版社 2009 年版,第 319 页。

②刘杰、徐绿山:《邓小平和陈云在十一届三中全会前后》,中央文献出版社 2009 年版,第 319 页。

③刘杰、徐绿山:《邓小平和陈云在十一届三中全会前后》,中央文献出版社 2009 年版,第 319 页。

对此,邓小平立即做出了反应。

在看了10月25日的简报后,邓小平立即找胡乔木等人谈话,他首先“博采众议”,肯定了讨论中出现的好的意见:“这次党内四千人讨论还在进行,我看了一些简报,大家畅所欲言,众说纷纭,有些意见很好。很多组要求把粉碎‘四人帮’以后这段补写上去。看来,这段内容势在必写。”尔后,邓小平“力排众议”,反驳一些人的错误观点:“决议稿中阐述毛泽东思想的这一部分不能不要。这不只是个理论问题,尤其是个政治问题,是国际国内的很大的政治问题。如果不写或写不好这个部分,整个决议都不如不做。”他强调,毛泽东思想这面旗帜丢不得。丢掉了这面旗帜,实际上就是否定了我们党的光辉历史。①

在与胡乔木等人的谈话中,邓小平还提出,对毛泽东的错误“一定要毫不含糊地进行批评,但是一定要实事求是”。对于邓小平做的这些工作,有人总结说:

在《历史决议》起草过程中,邓小平指导起草的谈话、讲话有十六七次,对其所提的“三条总的指导思想”,特别是最核心的确立毛泽东的历史地位、坚持和发展毛泽东思想这一条,一而再、再而三地进行阐述、发挥。②

邓小平的这些工作有力地促进了全党对毛泽东的历史地位以及毛泽

①黄黎:《〈关于建国以来党的若干历史问题的决议〉起草的台前幕后》,中国共产党新闻网。

②刘杰、徐绿山:《邓小平和陈云在十一届三中全会前后》,中央文献出版社2009年版,第320页。

东思想的认识,维护了毛泽东崇高的历史地位。1981年6月27日,党的十一届六中全会经过讨论，通过了《关于建国以来党的若干历史问题的决议》,对毛泽东做出了历史的评价,中国共产党在尊重历史的基础上坚持了毛泽东思想这一面伟大的旗帜,使得中国人民在前进道路上继续有正确的指引性的旗帜。

7月6日,《人民日报》发表社论说:这几年来,全世界都在议论和猜测“毛泽东以后的中国”。现在经过这次会议,有了这个决议,他们可以找到答案了:毛泽东以后的中国,是马列主义、毛泽东思想的社会主义中国。

坚持毛泽东思想,是邓小平晚年对党和国家的一个重要贡献。袁宝华说:

> 小平同志曾三次被错误地批判,又三次复出。但在总结“文革”这一段历史时,有的人否定毛泽东主席、否定毛泽东思想,正是小平同志坚持高举马列主义、毛泽东思想的旗帜,维护了毛泽东同志的历史地位,科学地评价了毛泽东思想,充分体现出小平同志作为一个共产党人的博大胸怀。①

胡绳后来说:

> (对毛泽东同志的评价问题)小平同志站得高,从大局出发。他认为,我们绝对不能像赫鲁晓夫对待斯大林那样对待毛主席,如果那样完全否定毛主席,那就实际上否定了我们党的历史,否定了中国革命的历史。《历史决议》可以说是小平同志最重视的文件之一。现在回过头来看,这十多年中国的社会主义建设,没有受那些错误

---

①袁宝华:《千秋功业,永世流芳》,《回忆邓小平》(上),中央文献出版社1998年版,第274页。

思潮的干扰，这从根本上恐怕应该说在邓小平同志领导下，有了这么一个《历史决议》作旗帜。……这是小平同志作出的一件功在当代、利在千秋万代的大事。①

在毛泽东去世后，邓小平维护了毛泽东思想这一面伟大的旗帜。这是他对中国历史的认识，也是对毛泽东一生的认识。邓小平在晚年说过一段很著名的话：

没有毛主席，就没有新中国，这丝毫不是什么夸张。毛泽东思想培育了我们整整一代人。没有毛泽东思想，就没有今天的中国共产党，这也丝毫不是什么夸张。毛泽东思想永远是我们全党、全军、全国各族人民的最宝贵的精神财富，我们要完整地、准确地理解和掌握毛泽东思想的科学体系。②

这大概就是邓小平对毛泽东一生的评价吧。

---

①中央文献研究室、中央电视台编著：《大型电视文献纪录片〈邓小平〉》，中央文献出版社1997年版，第138页。

②中央文献研究室、中央电视台编著：《大型电视文献纪录片〈邓小平〉》，中央文献出版社1997年版，第138页。

★第三章★

宋庆龄：

“他的思想敏锐，识见远大，令人钦佩”

1."我和董老,还有毛泽东同志和其他一些同志和他斗得很厉害"

毛泽东与宋庆龄都是生于 1893 年。不过,宋庆龄的生日是 1 月 27 日,毛泽东的生日是 12 月 26 日,宋庆龄比毛泽东大整整 11 个月。两人都比孙中山小 27 岁。

宋庆龄与毛泽东的关系,先得从毛泽东和孙中山两位伟人的关系说起。

1936 年,美国记者埃德加·斯诺在陕北采访毛泽东时,毛泽东对斯诺谈起他第一次知道孙中山名字的事情:1911 年夏,他来到省城长沙读书,第一次看到的报纸,是《民力报》,于右任主编的,上面登载了黄兴领导的广州反清起义和七十二烈士殉难的消息。激动之下,他写了一篇文章贴于学校墙上。毛泽东回忆说:

> 这个时候,我也听说了孙中山这个人和同盟会的纲领。……这是我第一次发表政见,思想还有些糊涂。……我在文章里提出,把孙中山从日本请回来当新政府的总统,康有为当国务总理,梁

启超任外交部长!①

有意思的是,毛泽东生平第一次看到报纸,就第一次知道了孙中山,并随即发表了平生第一次的政治见解,且以孙中山取代了自己原来敬佩的康、梁,推孙中山为自己的新偶像。

国民党一大会场

毛泽东见到孙中山,是 1924 年 1 月 20 日在国民党一大会议上。这次会议在广东高等师范学校召开。孙中山登台演说。毛泽东作为湖南代表,坐在 39 号席上,因此第一次见到了孙中山。当天下午,毛泽东登台做“组织国民党政府之必要”发言。在国民党一大会议期间,毛泽东多次发言,一次就比例选举制与提案人等议案与国民党右派分子黄季陆发生激烈争论,最后,多数代表同意了毛泽东的意见。毛泽东的表现,引起孙中山的注意。

30 日,在大会选举中央执行委员和候补执行委员时,孙中山

①埃德加·斯诺:《西行漫记》,董乐山译,生活·读书·新知三联书社 1979 年版,第 115 页。

将一份亲笔书写的包括毛泽东名字在内的候选人名单，交给大会讨论表决，结果，毛泽东以多数票通过，当选为中央候补执行委员。①

正是在这次会上，孙中山正式确立了“联俄、联共、扶助农工”的三大政策。

会后，毛泽东被派往上海，参加国民党上海执行部的工作。

但是，在国民党上海执行部内，国民党左派与右派的斗争十分激烈。毛泽东对执行部常务委员叶楚伧的分裂行为进行了坚决的揭露。8月1日，叶楚伧操纵右派分子喻育之、曾贯五在上海南方大学召集上海市各区党部会议，讨论所谓“处置共产分子”问题，激起左派反对。第二天，右派分子闯入上海执行部无理取闹，致使邵力子被打伤。事件发生后，毛泽东十分气愤，亲自领衔，与恽代英、施存统、邓中夏、沈泽民、韩觉民等人联名上书孙中山，控告叶楚伧“主持不力，迹近纵容”。②

在联名上书孙中山后，毛泽东事实上成为中共在国民党上海执行部的中心人物，以他为代表的共产党人同叶楚伧等右派的斗争也公开化。不久，毛泽东因此再去找过孙中山。

这年11月17日，孙中山应冯玉祥等的邀请北上，途经上海，毛泽东向他面呈了包括自己在内的上海执行部14人致孙中山的信，反映“自8月起经费即未能照发，近来部内更无负责之人，一切事务几于停顿”，希望派员解决。③

---

①胡长水、李瑗：《毛泽东之路：横空出世》，中国青年出版社1993年版，第248页。

②金冲及主编：《毛泽东传（1893—1949）》（上），中央文献出版社1996年版，第97—98页。

③金冲及主编：《毛泽东传（1893—1949）》（上），中央文献出版社1996年版，第100页。

孙中山是从香港乘轮船抵达上海的。从广州《民国日报》、上海《民国日报》、《申报》、《大本营公报》第三十二号等资料公布的孙中山的当日活动来看,毛泽东与孙中山是没有单独见面的机会,毛泽东很可能是在欢迎人群中向孙中山或其随从递送了这封信。随后,孙中山没对这封信做出过回应。

宋庆龄和孙中山

造成这种情况,有几种可能性:一、可能是收取信件的人没有转交给孙中山;二、若孙中山本人收取了,可能当作了众多的一般信笺,没引起注意,三、可能是:“孙中山因北上事繁,又染重病,无暇处理此事”。[①]

值得一说的是,这次抵达上海,宋庆龄是与孙中山同行的。毛泽东若在欢迎人群中,应该看见过宋庆龄。

孙中山离开上海后绕道日本,到达北京时身体就已经完全不行了。1925 年 3 月 12 日,他在北京病逝,灵柩后存放在北京香山碧云寺。

孙中山病逝后,国民党内部左、右派的斗争更加激烈。

11 月下旬,国民党中央执行委员和监察委员邹鲁、林森、居正、谢持、张继等十余人,于 23 日至 28 日在北京西山碧云寺召开会议,自命为“中国

①金冲及主编:《毛泽东传(1893—1949)》(上),中央文献出版社 1996 年版,第 100 页。

国民党第一届四中全会”，通过驱逐苏联顾问鲍罗廷，取消中共方面的陈独秀、李大钊、谭平山等人的国民党党籍，不准共产党参加群众运动等决议，公开反对孙中山的三大政策，形成西山会议派。宋庆龄对右派的分裂活动极为痛愤，公开发表通电，谴责他们：“总理泉下有知，亦当痛哭。”①

宋庆龄在关键时刻站了出来，给自诩为孙中山信徒的右派分子一记响亮的耳光。多次拜见过孙中山和宋庆龄的青年学生王昆仑后来回忆当时的情景时说：

> （宋庆龄的所作所为——引者注）使我们确信：孙先生虽然死了，还有孙夫人在，还有忠实于中山遗教的革命党人在，中山先生的旗帜不会倒下，中国的革命不会中断。②

宋庆龄坚定地站在左派立场上，成为维护孙中山“联俄、联共、扶助农工”三大政策的旗帜性人物。

1926 年 1 月 1 日，国民党二大在广州开幕，毛泽东出席。

4 日上午，大会召开第一次会议。下午，国民政府主席汪精卫提议：“主席团的中部主席经亨颐同志，到现在还没有来。现在主席团以为我们常常纪念孙先生，现在孙夫人宋庆龄同志到广州，孙夫人一向在上海于中部情形也很熟悉，可否请宋庆龄同志担任主席团的主席。”全体代表一致鼓掌通过③。

---

①中共上海市委党史资料征集委员会、上海宋庆龄故居管理处编：《宋庆龄在上海》，学林出版社 1990 年版，第 224 页。

②王昆仑：《宋庆龄——毕生为新中国奋斗的忠诚战士》，《人民日报》1981 年 6 月 3 日。

③《中国国民党第二次全国代表大会会议记录〈第三日第 6 号〉》，中国第二历史档案馆编：《中国国民党第一、二次全国代表大会会议史料》（上册），江苏古籍出版社 1986 年版，第 216 页。

晚8时30分,在宋子文、马湘等人陪同下,宋庆龄乘羊城号轮船由香港抵达广州天字码头。国民党中央党部,国民党二大代表,国民政府、省政府、市政府等各机关,中央党部妇女部、省党部妇女部,以及省港罢工委员会、省港各工会、中华全国总工会、广州总商会、市商会、商联会等群众团体的代表,还有各学校师生,两万余人到码头欢迎。

宋 庆 龄

宋庆龄登岸后,手持孙中山好友、廖仲恺夫人何香凝献上的大鲜花球,与弟弟宋子文一起先行,欢迎者随后,从码头沿永汉南路步行,经海味街口至南堤旧日盐务稽核所洋楼,汪精卫等人在该处迎候。[①]

作为大会代表,毛泽东应该在欢迎的人群之中。这是他第二次见到宋庆龄。

1月8日,宋庆龄正式出席国民党二大,并在会上发表演说。大会代表邓颖超回忆:

> 1926年1月,国民党第二次代表大会在广州召开。你(宋庆龄——引者注)站在主席台上,发出庄严沉静而又斩钉截铁般的声音。你义正词严地呼吁,国民党员要忠实执行孙先生的新三民

①广州《民国日报》1926年1月8日、9日。

> 主义,执行联俄、联共,扶助农工的三大政策。你勇敢地谴责了国民党内反对革命的右派分子。①

毛泽东作为大会代表,在会场也聆听了宋庆龄的演讲。

随后,在大会进行选举时,宋庆龄当选国民党二届中央执行委员,毛泽东继续当选候补中央执行委员。

在国民党二届一中全会上,宋庆龄和恽代英、詹大悲被推选为国民党中央特派驻上海的中央执行委员。② 尽管宋庆龄可能多少是挂名的,并不参与上海方面的具体工作,但有意思的是,她与毛泽东先后都与国民党上海方面的工作发生关系,且有一个共同的"同事"——恽代英。这种巧合,不能不说两个人有些机缘。

6 月,国民政府决定发起北伐,宋庆龄积极参与实现孙中山统一中国愿望的北伐运动。随着北伐节节胜利,11 月 26 日,国民党中央政治会议在广州宣布正式决定迁都武汉,12 月 8 日,宋庆龄和宋子文、邓演达等作为国民政府先遣人员,经过长途跋涉,抵达武昌。然而,此时北伐军总司令蒋介石野心大增,准备夺取领导权。1927 年 1 月,蒋介石提出反对迁都武汉、要求定都南昌的要求,于是与武汉临时中央党政联席会议发生争执。宋庆龄坚定地站在武汉临时中央党政联席会议一边,支持迁都武汉。

3 月 7 日,国民党中央召开二届三中全会预备会。此会原定 3 月 1 日召开,后因南昌各委员未能赶到而延期。

> 下午 6 时,(宋庆龄——引者注)和毛泽东、董必武、林伯渠、吴玉章、于树德、恽代英、陈友仁、邓演达、彭泽民、孙科、徐谦、詹

---

①邓颖超:《向宋庆龄同志致崇高的敬礼!》,《人民日报》1981 年 5 月 31 日。

②广州《民国日报》1926 年 1 月 23、25日。

> 大悲、经亨颐、谭延闿、李烈钧、顾孟余、陈公博等，出席在汉口南洋大楼召开的国民党二届三中全会预备会。会上，（宋庆龄——引者注）与谭延闿、徐谦、孙科、顾孟余被选为全会的五人主席团；同时决定10日召开正式全体会议。（宋庆龄——引者注）会上提出不担任主席团成员职务。彭泽民、吴玉章等提出："已推定，不必告辞"，决定维持原议。①

这个会议人数不多，毛泽东和宋庆龄一起在会上。这是有记载的他们第一次在一起开会。

3月10日，在一个星期内，他们再次一起出席国民党二届三中全会。

> 3月10日，国民党二届三中全会在汉口召开。到会委员共33人，有中央执行委员宋庆龄、何香凝、谭延闿、孙科、徐谦、宋子文、陈友仁、顾孟余、林伯渠、吴玉章、恽代英、于树德等18人；候补中央执行委员毛泽东、董必武、邓演达等11人；候补中央监察委员李宗仁等4人。②

但是，蒋介石、张静江、朱培德未到会。

> 会议召开前夕，毛泽东在7日预备会上就针对蒋介石把持中央常务委员会政治会议的情况，向大会提议："现当在开全体会议期间，政治会议暂不开会，遇有重要事件发生，应授权主席团全权

---

①尚明轩、陈民、刘家泉、赵楚云编著：《宋庆龄年谱》，中国社会科学出版社1986年版，第58页。

②尚明轩、陈民、刘家泉、赵楚云编著：《宋庆龄年谱》，中国社会科学出版社1986年版，第59页。

1927年国民党二届三中全会代表合影。宋庆龄（第一排右五）与毛泽东（第二排右三）第一次合影

办理，但须向大会报告。”提议获得通过。在17日的会议上，毛泽东还提议取消蒋介石操纵的黄埔同学会。……吴玉章立即支持说：“毛同志提议不得设同学会，本席赞成。”当会议主席将此提议付诸表决时，全体通过。

……会上，毛泽东仍然对农民问题给予极大的关注。他和邓演达等提出了《对农民宣言案》和《农民问题案》，被会议所通过。

16日，会议发布《对全国农民宣言》和《农民问题决议案》。①

作为会议五人主席团之一，宋庆龄应该听取了毛泽东的发言，且支持了毛泽东的提议，因此才有“提议付诸表决，全体通过”。

①胡长水、李瑗：《毛泽东之路：横空出世》，中国青年出版社1993年版，第344—345页。

在这次全会上,宋庆龄竭力维护孙中山的革命旗帜,深得与会代表们的信任和尊敬,当选为国民党中央政治委员和国民政府委员。

有趣的是, 宋庆龄后来回忆与毛泽东的交往时说:“国共谈判时期,我在重庆初次和他会见”。[①] 这个“国共谈判”指 1945 年的重庆谈判。

但根据记载,1927 年 3 月在国民党二届三中全会及其之前的预备会上,宋庆龄和毛泽东两人都参加了,则肯定见面了,并且人数不多,应该相互认识。宋庆龄后来说在重庆时才“初次和他会见”,应该有两种可能,一是她当时对毛泽东印象不深,记忆有误;二是指他们当时没有单独交谈。而后者的可能性最大。

宋庆龄、毛泽东等人在国民党二届三中全会上的努力,并没有阻止蒋介石叛变革命的夺权决心。4 月 12 日,蒋介石与上海青红帮合流,发动反革命政变,疯狂屠杀共产党人和革命群众。北伐战争因此发生重大逆转。4 月 22 日,宋庆龄和国民党左派邓演达、何香凝、陈友仁及共产党人毛泽东、谭平山、吴玉章、林伯渠、董必武、恽代英等 40 人,以国民党中央执行委员和监察委员、中央候补执行委员和候补监察委员、国民政府委员和军事委员会委员的名义,联名发表《讨蒋通电》,痛斥蒋介石背叛革命的行径,并且号召人们:“依照中央命令,去此总理之叛徒,本党之败类,民众之蟊贼。”[②] 随后,武汉国民政府辖区内掀起了一个声势浩大的讨蒋运动。

但是,各路军阀纷纷投向蒋介石,主持武汉国民政府的汪精卫也与蒋介石勾结,阴谋背叛孙中山“联俄、联共、扶助农工”三大政策。7 月 14 日晚,武汉国民党中央政治委员会主席团在汉口秘密召开“分共”会议。宋庆龄断然拒绝出席。

在会上,汪精卫极力主张立即“分共”。陈友仁代表宋庆龄表示反对。

---

①《追念毛主席》,《宋庆龄选集》(下),人民出版社 1992 年版,第541 页。

②尚明轩、陈民、刘家泉、赵楚云编著:《宋庆龄年谱》,中国社会科学出版社 1986 年版,第 60 页。

他说:

> 孙夫人反对分共。因为联俄、联共和扶助农工三大政策是总理手定的,有了三大政策,革命才能发展成今天的局面,抛弃三大政策就必然要向帝国主义和蒋介石屈服。[①]

宋庆龄坚持孙中山的遗志,但遭到国民党右派分子的极力反对,孙科甚至在会上与陈友仁大吵起来,弄得会议气氛很紧张。[②] 会上见风使舵的人是主流,区区三人反对,完全不济于事,“分共”成为了必然。

宋庆龄没参加“分共”会议,但在会外没有静默。她对外公开发表了《为抗议违反孙中山的革命原则和政策的声明》,强烈谴责蒋介石、汪精卫之流背叛革命,声明指出:“本党若干执行委员对孙中山的原则和政策所作的解释,在我看来,是违背了孙中山的意思和理想的。”她宣布:“对于本党新政策的执行,我将不再参加。”“我只有暂时引退以待更贤明的政策出现。”[③]

宋庆龄是以国民党中央执行委员的身份发表这份声明的。

宋庆龄与国民党决裂,完全是出自于对孙中山的忠诚,不接受背弃孙中山“联俄、联共、扶助农工”三大政策的做法,在这个前提之下,她与中共方面走得很近。对此,后来担任过周恩来秘书的童小鹏称宋庆龄是“党的最亲密战友”,并且说:

> 自从1924年孙中山领导的国民党同中国共产党建立合作关系以来,宋庆龄和廖仲恺、何香凝等国民党左派就坚决执行联俄、联共和扶助农工的新三民主义,同共产党人毛泽东、周恩来、林伯渠等同志建立了亲密的合作关系,同国民党右派破坏国共合作的

---

①《吴玉章回忆录》,中国青年出版社1978年版,第150页。

②《吴玉章回忆录》,中国青年出版社1978年版,第150页。

③《宋庆龄选集》(上),人民出版社1992年版,第43—48页。

阴谋勾当进行坚决斗争。蒋介石叛变革命后,宋庆龄旗帜鲜明地同中国共产党站在一起,通电声讨国民党右派“违背了孙中山的意思和理想”。①

1927年宋庆龄在汉口

这个评断是实事求是的。有人后来回忆宋庆龄1981年与他们谈起1927年在武汉的情况:

“那个时候的武汉,紧张得很啊,相当紧张,相当尖锐。”她(宋庆龄)把“相当”二字说得非常之重,言简意赅,一语道破了1927年的武汉,是一个政治风云急骤变化的斗争中心。……她老人家沉思了一下,又说:“汪精卫这个人是两面派!你们懂吗?两面派!”她将手心手背来回地翻转着给我们

①童小鹏:《伟大的共产主义战士——沉痛悼念宋庆龄同志》,《宋庆龄纪念集》,人民出版社1982年版,第146—147页。

比划，生怕我们听不懂她那浓厚的上海口音。又说道：“汪精卫欺骗了我，欺骗了我们。这个人很狡猾，他要走蒋逆子的那条路。我和董老，还有毛泽东同志和其他一些同志和他斗得很厉害。”①

宋庆龄谈到和汪精卫斗争时特地提起毛泽东，可见她对当时的毛泽东是有印象的。

大革命失败了。1927 年 7 月 17 日，宋庆龄秘密离开汉口，回到了上海。

8 月 1 日，周恩来等人发动南昌起义，打响了中共武装反抗国民党反动派的第一枪。经过几小时激烈战斗，起义军于拂晓占领南昌城。随后，周恩来等人召开会议，宣布成立中国国民党革命委员会，推举宋庆龄、邓演达、何香凝、陈友仁、周恩来、叶挺、贺龙、吴玉章等 25 人为委员；并以宋庆龄、邓演达、谭平山、张发奎、贺龙、郭沫若、恽代英七人组成主席团。会议还通过了《联席会议宣言》及《中央委员宣言》等文件。

其中，《中央委员宣言》由宋庆龄领衔，与毛泽东、董必武、林伯渠、吴玉章、恽代英、谭平山、邓颖超等国民党二届中央委员会中的共产党人以及邓演达、彭泽民、柳亚子、屈武等国民党左派人士共 22 人，以国民党中央委员的名义，在南昌《民国日报》上发表。宣言痛斥蒋介石、汪精卫等人，说国民党中旧的领袖大半为敌人软化，武汉与南京所谓党部政府，“皆已成为新军阀之工具，曲解三民主义，毁弃三大政策，为总理之罪人，国民革命之罪人”；号召全国国民党党员“均应以本总理创造本党之精神，与一切假冒本党革命名义者坚决斗争”。②

宋庆龄和毛泽东都没亲身参加这次会议，会上成立的中国国民党革命

①任云：《浴血以求光明，奋斗以求真理——忆宋庆龄同志谈她 1927 年在武汉的斗争》，《湖北日报》1981 年 6 月 3 日。

②南昌《民国日报》1927 年 8 月 1 日。

委员会和通过的文件，事先也没征求他们本人的同意，但事后宋庆龄没有对外进行否认。这表明宋庆龄是默认的。因此，如果说，宋庆龄支持了这一起义[①]，这完全是符合历史事实的。

在这一时期，在开会时，宋庆龄是主席团的领导人之一，毛泽东参加；发电报，宋庆龄领衔，毛泽东在她之后参加署名，在这个时候，宋庆龄的威望高于毛泽东，但是，他们是同一战线的人，是"同志"。

对于宋庆龄这一段时间与毛泽东等人的交往，后来担任过中共上海地下市委书记的张承宗说：

> 从第一次国共合作起，宋庆龄同志和何香凝同志一起，在长期的共同战斗中即与我党毛泽东、周恩来、董必武、邓颖超等中央领导同志建立了深厚的同志情谊，彼此推心置腹，肝胆相照，荣辱与共，是我党亲密战友的典范。[②]

但是，因为大革命失败，宋庆龄不得不于 8 月 22 日去苏联，流亡国外，而毛泽东也同时去了湖南搞武装斗争，两人短暂的合作就此结束。

2."孙中山先生的忠实继承人和勇敢捍卫者"

曾经担任过孙中山私人代表的屈武谈到宋庆龄时，由衷地说："她真是

---

①《宋庆龄同志伟大光荣的一生》，《宋庆龄纪念集》，人民出版社 1982 年版，第 40 页。

②张承宗：《怀念伟大的共产主义战士宋庆龄同志》，《解放日报》1982 年 5 月 20 日。

一个了不起的女性，不愧为孙中山先生的忠实继承人和勇敢捍卫者”。[①] 宋庆龄确实是孙中山旗帜的勇敢捍卫者。周恩来后来说：“国民党还有什么人？只剩下了两个女人！”[②] 周恩来所说的两个女人，一个是廖仲恺夫人何香凝，一个是宋庆龄。此话的意思是，在大多数国民党人背叛孙中山后，宋庆龄和何香凝两个女人还在不屈不挠地、坚定地高举着孙中山的旗帜。

孙中山在晚年最看重的，是“联俄、联共、扶助农工”三大政策，这是他的新三民主义。

为了维护孙中山的信念和理想，宋庆龄不惜与背叛孙中山的蒋介石、汪精卫等人决裂，甚至与自己的家庭也决裂了。

> 她（宋庆龄——引者注）一直很信赖她最亲近的弟弟宋子文，把他当作自己的革命顾问，可他也来到汉口想和她商量一个妥协的办法，并哀求她抛弃武汉政府。
>
> 她虽然孤立无援，就连家中最亲近的人也反对她，但她从未动摇过，始终献身于孙先生向往的革命事业。她始终不渝地遵循孙中山先生的遗愿，坚持与共产党合作并组织工农。[③]

宋庆龄在国外流亡四年之久，于 1931 年 8 月回国。在最艰难的日子，宋庆龄一直坚持对苏友好，与共产国际保持密切的联系，并利用自己的身份帮助中共，成为中共信得过的政治盟友。这时，毛泽东正在中央苏区领导

---

①屈武：《操比金石，节砺冰雪——回忆宋庆龄同志》，《人民日报》1981 年 6 月 4 日。

②廖梦醒：《我认识的宋庆龄同志》，见《宋庆龄纪念集》，人民出版社 1982 年版，第 136 页。

③［美］安娜·路易斯·斯特朗：《在汉口陪伴孙夫人》，上海宋庆龄研究会、上海市孙中山宋庆龄文物管理委员会编：《回忆宋庆龄》，中国出版集团、东方出版中心 2013 年版，第 232 页。

宋庆龄在看书

军民进行反“围剿”作战,但随后被“左”倾冒险主义排挤出党和红军的领导之外,宋庆龄和毛泽东之间没有交往。有意思的是,在此期间,他们有一位共同的“挚友”,即鲁迅。

宋庆龄与鲁迅认识很晚,但是私交甚笃。鲁迅去世时,宋庆龄亲自为他安排葬礼,并且,自己掏钱为他置买棺材。鲁迅读过毛泽东的诗词,说对毛泽东等人,“我得引为同志,是自以为光荣的”。毛泽东没见过鲁迅,但对鲁迅的评价很高:“鲁迅是中国文化革命的主将, 他不但是伟大的文学家,而且是伟大的思想家和伟大的革命家。”① 无论是宋庆龄还是毛泽东,见过还是没见过鲁迅,但都佩服鲁迅,且把他当作自己真正的挚友。除了毛泽东

①《毛泽东选集》第二卷,人民出版社 1991 年版,第 698 页。

宋庆龄与鲁迅等人在一起

总结的由政治远见、斗争精神和牺牲精神形成的伟大的“鲁迅精神”外,三人有一个共同的性格特点。那就是:“鲁迅的骨头是最硬的”,[①]毛泽东的骨头是最硬的,宋庆龄的骨头也是最硬的。三人无论面对什么压力,在任何时候都不会屈服,若是他们自己不让步,无人可以打败他们。这就是三人能够英雄惺惺相惜的另一个缘故吧。

鲁迅“横眉冷对千夫指”,所以,谩骂鲁迅的人不少,鲁迅也因此在国内好友不多。但他能成为宋庆龄和毛泽东两人的挚友,这不能不说是现代中国史上一个有趣的文化现象。

宋庆龄和毛泽东之间的联系,自 1927 年夏中断后到 1935 年遵义会议后,才得以恢复。

宋庆龄从国外回到上海后,就十分关注中共和红军的命运。在 30 年代初,她把外国友人马海德的诊所安排给中共上海地下组织作为联络点,并让马海德通过各种关系购买药品和医疗器材,支援红军。[②]但是,由于王明的“左”倾路线,她常常被置于十分尴尬的境地。

①《毛泽东选集》第二卷,人民出版社 1991 年版,第 698 页。

②马海德:《宋庆龄——我的革命导师》,《光明日报》1981 年 6 月 3 日。

1934 年 1 月,宋庆龄的美国朋友、《中国论坛》主编伊罗生因不同意在《中国论坛》上发表支持斯大林反对托洛斯基的文章,与中共地下组织发生矛盾,于是决定离开上海回美国去。宋庆龄在寓所为伊罗生举行了告别聚会。若干年之后,伊罗生回忆在门口与宋庆龄道别时的情景:

> 当我在门口与她分手时,她最后的话是提醒我要小心。我想她说的是要小心国民党暗杀。但她说不是,她要说的是我们的共产党朋友。我迟疑地看着她。“不错。”孙夫人重复说,“注意安全。你不了解这些人,他们什么事情都做得出来。”①

从这件事情来看,宋庆龄对“左”倾路线执行者是很警惕的。

尽管如此,她还是一如既往地支持中国共产党。

1935 年初,她从上海地下党那里获悉由于国民党军“围剿”,长征途中的红军处境十分困难,1 月 30 日,她发表《向美国朋友的呼吁》,呼吁美国人民反对美国政府帮助蒋介石继续“围剿”红军。但是,王明等人对她的骚扰还在继续。

2 月 22 日,春节才过去,宋庆龄突然收到一封来自苏联的特别来信,打开一看,居然是蒋介石长子蒋经国邮寄来的亲笔信。

蒋经国是蒋介石与原配毛福梅生育的儿子,1925 年 10 月被蒋介石送去苏联留学,进入莫斯科中山大学,12 月加入共产主义青年团。1927 年 4 月,蒋介石叛变革命时,蒋经国在学生集会上公开批评父亲的“清党”政策。1930 年 2 月,他加入联共(布),在苏联乌拉尔重型机器厂担任助理厂长。宋庆龄在苏联流亡期间曾见过他,两人认识。蒋经国在给宋庆龄的信中说:

---

①李辉:《宋庆龄:永远的美丽》,《寻根》2001 年第 2 期。

我送了一封信给我的亲母亲，但是恐怕这封信被蒋介石的官吏所扣留，不能寄到我的母亲手里。因此我把这封信的副本寄给你，请你转交或在报纸上发表。①

可是，蒋经国委托宋庆龄转交给生母或在国内报纸上公开发表的信，是骂蒋介石的。信中说：

母亲，您还记得吧？是谁殴打您、抓住您的头发，将您从二楼拖到楼下？那不是他——蒋介石吗？您向谁跪下，请求不要将您赶离家门？那不是他——蒋介石吗？是谁气我的祖母，使祖母因此致死？那不是他——蒋介石吗？这就是他对父母和妻子的孝和礼义。蒋介石买了许多田产、企业和商店，究竟用谁的钱买的呢？那不是他用各种办法从穷人的手中抢来的钱吗？以前说必须拥护工农的利益、和共产党握手的是谁？那不是现在继续屠杀中国革命的刽子手——蒋介石吗？从前说苏联是中国人民政府的真正朋友，因此非拥护苏联不可的是谁？那不是现在东方反苏联盟中的帝国主义的走狗——蒋介石吗？向日本及其他帝国主义者借款、出卖中国领土的是谁？那不是蒋介石吗？蒋介石是卖国、辱国的政府领袖，他屠杀了反对帝国主义统治和争取解放中国民族的英雄。这是嘴说“礼义廉耻”的他自己的真面目。②

宋庆龄的妹妹宋美龄与蒋介石已经结婚多年，尽管宋庆龄与蒋介石在政治上早已决裂，但此刻由她转手去报纸公开发表这样的信件，显然是不

①原件上海宋庆龄故居纪念馆藏。

②据苏联档案中蒋经国致生母函原稿复印件，孙中山宋庆龄资讯网。

妥的。而这样的信,为什么偏偏转到了她的手中呢?这是远在莫斯科的中共驻共产国际代表王明的主意。

蒋经国

台湾国民党党史馆馆藏蒋经国回忆录透露了此信发表的过程。那是共产国际七大会议之后的一天,王明对时为乌拉尔马许工厂的《重工业日报》副主编蒋经国说,时下国内谣言纷传,你在俄国被捕。你应该写封信禀告母亲,你在这里工作完全自由。随即王明把自己拟好的一封信交给蒋经国签名,不料,当场遭到蒋的拒绝。后经朋友劝说:如果签署这封信,日后可能有机会回国。蒋这才勉强接受,并在原文中加了一句话:如果母亲想见儿子,请到西欧来会面。

另一个版本则是根据雅哥达的建议,由蒋经国亲笔所写的信。据蒋经国回忆,他在王明的代笔信上签名后的第二天,二人一同去见苏联情治机关——国家安全部首脑雅哥达(GenrikhYagoda)。蒋经国原以为雅哥达是个冷面孔,没想到,接见他们时,雅哥达和颜悦色,并以同情的口吻,要求王明销毁其代笔信。雅哥达还指导蒋经国自拟一封家书,信中不直接表达回国的愿望,只“表达思家之情”。例如,“我无日不盼望着再尝尝久已未尝的家常小菜”。王明虽然当场接受了这一封信,可是却把他代拟的那封信送回中国，并透过《救国报》与《真理报》公布全文。[①]

不管是哪个版本，事后王明把蒋经国的信件邮寄给了国内的宋庆龄。最后宋庆龄是否转交了蒋经国的这封信，不得而知。1936年2月，苏联《真理报》刊出此封蒋经国斥责蒋介石的致生母函时，将致函日期标为“1936年1月”，2月12日，美国的《纽约时报》进行转载。这则子骂父的事情轰动一时。这是后话。

宋庆龄等人在上海

在莫斯科时，宋庆龄就认识王明，对他没好印象。宋庆龄并不支持他那些“左”的做法，因此在一段时间与中共有过一些隔阂和疏远。遵义会议确定了毛泽东在党和红军中的领导地位后，这种状况便开始改变。当然，党中央和毛泽东的方针和政策传到上海尚需一些时日。

1935年12月下旬，中共中央在瓦窑堡召开中央政治局会议，批判了王明“左”倾关门主义，确立了建立最广泛的抗日民族统一战线的方针。这是中共政策的一个伟大转变。这时候宋庆龄获悉党中央结束了王明“左”倾路线，非常高兴。毛泽东开始领导党和红军，使得几个月前还为此忧闷的她豁

①裴高才：《胡秋原缘何为〈八一宣言〉润色》，中国共产党新闻网。

然开朗,前嫌尽释。就这样,她与中共进入了一个亲密合作的时期。

宋庆龄前嫌尽释,自然是源自于对毛泽东等人的信任。

3.“从报端及外来同志口中得知先生革命救国的言论行动,引起我们无限的敬爱”

在抗日战争时期,毛泽东虽然在远在几千里之外的延安,但与宋庆龄的交往并不少。不过他们主要是书信交往,无缘直接见面。

毛泽东和宋庆龄的交往,是建立在共同的理念之上的,那就是孙中山的三大政策和爱国主义。

熟悉宋庆龄的沈粹缜说:“平时,人们言谈中提到‘孙夫人’,总是和革命的三民主义、正义、爱国连在一起的”。① 确实,宋庆龄一生都在维护孙中山“联俄、联共、扶助农工”的新三民主义,爱国是她身上最突出的特点之一。曾担任过孙中山秘书的田恒深有感触地说:“她(宋庆龄——引者注)深信中山先生说的话:‘共产党人是我的真正的革命同志’”。② 这种“深信”使得宋庆龄一直以来与中共方面同声相求,成为中共的有力支持者。因此,她也获得了毛泽东等人的尊敬。

正因为这样,多数人认为宋庆龄与中共中央有直接的联系。

其实,在全民族抗战爆发之前,事情并不是如此。

1935 年底,面对日军的步步入侵,中华民族到了一个危急时刻,全国

---

①沈粹缜:《我的追念》,上海宋庆龄研究会编:《回忆宋庆龄》,东方出版中心 2013 年版,第 104 页。

②田恒:《沉痛悼念宋庆龄同志》,《解放日报》1981 年 6 月 3 日。

宋子文

各地抗日浪潮汹涌澎湃,宋庆龄也密切地关注着时局的变化。

一日,宋庆龄的弟弟宋子文突然来到了她在上海莫里哀路的寓所。

宋子文此来,不是姐弟间叙旧,而是转达蒋介石的一个意思。

原来由于河山破碎,华北危急,全国人民的抗日怒潮冲击着蒋介石"攘外必先安内"的政策。在巨大的压力下,蒋介石不得不考虑以政治手段解决中共问题,和中共联手对外抗日。为此,他派出好几路人马寻找与中共最高层联系的线索。宋子文就是其中一路。

1935年底,宋子文受蒋介石之托找了宋庆龄,请她设法向中共中央传递国民党要求与中共谈判、重建国共合作关系的信息。①

而事实上,宋庆龄并不如蒋介石等人认为的那样与中共高层有直接联系,但她还是答应了这个要求,与宋子文商量后,决定派一名使者前往陕北,向中共中央传递讯息。

派谁去陕北完成这一特殊使命呢?

宋庆龄考虑再三,选中了她熟悉的牧师董健吾。

董健吾曾在上海圣约翰大学神学系学习,且与国民党高层的宋子文、

①傅绍昌:《宋庆龄对促进第二次国共合作的独特贡献》,《上海党史与党建》2011年第6期。

顾维钧等人曾是同学。他当时在上海,并以传教为掩护担任中共地下党联络员,且与宋庆龄有往来,是中共上海地下组织与宋庆龄的特殊联系人。

1936 年 1 月初,宋庆龄在寓所秘密约见了董健吾。

> 宋庆龄在约见董健吾时,委托他赴陕北革命根据地,将一封重要信件交给中共中央领导人。此事系国民党中央通过宋子文的委托,向中共中央传递国民党要求与中共谈判、重建国共合作关系的重要信息。宋庆龄再三嘱咐董健吾,此行将“益国非浅”,一定要千方百计办好。①

董健吾接受了宋庆龄的委托,然后,与曾到过陕北的地下党员张子华一起出发。2 月 27 日,两人千里迢迢到达中共中央所在地瓦窑堡。毛泽东、周恩来等人率部东渡黄河,驻扎山西石楼。秦邦宪、林伯渠、张云逸等人接待了董健吾。董健吾把宋庆龄的要函呈上,请他们转交毛泽东、周恩来。3 月 4 日,博古将张闻天、毛泽东与彭德怀联名的电报交董健吾,请他转交南京当局。电文曰:

> 弟等十分欢迎南京当局觉悟与明智的表示,为联合全国力量抗日救国,弟等愿与南京当局开始具体实际之谈判。②

其中还提出了中共方面与南京当局谈判的五项具体条件。

董健吾随后返回上海,向宋庆龄汇报了陕北之行的情况。由此,国共两党中断了近十年的中枢联系得以沟通。

---

①孙中山宋庆龄资讯网。

②石肖岩:《一份宝贵的资料》,《中国青年报》1981 年 6 月 4 日。

宋庆龄以她特殊的身份在国难当头、民族危亡的关键时刻，为国共两党接触谈判牵线搭桥，发挥了独特的作用。①

在与宋庆龄接上联系后，毛泽东等人便主动和宋庆龄进行联系了。

9月22日，毛泽东致函蔡元培，请他力促南京当局立即停止内战，发动全国海陆空军实行真正的抗日作战，恢复孙中山革命的三民主义与三大政策精神。信中特别嘱咐说：宋庆龄、何香凝等“统此致讯”。②

对此，蔡元培的儿子蔡建国认为毛泽东的问候，是出自对宋庆龄、何香凝的敬意：

1936年9月22日，毛泽东同志写了《致蔡元培书》，信的结尾请蔡元培先生转达他对宋庆龄、何香凝等的问候，表达了中国共产党对宋庆龄同志的敬佩之情。③

毛泽东为什么要对宋庆龄等表达敬意呢？蔡建国认为，这是因为“在我国民族危机深重的情况下，宋庆龄同志坚定地和中国共产党站在一起，支持进步事业，她在黑暗中抗争，为光明而奋斗”。④

这个说法是准确的。随后也得到了毛泽东来信的证实。

10月上旬，中共谈判代表潘汉年从陕北来到上海，拜访宋庆龄。他带来了毛泽东给宋庆龄的亲笔信。信是9月18日毛泽东专门写给她的。全文如下：

---

①史纪辛：《宋庆龄为第二次国共合作搭桥》，《光明日报》2003年9月2日。

②《毛泽东书信选集》，人民出版社1983年版，第69页。

③蔡建国：《崇高的革命气节》，上海宋庆龄研究会编：《回忆宋庆龄》，东方出版中心2013年版，第447页。

④蔡建国：《崇高的革命气节》，上海宋庆龄研究会编：《回忆宋庆龄》，东方出版中心2013年版，第447页。

毛泽东在陕北

庆龄先生左右：

武汉一别，忽近十年，从报端及外来同志口中得知先生革命救国的言论行动，引起我们无限的敬爱。

1927年后，真能继承孙中山先生革命救国救亡精神的，只有先生与我们的同志们。目前停止内战，联合抗日之呼声虽已普及全国，然而统率大兵之蒋氏及国民党中央迄今尚无彻底悔悟之心。这种违反孙中山先生革命的三民主义与三大政策之行为，实为国民党大多数党员所不容许而应立起纠正才是。因此，我想到要唤醒国民党中枢诸负责人员，觉悟于亡国之可怕与民意之不可侮，迅速改变其错误政策，是尚有赖于先生利用国民党中委之资格作具体实际之活动。

兹派潘汉年同志前来面申具体组织统一战线之意见，并与先生商酌公开活动之办法，到时敬请接洽，予以指导。付上我们致国民党中央的信以作参考。同时，请先生介绍与先生比较接近的国民党中枢人员，如吴稚晖、孔祥熙、宋子文、李石曾、蔡元培、孙科诸先生，与汉年同志一谈，不胜感幸。

顺问

近安

毛泽东

"九一八"五周年纪念日[①]

①《毛泽东书信选集》，人民出版社1983年版，第61—62页。

"毛泽东来函,表示对其革命救国言行无限敬意。"①

毛泽东的亲笔信让宋庆龄感受到了中共最高层的信任。随后,她不顾病后虚弱,开始为国共两党合作谈判奔走号呼,并且把潘汉年引见给宋子文。宋子文对潘汉年以礼相待,甚至把寓所让给潘汉年居住。不久,他又把潘汉年引见给了宋美龄。

与共产党和谈是蒋介石一度准备抗日的政策转向,潘汉年与宋氏姊弟有了较多的接触后,宋美龄对他印象很好,积极促进国共两党合作抗日事宜,她随即要求宋子文,要像对待宋庆龄那样去帮助潘汉年。

但是,蒋介石一边谈判,一边并不放弃"剿共"。12 月 4 日,蒋介石由洛阳赴西安,布置"进剿"陕北红军,对东北军将领张学良和西北军将领杨虎城等宣称:"无论如何,此时须讨伐共产党,如果反对这个命令,中央……不能不给以相当的处置。"②

12 月 7 日,张学良到华清池向蒋介石进行哭谏,痛陈:"共产党现在的政策,是民族抗日第一,红军的问题可用政治方法解决。"蒋介石生气地骂张学良是年青无知,受了共产党的迷惑。③

12 月 12 日,张学良、杨虎城发动逼蒋抗日的军事行动,拘禁蒋介石及随员陈诚、蒋鼎文等十余人,并发表《对时局宣言》和通电,提出抗日救国八项主张。西安事变爆发。

当晚,孔祥熙来见宋庆龄,要求她签署一项关于谴责张学良、释放蒋介石的声明。但是,宋庆龄拒绝了,并对孔祥熙说:

> 张学良做得对,要是我处在他的地位,我也会这样做,甚至还会走得更远!④

---

①尚明轩、陈民、刘家泉、赵楚云编著:《宋庆龄年谱》,中国社会科学出版社 1986 年版,第 96 页。

②梁寒冰等主编:《中国现代史大事记》,黑龙江人民出版社 1984 年版,第 150 页。

③梁寒冰等主编:《中国现代史大事记》,黑龙江人民出版社 1984 年版,第 150 页。

④[美]埃德加·斯诺:《复始之旅》,新华出版社 1984 年版,第 112 页。

但是,宋庆龄接到斯大林的电报后,立即改变了态度。

宋庆龄的态度缘何发生如此急剧的重大变化呢?傅绍昌认为,究其原因,主要有两点:

> 一是斯大林电报的影响。宋庆龄约在1932年前后,秘密加入共产国际,与斯大林和共产国际一直保持着某种联系。西安事变发生后,宋庆龄收到了斯大林的电报,并将这份电报转给毛泽东。……二是对政治局势的科学分析。①

斯大林发过来的电报是什么内容呢?

> 如果中国共产党不利用他们的影响使蒋获释。莫斯科将斥责他们为“土匪”,并将在全世界面前予以谴责。②

这份电报是存在的。张学良口述历史中也有同样的记载:

> 电报称,如果中国共产党不利用他们的影响使蒋获释,莫斯科将斥责他们为“土匪”,并将在全世界面前予以谴责。③

傅绍昌说:

> 这份电报的口气实在是霸道,难怪毛泽东看到后“勃然大

①傅绍昌:《宋庆龄对促进第二次国共合作的独特贡献》,《上海党史与党建》2011年第6期。

②[美]埃德加·斯诺:《复始之旅》,新华出版社1984年版,第112页。

③毕万闻:《英雄本色——张学良口述历史解密》,中国文史出版社2002年版,第318页。

怒","连连顿足",但在客观上确有加速释蒋的积极一面。[①]

当日,宋庆龄约见救国会总干事胡子婴,将西安发生事变一事告诉他,并且请她陪同自己去西安。胡子婴回忆:

12月13日,孙夫人叫我到她家去,把西安事件告诉了我。作恶万端的独夫民贼落入罗网,我以为她一定会高兴的。哪知她带着焦急的样子,问我能否陪她到西安去。我好奇地问她:"去做什么?"出乎我意料的回答是:"我去劝说张学良释放蒋介石。"她看到我发愣,就婉转地给我解说:何应钦等亲日派唯恐中国不乱,蒋介石被杀,内战势必全面爆发,日军就可长驱直入,侵占全中国。我很快地省悟过来,决定立即随她去西安。[②]

其实,在斯大林的电报之前,毛泽东等人就做出了和平解决事变的决策。不管斯大林的电报起了作用与否,宋庆龄再次成为国共两党的沟通人却是事实,且为和平解决西安事变发挥了重要的作用。傅绍昌等人说:

西安事变发生后,孔祥熙、宋子文等前往宋庆龄寓所请求她出面与中共联系,务求保住蒋介石的生命。宋庆龄将情况通报给了潘汉年,征询他的意见。潘汉年亦将中共中央关于和平解决西安事变的主张和已决定派周恩来等中共代表赴西安参加协商谈

---

①傅绍昌:《宋庆龄对促进第二次国共合作的独特贡献》,《上海党史与党建》2011年第6期。

②胡子婴:《光耀日月气贯长虹——回忆宋庆龄名誉主席在救国会时期二三事》,《宋庆龄纪念集》,人民出版社1982年版,第113页。

判的消息通报宋庆龄,同时建议她敦促宋子文、宋美龄等前往西安,和张学良、杨虎城及中共代表团直接商谈,谋求事变的和平解决。之后,宋庆龄又介绍潘汉年赴南京,促成了宋子文、宋美龄的西安之行。

蒋介石在西安

西安事变的和平解决,成为了扭转时局的枢纽。随后,一直停滞不前的国共两党的合作谈判进入了一个新阶段。

1937年元旦,中共中央命令红军停止对国民党军队的一切军事行动。过了五天,国民政府也做出了反应,明令裁撤西安“剿匪”司令部。并且,蒋介石准备召开国民党五届三中全会,决定与中共合作的问题。

于是,宋庆龄与何香凝、冯玉祥准备起草《恢复中山先生手订联俄、联共、扶助农工三大政策案》提呈大会。这份提案获得了张静江、李煜瀛、孙科、张知本、李烈钧、朱霁青等11名国民党中央执行委员和中央监察委员的签字。宋庆龄和何香凝的做法让毛泽东知道了。

2月12日张闻天、毛泽东致电周恩来,“请告汉年”,嘱咐“三中全会孙夫人等左派不可太突出”,所作提案必须考虑到蒋介石能否采纳,“蒋不能采纳者则不提”。[①]

①尚明轩、余炎光编:《双清文集》(下卷),人民出版社1985年版,第176页。

周恩来正在南京与国民党进行谈判。

而正在当日,宋庆龄同何香凝一起向蒋介石面交了这个提案。提案回顾了孙中山确立“联俄、联共、扶助农工”三大政策后革命阵容为之一新的历史,指出三大政策被蒋介石等人丢弃后,外侮接踵而来以致亡国迫于眉睫的现实,因此要求国民党“恢复总理三大政策,以救党国于危亡,以竟革命之功业”。[①]

宋庆龄大概是收到了毛泽东的劝告,2 月 14 日,与何香凝一起拜访立法委员张知本,商谈修改提案的事情。

> 是日,在南京,宋庆龄与何香凝一起访张知本,口头谈“扩大总理三大政策之事”,嘱张将二人分别致冯玉祥函交给冯。要求冯修改提案,“改改前头,改改后头,并把总理三大政策改为扩大三政策,云云,如联俄,改为联俄、法、英、美。如联共改为联各党各派。如扶助工农政策,改为扶助:工农、工商各行业之政策,云云”。张知本随即与薛笃弼一起访冯玉祥,告以此事。[②]

2 月 15 日,国民党召开五届三中全会。在民族生死存亡的关头,这次全会的召开引起了世人灼焦的关注。宋庆龄自 1927 年中断参加国民党中央工作快十年了,为了促进国共合作,挽救民族危亡,在十年之后,她第一次登上国民党中央全会的席位,领衔和何香凝、冯玉祥等 13 人,联名向全会提出《恢复中山先生联俄、联共、扶助农工三大政策案》。在宋庆龄等人的力促下, 国民党在全会上正式宣布与中国共产党和苏联建立合作关系,孙中山联俄、联共的主张得到了恢复。国共合作进入了新阶段。

7 月 7 日,卢沟桥事变爆发,中国人民的全民族抗战开始了。可是,一

---

①《宋庆龄等向三中全会提议讨论恢复总理三大政策案》,《宋庆龄选集》(上),人民出版社 1992 年版,第 163—164 页。

②孙宋年谱,孙中山宋庆龄资讯网。

抗战中宋庆龄等前去慰问伤兵

开战，国民党正面战场就尽显劣势。到10月下旬，形势更加严峻，归绥、张家口、大同、保定、石家庄、邢台、娘子关、德州、沧州等地相继弃守，宋庆龄所在的上海也形势紧张，岌岌可危。宋庆龄的安危引起了毛泽东等人的关切。受中共上海地下组织委派担任宋庆龄交通员的李云回忆：

> 毛泽东、周恩来来电说：为了孙夫人的安全，请她撤离上海去香港。这份电报是由潘汉年向宋传达的。第二天，记得我去时，宋对我说："感谢毛先生和周先生的关心，我这里还有不少工作需要处理，我还不能一下子随便离开，稍缓些时间吧！"

宋庆龄没有走。11月初，上海沦陷了。宋庆龄虽然住在英法租界内，日本人暂时对她奈何不了，但毛泽东等人还是不放心。李云回忆：

> 大约11月下旬，或12月上旬，中央发来第二封电报。这时抗日战争到了极其严重的阶段，上海沦陷，无锡、苏州等地相继弃

守,上海租界陷于日军包围之中,成为孤岛,中共中央来电催促宋庆龄赶快离开上海去香港,电报具名为毛泽东、周恩来。这份电报由我向宋传达,她表示感谢毛先生和周先生,并说:“工作上一些事情已处理得差不多了,可以离开上海了。”①

12 月 23 日清晨,在新西兰友人路易·艾黎的掩护下,宋庆龄在李云陪同下拿着地下党提供的船票,登上了一艘从上海去香港的法国邮轮,三天后安全地抵达了香港。

在这一段时间,宋庆龄和毛泽东没有见面,但他们共同在为一个目标奋斗,这个目标就是后来宋庆龄所说的:“救中国”。他们志同道合,心有灵犀,故相隔千里,天涯若比邻。

4.“他的思想敏锐,识见远大,令人钦佩”

宋庆龄和毛泽东于 1927 年分别后,经过 18 年,才于 1945 年在重庆相逢。

1945 年 8 月 15 日,日本宣布无条件投降,中国人民经过 14 年的艰苦抗战终于取得了最后胜利。蒋介石连发三封电报邀请毛泽东去重庆谈判,谋求和平建国方案。毛泽东不顾风险毅然前往。毛泽东来到重庆的目的,一是谋求真和平,力避内战;一是揭露蒋介石假和平的真面目,基于第二个

---

①李云:《党派我给宋庆龄当秘书》,上海宋庆龄研究会编:《回忆宋庆龄》,东方出版中心 2013 年版,第 454 页。

目的,在重庆会见各民主人士,也是其重要的安排。

宋庆龄此时正在重庆,因此也是毛泽东准备会见的主要对象。8月30日下午,毛泽东和周恩来来到了两路口新村3号拜会宋庆龄。会谈中,毛泽东当面对宋庆龄表示了感谢。

> 8月30日下午,毛泽东专程到宋庆龄寓所,深情地对她说:“孙夫人,边区人民让我转达他们对您的问候和谢意!在抗日战争最艰苦的年代里,你为边区、为八路军和新四军提供了最急需的药品和物资,我无法告诉您,这一切对我们的帮助有多大。”①

毛泽东说的不是虚情假意。宋庆龄曾多次对八路军、新四军提供帮助。其中,对新四军的援助最大。经宋庆龄的好友史沫莱特的介绍,新四军卫生部部长沈其震曾于1938年冬在香港拜见宋庆龄,要求她支援。后来沈其震回忆:

> ……这次会见以后,新四军从香港和上海通过党的各种渠道,得到了一批急需的手术器械和大量药品,以及其他食品、被服,文化用品等救济物资。当时有一种名叫“白浪多息亦”的最有效的消炎药(磺胺的前身),是世界上刚刚生产、国内还没有用过的最新产品,也从上海运到了新四军。这就大大加强了新四军军部和各支队的医院的医疗工作。②

宋庆龄多次为新四军募集物资,为此刘少奇曾专门向毛泽东做了汇

①李云:《党派我给宋庆龄当秘书》,上海宋庆龄研究会编:《回忆宋庆龄》,东方出版中心2013年版,第467页。

②沈其震:《许国以身长画卷》,《宋庆龄纪念集》,人民出版社1982年版,第131页。

报。沈其震回忆：

（1941 年皖南事变发生后——引者注）当时刘少奇政治委员和陈毅代军长决定委派我又一次去香港，当面向宋庆龄同志介绍皖南事变真相，让她放心。

宋庆龄见到我，头一句话就担心地问："我们这次损失这么大，还有力量吗？"我向她详细地转述了刘少奇同志和陈毅同志的话，并说："请您放心，党中央和毛主席都在延安嘛。"她所到这句话，开心地笑了，轻声地说："啊，延安……"并在很短的时间内又为新四军筹集了一批物资，通过各种渠道，运送到新四军。

后来，我随同刘少奇同志到延安，在枣园见到毛主席时，向主席汇报了宋庆龄同志悉力支援新四军的光荣业绩，主席对宋庆龄同志是很赞赏的。①

事实上，宋庆龄不只是援助了苏皖地区的新四军，在华北和延安也援助了不少的物资，其中援建了白求恩国际医院，甚至还给延安送去一台难得的 X 光机，成为 9000 万人解放区唯一的一台 X 光机。

这次毛泽东会见宋庆龄，是一次礼节性的拜访，他们没有进行深谈。

随后，宋庆龄和毛泽东多次参加一些公开活动。

9 月 1 日，宋庆龄和毛泽东等出席庆祝签订《中苏友好同盟条约》的酒会。

国民政府与苏联政府于 8 月 14 日在莫斯科正式签订了《中苏友好同盟条约》。为庆祝该条约的签订，中苏文协主持召开了盛

①沈其震：《许国以身长画卷》，《宋庆龄纪念集》，人民出版社 1982 年版，第 132 页。

大鸡尾酒会。宋庆龄和毛泽东、周恩来、王若飞、孙科、冯玉祥、张治中、陈诚、王世杰、陈立夫、郭沫若、马寅初、谭平山、王芸生、李德全、王昆仑、史良、刘清扬、茅盾、侯外庐等应邀出席。①

宋庆龄在友人王安娜陪同下,到桂园出席茶会

9月3日晚,宋庆龄和毛泽东等人再次聚首。

是日晚7时30分,宋庆龄和毛泽东、周恩来、王若飞、冯玉祥夫妇,以及民主同盟的张澜、章伯钧、左舜生、沈钧儒,英、美、法等国家的大使,荷、比等国家使节,国民政府官员与外交人士出席了苏联大使彼得罗夫夫妇在大使馆举行的茶话会,并观看苏联最新影片《胜利大检阅》。②

9月6日晚,宋庆龄以保卫中国同盟主席的名义,在重庆寓所设宴招待毛泽东、周恩来、王若飞等人,气氛十分热烈。

9月8日下午,毛泽东在桂园客厅举行小型茶会,招待在重庆的各国

①孙宋年谱,孙中山宋庆龄资讯网。

②孙宋年谱,孙中山宋庆龄资讯网。

援华救济团体代表。宋庆龄、英国驻华大使薛穆及夫人、美国联合援华会以及其他国际组织的代表应邀出席。

毛泽东和宋庆龄都发表了讲话。

第二天，宋庆龄专程前往桂园拜访毛泽东、周恩来。

> 宋庆龄乘车到桂园时，毛泽东等已到门口迎候，然后到客厅亲切交谈。[①]

毛泽东亲自在门口迎接，可见她对宋庆龄的尊重。而来到客厅后，宋庆龄又看见墙上挂着孙中山手书“天下为公”的条幅。这是孙中山的手迹，宋庆龄更是感动。

毛泽东到重庆后，宋庆龄尽管多次与他见面，但都没机会深谈。这一次，他们坐在一起，推心置腹，共同剖析战后形势，展望新中国的前景。通过与毛泽东等人的交谈，宋庆龄对此时内战危机四伏的严重局势有了更深刻的了解，对毛泽东、周恩来表示她将坚决支持中国共产党争民主、争和平，反独裁、反内战的政策。[②]

在交谈中，毛泽东、周恩来对宋庆龄不计个人安危，忠诚不渝地信守孙中山三大政策表示由衷敬意。

通过这次深谈，宋庆龄对毛泽东认识更加深入和直观。她后来回忆说：

> 国共谈判时期，我在重庆初次和他会见，就感到他不但是一党的领袖，并且是全国人民的导师，他思想敏锐，识见远大，令人钦佩。[③]

---

①孙宋年谱，孙中山宋庆龄资讯网。

②胡北淇主编：《宋庆龄诞辰百周年学术论文集》，西南师范大学出版社 1993 年版，第 303—304页。

③《追念毛主席》，《宋庆龄选集》(下)，人民出版社 1992 年版，第 541 页。

由此，她坚信毛泽东领导的事业一定会成功。

时在重庆八路军办事处工作的童小鹏几十年后还对他们的这次见面记忆犹新：

抗战时宋庆龄在重庆

> 我清楚地记得，1945年9月的一个上午，分别了18年的两位伟大的革命家——毛泽东、宋庆龄在重庆上清寺桂园张治中公馆内亲切会见了。我亲眼看到，毛主席走出客厅门口迎接，两只推动革命前进的手紧紧地握在一起，然后他们进入会客室进行亲切会谈。会谈后，毛主席又亲自将宋庆龄同志送到大门外，一直看着她上了汽车才离开。①

从童小鹏的叙述中，也可以看出毛泽东对宋庆龄的重视。

毛泽东在重庆40多天，国共两党在谈判桌上针锋相对，经过艰苦的谈判，终于在10月10日签订了《政府与中共代表会谈纪要》，两党决定双方停止内战，和平建国。

---

①童小鹏：《伟大的共产主义战士——沉痛悼念宋庆龄同志》，《宋庆龄纪念集》，人民出版社1982年版，第148页。

10月11日上午9时45分，毛泽东乘飞机离开重庆，返回延安。他和宋庆龄等人匆匆相聚后再次分别了，各在异地。

5.“她完全服从我们，在人民中间威望很高”

重庆一别，宋庆龄和毛泽东再见则是在四年后。

尽管重庆谈判中国共两党签订了和平协定，但是，1946年6月，蒋介石大举进攻中原解放区，还是引爆了全面内战。然而，经过三年军事较量，蒋介石由进攻转入防御。1949年前后，国民党的反动统治开始土崩瓦解。宋庆龄站在人民立场上，继续通过种种渠道募集大量医疗器械、药品和物资，源源不断地秘密运往解放区。[①]

黎明前是最黑暗的。在解放前夕，上海的白色恐怖越来越猖獗，每日报纸上都是连篇累牍地刊登着枪毙人的消息，腥风血雨。在险恶的环境中，宋庆龄不得不经常变换住处。远在千里之外的毛泽东、周恩来等人对她的安全非常关注。

1949年1月19日，毛泽东、周恩来两人联名给宋庆龄发出电报：

庆龄先生：

中国革命胜利的形势已使反动派濒临死亡的末日，沪上环境如何，至所系念。新的政治协商会议将在华北举行，中国人民革命历尽艰辛，中山先生遗志迄今始告实现。至祈先生命驾北

---

①尚明轩、陈民、刘家泉、赵楚云编著：《宋庆龄年谱》，中国社会科学出版社1986年版，第155页。

宋庆龄在检查运往解放区的医疗物资

来,参加此一人民历史伟大的事业,并对于如何建设新中国予以指导。至于如何由沪北上,已告梦醒与汉年、仲华切商,总期以安全为第一。

谨电致意,期盼回音。

毛泽东 周恩来 子皓[1]

这份电报先是发给中共中央香港分局。香港分局领导人方方、潘汉年和当时在香港的中共中央上海局书记刘晓接到电报后,立即研究保护宋庆龄和护送她北上的行动方案,并将方案报告周恩来。周恩来对方案批示:

①何大章:《宋庆龄往事》,人民文学出版社 2011 年版,第 147 页。

"第一必须秘密,而且不能冒失。第二必须孙夫人完全同意不能稍涉勉强。如有危险,宁可不动。"①

随后,潘汉年等人决定派智勇双全的华克之去上海,先把宋庆龄接到香港,然后让她与何香凝等人一起去北平。华克之乔扮成一个大商人,在香港乘船到青岛,再辗转到达上海。后担任过宋庆龄故居主任的何大章说:

> 毛泽东、周恩来的电报终于送到了宋庆龄手上。然而,这时宋庆龄的处境十分险恶,健康状况也不好,无法北上。

经过考虑,宋庆龄对华克之复函如下:

> 接获大札,敬悉伟大的主席和全党同志对我的关注,至为感激。经长时间的考虑,确认一动不如一静。我将在上海迎接解放,和诸公见面。根据我的预计,蒋介石是无可奈何我的,请勿念。②

华克之按照周恩来的指示于是终止了护送宋庆龄离沪赴港的计划。

然而,这时由于战火迫近沪上,各界名流纷纷撤离上海。2月2日,国民政府"代总统"李宗仁由南京乘专机到达上海,前来拜访宋庆龄,并请她以个人身份到北方向中共领导人转达他谋求和平的诚意。这个要求遭到了宋庆龄严正的拒绝:

> 德邻先生,我曾经明白表示过,在国民党未实行孙中山先生的三大政策以前,我绝不参与这个党的任何工作。③

---

①何大章:《宋庆龄往事》,人民文学出版社2011年版,第147页。

②何大章:《宋庆龄往事》,人民文学出版社2011年版,第147页。

③程思远:《饱经忧患,坚韧不拔》,《人民日报》1993年1月27日。

宋庆龄没有答应李宗仁的要求，却对毛泽东等人寄予胜利的希望。2月20日,她就毛泽东、周恩来的来函正式写出复函,内容如下:

亲爱的朋友们:

请接受我对你们极友善的来信之深厚的感谢。我非常抱歉，由于有炎症及血压高,正在诊治中,不克即时成行。

但我的精神是永远跟随着你们的事业。我深信,在你们英勇、智慧的领导下,这一章历史——那是早已开始了,不幸于23年前被阻——将于最近将来光荣的完成。①

宋庆龄预言毛泽东等人的解放事业即将完成,赞赏、喜悦之情跃然纸上。

4月20日,解放军百万雄师过大江,23日解放南京。5月下旬,上海继南京之后也回到人民手中,对此,宋庆龄感到欢欣鼓舞。7月1日,宋庆龄在上海发表《向中国共产党致敬》一文,热烈欢呼人民的胜利。她热情地说:

欢迎我们的领导者——这诞生在上海、生长在江西的丛山里,在二万五千里长征的艰难困苦中百炼成钢,在农村的泥土里成熟的领导者。向中国共产党致敬!②

这时毛泽东等人正准备在北平召开新政协会议,建立新中国,为此,毛泽东和周恩来派邓颖超携带两人的亲笔信,与何香凝的女儿廖梦醒一起去上海,迎接宋庆龄到北平参加开国大典。其中,毛泽东的信如下:

---

①何大章:《宋庆龄往事》,人民文学出版社2011年版,第148—149页。

②《宋庆龄同志伟大光荣的一生》,《宋庆龄纪念集》,人民出版社1982年版,第40页。

庆龄先生：

重庆违教，忽近四年。仰望之诚，与日俱积。兹者全国革命胜利在即，建设大计，亟待商筹。特派邓颖超同志趋前致候，专诚欢迎先生北上。敬希命驾莅平，以便就近请教，至祈勿却为盼！专此敬颂

大安！

毛泽东

1949 年 6 月 19 日①

周恩来给宋庆龄的亲笔信是比毛泽东晚几日写的：

庆龄先生：

沪滨告别，瞬近三年。每当蒋贼肆虐之际，辄以先生安全为念。今幸解放迅速，先生从此永脱险境，诚人民之大喜，私心亦为之大慰。现全国胜利在即，新中国建设有待于先生指教者正多。敢藉颖超专诚迎迓之便，谨(略)陈渴望先生北上之情。敬希早日命驾，实为至幸。

耑上，敬颂

大安

周恩来

1949 年 6 月 21 日②

---

①上海宋庆龄故居纪念馆编译：《宋庆龄往来书信选集》，上海人民出版社 1995 年版，第 203 页。

②何大章：《宋庆龄往事》，人民文学出版社 2011 年版，第 153 页。

宋庆龄和邓颖超等在一起

对毛泽东、周恩来两封亲笔信,何大章等人后来却有一个重大发现:

仔细研究起来,这两封信都有发人深思的特殊之处。毛泽东书法很有功底,但他给别人写信通常比较随意,字里行间不时有勾勾划划的地方。而这一封写给宋庆龄的信,显然是认真誊写过的,连一个错字、一个墨点都没有,可谓行草的上乘之作;即使作为书法欣赏,也具有高度的美学价值。周恩来做事历来谨慎,对别人也格外尊重。他手书的信件大多整齐干净。而唯独在给宋庆龄的这封信里,却改了一个字。信中"略陈渴望先生北上之情"的"略"字被改成了"谨"字。一字之差,意味深长。更奇怪的是,信件经修改后却没有重抄。①

而这个意味深长的一字之差,居然是毛泽东改的。原来,周恩来写完这

①何大章:《宋庆龄往事》,人民文学出版社 2011 年版,第 153 页。

封信后,特地送给了毛泽东审阅,毛泽东亲笔做了这么一个修改。何大章回忆:

……故居管理处的一位副主任名叫王传革。……他突然发现这个改上去的"谨"字,并非周恩来的字迹,而是毛泽东的亲笔墨迹。当年周恩来写完这封信,送给毛泽东去看。毛泽东看过之后,认为"略陈"不够恭敬,便动笔将其改成了"谨陈"。周恩来认可这种修改,同时为了表示对毛泽东的尊重,也就这样将信送出去了。①

何大章由衷地说:"这两封具有历史意义的信,都是那么的不同寻常。实际上,这从一个侧面生动地反映了毛泽东、周恩来对于宋庆龄的一种特殊的尊重。"② 而宋庆龄对这两封信也十分重视。何大章说:

在新中国建立前夕,邀请宋庆龄北上的这两封书信,不仅在今天具有十分重要的文献价值,宋庆龄本人在当时也是看得很重的。收到这两封信以后,她一直将其珍藏在上海住宅的铁柜里。

但是,在当时宋庆龄开始并没有答应去北平。廖梦醒回忆:

(6月25日——引者注)到了上海,邓大姐叫我先去看她。

庆龄同志说:"北京是我最伤心之地,我怕到那里去。"我说"北京将成为新中国的首都。邓大姐代表恩来同志,特来迎接你。"③

随后,邓颖超去见宋庆龄,她还是没有答应。何大章说:

---

①何大章:《宋庆龄往事》,人民文学出版社2011年版,第154页。

②何大章:《宋庆龄往事》,人民文学出版社2011年版,第154页。

③廖梦醒:《我认识是宋庆龄同志》,《人民日报》1981年6月3日。

……邓颖超和廖梦醒一起前往宋宅拜望,呈上毛泽东和周恩来的亲笔信后,又向宋庆龄当面表达了大家盼望她到北平参加新政协的迫切心情。宋庆龄听了很高兴,但也很犹豫。她说:“北平是我的伤心之地,我怕去那里。待我考虑考虑,想好再通知你吧。”

宋庆龄不愿意北上,与上海解放时发生的几件事情有关。李云回忆:

上海解放后,……一天我去宋家,……宋看到我非常高兴,双臂敞开把我抱住,在客厅里走一圈,然后拉着我的手坐在靠里的沙发上。……宋庆龄没有问我的情况,却急急忙忙告诉我发生的一件使她一直生气的事。

她说:“上海解放后,一天突然来了几个穿军装的年轻人,其中一人说,我们是来接管房子的。何元光和李妈再三讲也没有用,外面院子里挤满了来看热闹的人,我在里面气极了。李妈见到这些人无理可讲,劝我出去:‘你不出去还不行,吵得要命。’我是在这样情况下出去的。那么多的人围着我看,真难为情极了。我见那个为首的人,手里拿着一把长军用刀,在地下划来划去,嗓门儿也大。我严肃地对他说:‘我就是宋庆龄,请你们回去向你们的上级报告。’说完我就回到楼上,不管他们翻天覆地的叫嚷,不理他们。”

……

对于宋庆龄反映接管她的房子事,我通过徐强(我丈夫)了解到那位领头的军人已经挨批评了。①

---

①李云:《党派我给宋庆龄当秘书》,上海宋庆龄研究会编:《回忆宋庆龄》,东方出版中心 2013 年版,第 457—458 页。

对此，周大计认为:“这件事可能引起了宋庆龄情感上的不快。”[①]但是,事情发生后,正如李云回忆说的一样,有关部门立即采取了纠正措施。

陈 毅

中共中央和华东局对此事十分重视。不仅相关人员受到了批评,而且陈毅、饶漱石、邓小平、吴克坚等在史良的陪同下很快拜访了宋庆龄并致歉。[②]

廖梦醒回忆:

几次交谈之后，邓大姐把庆龄同志说服了。8 月底我们乘车北上。[③]

宋庆龄答应北上的时间为 6 月 30 日,也就是说,她只考虑了五天时间。随后,邓颖超把宋庆龄的决定报告了党中央。

7 月 1 日,毛泽东、周恩来为中共中央致电上海市委并转邓颖超,电报指出宋庆龄病体难支,故北上时应“备头等卧车直开南京,然后再换卧车,由浦口直开北平,并附餐车”。电报还特别指出:

①周大计:《宋庆龄 1949 年北上参加新政协会议的经过》,《党的文献》2009 年第 2 期。

②周大计:《宋庆龄 1949 年北上参加新政协会议的经过》,《党的文献》2009 年第 2 期。

③廖梦醒:《我认识的宋庆龄同志》,《人民日报》1981 年 6 月 3 日。

> 邓在沪时,应多往孙夫人处谈话,为之讲解各种情况和我党政策,并对我军解放上海后,由于不熟悉情况,致对孙寓所及孙中山故屋发生几次误会,予以解释和道歉。据史良说,孙中山故屋中一个老仆人曾被我拘留,如尚未释放,望市委速开释,并查明理由。如系错在我方,应正式向其认错道歉,并对该老仆人的损失予以赔偿。如系错在彼方,而错并不大,应亦予以释放,勿使孙夫人为此介怀。①

邓颖超随后回复中央:“孙中山故居仆人曾于当日被拘,旋即释放,所发生误会已向宋庆龄解释。”②

随后,周恩来又从史良那里获悉一个情况:宋庆龄曾托史良转告有关方面,宋子安是她的幼弟,她曾多次劝说在美国的宋子安不要回国追随蒋介石、宋子文、孔祥熙等人做事,因此,宋子安留在美国没有回来。上海爱棠路 190 号为宋子安的私产,被人民政府接收了。宋庆龄希望对待宋子安,应与对蒋介石、宋子文、孔祥熙等人加以区别,以使宋子安觉得听宋庆龄话果然有出路,以后回到新中国来。随后,周恩来和毛泽东以党中央的名义致电上海市委:

> 请你们查明该号房产如属宋子安,可交与孙夫人代管,俟宋子安将来回国时再行解决。③

无论是毛泽东、周恩来还是华东局和上海市委,对宋庆龄的工作极为

---

①《建国以来周恩来文稿》第 1 册,中央文献出版社 2008 年版,第 47—48 页。

②《建国以来周恩来文稿》第 1 册,中央文献出版社 2008 年版,第 51—52 页。

③《建国以来周恩来文稿》第 1 册,中央文献出版社 2008 年版,第 48 页。

慎重，一经发现其中的偏差或疏漏，就迅速采取补救措施，这些做法更加深了宋庆龄对中国共产党及其政策的理解。

然而，当宋庆龄北上到达北平时，她怎么也没料到毛泽东等人是如此隆重的迎接。随行的上海市人民政府交际处处长管易文回忆：

> 车到天津暂停，由黄敬安排食住，同时打电话报告毛主席。毛主席说，他要亲自到车站去接宋庆龄。我们把专列到北京站的时间与毛主席去接的时间安排得正相吻合。

但是，事情不是管易文说的这么简单，何大章说：

> 8月28日下午，毛泽东、朱德、周恩来等50余位中共中央和民主党派的最高领导人来到北平前门火车站。在中共中央的主要领导人中，只有刘少奇因访苏刚刚回到东北而没有前往迎接。……除了这些领导人之外，就是身穿统一服装、戴着白色遮阳帽的洛杉矶幼儿园的孩子们。洛杉矶幼儿园是宋庆龄用美国洛杉矶华人、华侨捐献的款物在延安建立起来的。

毛泽东不仅带上了50多位党政军和民主党派领导人前去车站，而且从不讲究穿着的他特地换了新衣服。

> 是日，毛泽东特地穿了一套平时不大穿的、只有迎接知名人士时才穿的浅色衣服。①

---

①尚明轩、魏秀堂：《在开国的日子里》，《今日中国（中文版）》2010年第7期。

毛泽东等人并非如管易文说的他们安排到站时间与毛泽东等人接站的时间一致,据当时在场的摄影师徐肖冰、侯波回忆,他们在车站等了一个多小时。

> 毛泽东等人都是提前近一个小时就到了车站,而且所有人都站在月台上恭候,没有一个人坐下休息。①

下午4时,列车缓缓驶入车站。

> 宋庆龄乘坐的专列刚一停稳,毛泽东便走上车厢,和她握手,并说:“欢迎你,欢迎你,一路上辛苦了。”她高兴地说:“谢谢你们的邀请,我向你们祝贺。”毛泽东说:“欢迎你来和我们一起筹建新中国的大业。”她说:“祝贺中国共产党在你的领导下取得伟大胜利。”时隔四年之后,宋庆龄和毛泽东的手又握到了一起。②

毛泽东登上车厢,亲自迎接宋庆龄下车。毛泽东登车迎接客人,据查仅此一次,别无他例。何大章说:“中共中央全体领导人到车站恭候,毛泽东亲自登上车厢迎接,这种规格的欢迎,在毛泽东的一生中,在中国的历史上是绝无仅有的。”③

宋庆龄下车后,前来迎接的各领导人纷纷与她互致问候,洛杉矶幼儿园的孩子们向宋庆龄献了花,简短的欢迎仪式便告结束。宋庆龄上汽车,由周恩来夫妇陪同去饭店休息。廖梦醒回忆:

> 当天晚上,毛主席宴请庆龄同志,大家畅谈甚欢。我亦恭陪末席。

---

①何大章:《宋庆龄往事》,人民文学出版社2011年版,第155页。

③尚明轩、魏秀堂:《在开国的日子里》,《今日中国(中文版)》2010年第7期。

③何大章:《宋庆龄往事》,人民文学出版社2011年版,第156页。

可以说,宋庆龄来到北平受到了毛泽东、周恩来等人最热烈、最隆重的欢迎。这种礼遇对于不讲客套的新中国领导人来说是极其罕见的。随后,宋庆龄开始参加成立新中国的各项筹备活动了。

9 月 21 日至 9 月 30 日,中国人民政治协商会议第一届全体会议召开。宋庆龄作为特邀代表参加,并与毛泽东等 89 人当选为大会主席团成员。在人民政协的讲坛上,她多次发表热情洋溢的讲话。一次,她发自内心地说:

宋庆龄在新政协会议上发表讲话

> 今天,中国是一个巨大的动力,中国人民在前进,在革命的动力中前进。这是一个历史的跃进,一个建设的动力,一个新中国的诞生!我们达到今天的历史地位,是由于中国共产党的领导。这是唯一拥有人民大众力量的政党。孙中山的民族、民权、民生三大主义的胜利实现,因此得到了最可靠的保证。[①]

9 月 30 日,在政协全体会议上,毛泽东当选为中央人民政府主席,宋

---

①尚明轩、陈民、刘家泉、赵楚云编著:《宋庆龄年谱》,中国社会科学出版社 1986 年版,第 160 页。

庆龄与朱德、刘少奇、李济深、张澜、高岗当选为副主席。宋庆龄在副主席中排名第三,成为了新中国的最高领导人之一。然而,有意思的是,此前毛泽东曾提议过由宋庆龄担任中央人民政府主席。

> 还在1949年初,2月6日 А.И. 米高扬同中共领导人会晤时,就讨论过政府成员问题,毛泽东建议宋庆龄为政府主席。毛泽东说:“她完全服从我们,在人民中间威望很高。”参与会晤的任弼时和周恩来反对宋庆龄担任此职,称如果毛泽东不当主席,人民会不理解。①

此事在安·列多夫斯基著《米高扬与毛泽东的秘密谈判(1949年1—2月)(下)》中也有记载。

但是,经过慎重考虑,党中央没有接受毛泽东的提议,而决定由宋庆龄担任副主席。

10月1日下午2时,宋庆龄参加了中华人民共和国中央人民政府委员会第一次会议,毛泽东宣布中央人民政府正式成立。然后,宋庆龄与政府主席、副主席一起宣布就职。3时,她和毛泽东等党和其他国家领导人一起登上天安门,参加开国大典。

> 当礼炮齐鸣,在雄壮的国际歌声中,第一面五星红旗升起时,(宋庆龄)激动得热泪盈眶。②

---

①[俄]И.Н.索特尼:《中华人民共和国成立以后的宋庆龄》,《20世纪俄中关系》第5卷《中苏关系》下册(1946—1950年2月),莫斯科历史思想文献出版社2005年版,第186—187页。

②尚明轩、陈民、刘家泉、赵楚云编著:《宋庆龄年谱》,中国社会科学出版社1986年版,第162页。

对此，宋庆龄后来说："中央人民政府的成立，是中国历史上和世界历史上的一个重大成就。我能成为这个政府的一员，是我一生中莫大的光荣。"

就这样，宋庆龄成为了人民共和国的缔造者之一。

6."庆龄同志一向敬佩毛主席"

童小鹏说：

> 1949年9月，宋庆龄应中共中央邀请到达北京，毛主席亲自到车站迎接。从此，她和毛泽东，周恩来，刘少奇，朱德等老革命家以及全国各族人民，更亲密地战斗在一起，胜利在一起。①

宋庆龄对新中国的成立是欢欣鼓舞的，对人民领袖毛泽东也非常尊敬。罗叔章回忆：

> 新中国成立后，宋与毛泽东一起从事着重要的国务活动，相互间更为了解，友谊与日俱增。她与毛泽东的亲密交往，是她对毛泽东崇敬爱戴的真情流露。②

---

①童小鹏：《伟大的共产主义战士——沉痛悼念宋庆龄同志》，《宋庆龄纪念集》，人民出版社1982年版，第148页。

②史慰慈：《我们是"林泰"宋庆龄》，《上海滩》2011年第5期。

从 1950 年秋开始,宋庆龄因为工作的需要,主要居住在北京。罗叔章在宋庆龄身边工作期间,多次陪同她去毛泽东的住处。年底,宋庆龄决定去上海过新年。她离开北京回上海的前夕,去向毛泽东告辞。毛泽东盛情留宋庆龄一起吃饭。同去的罗叔章回忆当时的情况说:

宋庆龄在工作中

毛主席的生活非常简朴,席间四菜一汤,就像家人团聚,吃的都是家常菜。

吃饭的时候,主席和夫人谈论着一些国际问题。夫人直接向毛主席提了一个建议,她说:“斯特朗听说还关在监牢里。这是为什么,我知道她是个好人,她不但在本国,在国外都做了不少事,是一个马列主义者,是个很有影响的人物。我认识她很久了。我想这事要请主席助一臂之力,应设法把她放出来。”不久毛主席就将斯特朗安排来华定居了。

后来,夫人从上海回来了,毛主席又请她去吃饭。上次的菜,辣味太重,夫人真的没有吃好,主席都看在眼里了。这次,主席请夫人吃的是西餐,陪同的人都是夫人熟悉的中央领导人。①

---

①史慰慈:《我们是“林泰”宋庆龄》,《上海滩》2011 年第 5 期。

此事可见毛泽东在工作上对宋庆龄十分重视，在生活上也十分关心。

这一时期，宋庆龄主要分管中国儿童和福利事业。她以前没有涉足过国家管理这样的大事，一边工作一边学习。她多次参加毛泽东主持的国务活动，并且直接得到毛泽东的教导，学到了不少工作方法。因此，有人回顾她的这一段经历说："毛泽东无疑是她一生中的第二位，也是最重要、最有影响的导师。"① 而毛泽东等人成为了新中国的领导者，地位改变了，但是对宋庆龄的尊敬一如既往。

1952 年秋，宋庆龄从上海到北京，带上了她钟爱的儿童剧团的孩子们到北京参加汇报演出。

出发前，她亲自审定剧团演出的节目，还为女孩子选择了扎在头上的蝴蝶结，勉励孩子们说："现在全国儿童剧院很少，要拿出最好的成绩到北京去向毛主席汇报。"②

9 月 30 日，宋庆龄出席毛泽东主持的国庆三周年宴会。在交谈中，宋庆龄热情地邀请毛泽东去看看孩子们的演出。毛泽东高兴地答应了："好啊！他们是祖国的春天。"

回到寓所后，宋庆龄兴奋地嘱咐秘书写信给儿童剧团的负责人奚里德、任德耀，告诉他们毛泽东要观看演出的好消息。信中说：

> ……宋主席已征得毛主席同意看儿童剧团演出。因此，请你们充分准备，于 10 月 10 日以前随时上演。演出的时间能不超过 3 小时更好，否则略为超出一点时间亦无不可。演出节目，傀儡剧、哪吒、狮子、细菌战。不必演小雪花。

---

①盛永华：《论宋庆龄与她的第二位导师》，《东方论坛》1994年第 2 期。

②章薇娜：《把生命的旗帜交给儿童》，《光明日报》1981 年 6 月 4 日。

此时宋庆龄的新书《为新中国奋斗》出版了。这是根据陈毅和郭沫若等人意见选编的宋庆龄 1949 年 5 月前发表的文章编辑而成的集子，许多文章是以外国读者为对象。罗叔章征求宋庆龄的意见,曾建议起名《人民争取政权的斗争》或者《宋庆龄文集》,但宋庆龄没采纳,提出两个书名:一、《为新中国奋斗》,二、《为新中国》。这两个书名体现出她的理想以及她多年为之奋斗、忘我工作的内在力量和目标。随后罗叔章等人选取了《为新中国奋斗》的名字。宋庆龄请周恩来题写了书名。文集于 10 月 1 日以中英文同时出版。新书出版后,宋庆龄特地送了一套给毛泽东。

10 月 10 日,宋庆龄收到了毛泽东的来信:

> 承赠大著《为新中国奋斗》,极为高兴,谨致谢意。另承赠他物,亦已收到,并此致谢!①

10 月 22 日,中国福利会儿童剧团在政务院小礼堂演出。毛泽东、周恩来、朱德等中央领导人前来观看。儿童剧团副团长任德耀后来回忆:

> 到了北京,宋妈妈要请毛主席和中央领导同志看戏。这件事孩子们事先不知道，但是感到这次演出和以前的演出有点不一样。……车子开进了中南海,到了政务院小礼堂的后台,领导同志向大家宣布:“今天毛主席和中央领导同志来看我们的演出。”大家都情不自禁地欢呼起来,真像是油锅里滴进一滴水,把我们的心花都爆开了。
>
> 演出时大家眼睛都不敢朝台下看。但台下发出的爽朗的笑声不时传到台上来,这混在一起的爽朗的笑声,有毛主席的,有周总

①《毛泽东书信选集》,人民出版社 1983 年版,第 499 页。

理的,有朱总司令的,有宋妈妈的,还有许多中央领导同志的。这笑声温暖着大家的心,许多人都流了眼泪。戏演完了,孩子们像潮水一样涌到台口,等不及大幕再打开,就趴在地上,掀起大幕,一个个把脑袋从大幕底下钻出来,对着毛主席、宋妈妈、周总理、朱总司令,对着中央领导同志欢呼,毛主席高兴得哈哈大笑,宋妈妈抿着嘴激动地向孩子们招手。①

在整个演出中,宋庆龄全程陪同,毛泽东与她边看边交谈。对孩子们来说,好事不断。任德耀说:

演出完了,邓颖超同志带来了毛主席的指示,要我们到怀仁堂去演出,接待首都的少年儿童。

10月23日,宋庆龄给团长奚里德等人写信,告诉他们:

昨天晚会中小朋友们演出的节目,博得观众赞赏,尤其消灭细菌战(即《消灭病菌》)一剧,毛主席很称赞,认为很富卫生教育意义,应该演给和平代表们看。同时毛主席觉得剧团方面应多排演一些具有教育意义适于儿童观看的戏剧,因为由儿童上演儿童剧比之由成人演给孩子们看,更为生动,更能引起儿童们的兴趣喜爱。……昨天的收获表现了各同志都克尽责任,圆满地完成了来京的任务,这是你们的光荣,也是福利会的光荣。②

①任德耀:《我们要有成百个儿童剧团——记宋庆龄同志对儿童戏剧事业的关怀和抱负》,上海宋庆龄研究会编:《回忆宋庆龄》,东方出版中心2013年版,第556页。

②宋庆龄:《宋庆龄书信集》(下),人民出版社1999年版,第441—442页。

宋庆龄和孩子们在一起

毛泽东邀请孩子去中南海演出也没有食言。任德耀后来回忆：

10 月 28 日到 31 日，我们在怀仁堂演出了四场，党无微不至的关怀，小观众和演员都是终身难忘啊！

毛泽东邀请儿童剧团的孩子们到中南海演出，一则体现党中央对孩子们的关心，另则也是他本人对宋庆龄工作的支持。

毛泽东与宋庆龄在工作上有着密切的交往。次年六一儿童节前夕，宋庆龄主持的中国福利会在上海建造了少年宫。何大章回忆说：

1953 年六一节，在儿童福利站的基础上，中国第一座少年宫在上海建成。孩子们离开了简陋的铁皮房子，走进了被称为"大理石宫"的美丽建筑。在它的影响下，少年宫如雨后春笋般涌现出来。现在，全国各省区、各市县，甚至各乡镇，都有了自己的少年宫，它们成了孩子们的乐园。

而“少年宫”这几个字，就是宋庆龄请毛泽东题写的。

在中国福利会少年宫成立一周年前夕，（宋庆龄）请毛泽东为少年宫题写了宫名。少年宫大门上的三个镏金大字“少年宫”，就是依照毛泽东亲笔题字放大制成的。①

宋庆龄是经历过中国高层政治风云变幻的伟大女性。由于其特殊的身份，她先后与袁世凯、段祺瑞、黎元洪、蒋介石、毛泽东等多位中国领导人认识，甚至打过交道，但她只对毛泽东等人的工作感到欣喜和满意。1951 年 4 月 13 日，她给友人西摩夫人的信中充满喜悦地说：

我们的国家已有了很多的变化，我们的经济已得到稳定，我们的人民热情地投入了建设这个巨大的国家的工作。我们的报纸每天都充满了大量的建设工作和在实现增产方面打破了一个又一个纪录的劳动英雄的消息。文化事业也有一个真正令人兴奋的高潮。包括所有艺术部门的活动在如此广泛的基础上得到促进，以至于今日中国几乎没有一个公民不参加或在某种程度上起作用的事。同样重要的是，我们的儿童比以前更漂亮了。从他们红润的脸蛋和明亮的眼睛就可以看出，总的生活条件已得到了提高。与此同时，把现代医疗设备和医疗工作带给人民，这是一项正在广泛开展的工作。制订的计划一个比一个更有雄心，它们是那样

① 中国福利会编：《宋庆龄与中国福利会》，上海人民出版社 2000 年版，第 201 页。

有力地被贯彻执行，以至我们总是觉得我们低估了自己的力量。这就是今天新中国的真实写照。①

这种心情使得宋庆龄对毛泽东也充满了爱戴之情。宋庆龄专列的工作人员回忆：

1952 年 12 月，宋庆龄同志率领中国代表团出席了在维业纳召开的世界人民和平大会胜利归来时，我们随专车到满洲里去迎接她……途中，她对我们的服务工作没提出任何一点要求，还送给我们每人一枚毛主席像章和和平鸽纪念章，并亲手把毛主席像章给一个女列车员戴在胸前。

当时我们高兴得热泪盈眶，激动得一句话也说不出来。②

宋庆龄不仅给专列工作人员送毛泽东像章，还给外国友人也送过。她不仅送像章还送毛泽东写的书。她在北京寓所的警卫战士们回忆：

50 年代初，《毛泽东选集》第一卷刚出版后，我们都渴望读到这本书，但一时又买不到。就在这时，宋庆龄同志派秘书送给每个干部战士一本《毛泽东选集》，嘱咐大家要认真读，要好好学习，努力工作。……一次，她到上海之前，亲切地对我们说，你们都是青年人，是建设祖国的人才，你们要好学习毛主席著作，好好学习

①李云：《党派我给宋庆龄当秘书》，上海宋庆龄研究会编：《回忆宋庆龄》，东方出版中心2013 年版，第 461—462 页。

②王正明、刘宝刚、刘风峰、于沛深、林从德：《“宋庆龄同志，列车工作人员怀念您！”》，《人民铁道》1981 年 6 月 4 日。

政治和军事，努力提高自己的政治水平和知识水平。等我回来后，希望看到你们都有进步。[①]

宋庆龄的这些举动自然是出自于对毛泽东的敬重，并且是发自内心的。对此，刘少奇的夫人王光美也深有感触：

庆龄同志一向敬佩毛主席。在她北京和上海住所的客厅里，一直悬挂她亲自选择的孙中山先生和毛泽东同志的相片。毛泽东同志的相片都是生活照，显得十分亲切。[②]

宋庆龄为什么这么做？是因为她在与毛泽东的交往中深感到对方的伟大。为此，宋庆龄后来由衷地说："他是伟大事业的引路人"。[③]

7."毛泽东对宋庆龄……甚至可以说是表现出对任何人都不曾有过的尊重"

熟悉毛泽东和宋庆龄的中南海摄影师侯波说："毛泽东对宋庆龄也始终保持着特殊的尊重，甚至可以说是表现出对任何人都不曾有过的尊重。"[④]

---

①北京卫戍区某部警卫战士口述，整理者张纯志、贺一连：《宋庆龄名誉主席关心战士的成长》，《解放军报》1981 年 6 月 2 日。

②王光美：《永恒的纪念》，《人民日报》1981 年 6 月 2 日。

③《追念毛主席》，《宋庆龄选集》（下），人民出版社 1999 年版，第 541 页。

④侯波：《宋庆龄是中国妇女的骄傲》，上海宋庆龄研究会编：《回忆宋庆龄》，东方出版中心 2013 年版，第 599 页。

这在新中国成立前如此,在新中国成立后也是如此。

1954 年,宋庆龄的职务发生重大变动。首先,在 9 月第一届全国人民代表大会第一次会议上,她当选全国人大副委员长,卸任了中央人民政府副主席。接着,在 12 月的全国政协二届一次会议上,她当选为全国政协副主席,且在 16 名副主席中排名第一。于是,宋庆龄一身兼两个副国级职务。这在众多的党和国家领导人中十分罕见。

宋庆龄视察辽宁鞍山

在全国政协会议上,毛泽东当选为全国政协名誉主席。而毛泽东担任此职,居然是宋庆龄代表主席团提名的。

> 根据宋庆龄委员代表主席团的提名,会议一致推举毛泽东为中国人民政治协商会议第二届全国委员会名誉主席。这时,全场起立,热烈的掌声和欢呼声经久不息。①

宋庆龄在政治上大放异彩,而她也变得越来越成熟。

①《政协二届全国委员会会议闭幕》,《人民日报》1954 年 12 月 26 日。

在年底的时候,潘汉年突然派人给她送来了五万美元,说毛泽东委托他来还款的。

这是怎么回事呢?

宋庆龄以为是1936年董健吾前往陕北时她提供给董健吾的路费,毛泽东要还这笔款子。但是,潘汉年解释说:“是毛主席请你本人向宋子文借的。”

而十几年前确实有其事。1936年11月,毛泽东派从陕北回来的董健吾要宋庆龄向宋子文借五万美元,以解决中共上海地下组织的经费困难。董健吾的上级就是潘汉年。宋庆龄与宋子文在政治上早已分道扬镳,不便向他借钱,于是把自己莫里哀路的房子典当,然后给了董健吾五万美元。但事后宋庆龄担心自己与中共地下组织乃至共产国际的联系暴露,于1937年1月给中共驻共产国际代表王明的信中写道:

> 亲爱的同志:我必须向您报告以下情况,这些情况有可能威胁我的工作和损害我将来在中国可能与之有联系的任何运动。①

可见宋庆龄当时借款,是冒着极大的危险的。

新中国成立后,宋庆龄虽然工资不低,与毛泽东、周恩来等人是一个级别,且另有一笔额外补助;但由于看病、招待客人和支助亲戚,工资常常不够用,有时候还向秘书们借。毛泽东获悉这个情况后,便派潘汉年送来了五万美元,以解其困难。

可是,宋庆龄最后没有接受这笔还款。

1956年前后,宋庆龄访问缅甸、印度、巴基斯坦等国家。尽管身在外国,她没有忘记给毛泽东寄去贺年卡。1月26日,宋庆龄在巴基斯坦收到

---

①李湄:《梦醒——母亲廖梦醒百年祭》,中国工人出版社2004年版,第270—271页。

毛泽东从北京发来的信：

亲爱的大姐：

贺年片早已收到，甚为高兴，深致感谢！江青到外国医疗去了，尚未回来。你好吗？睡眠尚好吧。我仍如旧，十分能吃，七分能睡。最近几年大概还不至于要见上帝，然而甚矣吾衰矣。望你好生保养身体。

毛泽东①

在新年之际，宋庆龄没有忘记毛泽东，毛泽东也没有忘记她，两人互致问候，情谊真挚。

七八月，宋庆龄再次出访印度尼西亚。访问结束后回到北京，毛泽东热情地邀请她一起聚餐。宋庆龄回忆：

那年我访问印度尼西亚回国后，毛主席邀我聚餐，我们谈话，这次谈得更为亲切。那时他就谈起了睦邻反霸的意见。②

在这一时期，宋庆龄作为全国人大副委员长和全国政协副主席，外事活动比较多。1957 年 11 月，毛泽东率中共代表团访问莫斯科，参加苏联十月革命 40 周年庆祝活动和世界各国共产党莫斯科会议。在代表团中，毛泽东任团长，宋庆龄为副团长，邓小平为秘书长，彭德怀、李先念、乌兰夫、陆定一、杨尚昆等人陪同前往。

宋庆龄不是中共党员，但作为中共代表团的正式成员，且名字排列在

---

①《毛泽东书信选集》，人民出版社 1983 年版，第 508 页。

②《追念毛主席》，《宋庆龄选集》（下），人民出版社 1999 年版，第 541 页。

毛泽东之后第二位,对此,多数人不理解。在莫斯科的时候,毛泽东对苏共领导人解释说:“宋庆龄与郭沫若、沈雁冰现在虽然不是党员,但我们把他们当成我们党的同志一样看待。”①

在莫斯科,宋庆龄以中苏友好协会总会会长身份代表中共代表团做了长篇讲话。各国共产党莫斯科会议通过了一个宣言,毛泽东签字的时候,宋庆龄就坐她的身边,见证这个时刻。

这些足见毛泽东对宋庆龄的重视。然而,最感人的还是在回程上。

11 月 20 日晚,宋庆龄与毛泽东等人乘专机从莫斯科回北京。在登机时,毛泽东坚持要给宋庆龄让座。随行的摄影记者侯波回忆:

> 从莫斯科归国时,毛泽东与宋庆龄坐一架飞机。毛泽东让宋庆龄坐头等舱,自己坐一等舱。
>
> 宋庆龄:“你是主席,你坐头等舱。”
>
> 毛泽东:“你是国母,应该你坐。”②

毛泽东让座,完全是出自于他对宋庆龄的敬重。而宋庆龄却之不恭,最后坐了头等舱。

毛泽东对宋庆龄的关心还不止一两个细节。

回到北京后,毛泽东收到山东胶县农民送来的三棵特大的大白菜,便选了两棵大个的,分别送给宋庆龄和张治中。送给宋庆龄的这棵大白菜重达二十七八斤。宋庆龄收到后非常高兴,当即给毛泽东写了一封信:

---

①李涛:《毛泽东与巾帼英豪》,长征出版社2011 年版,第 118 页。

②侯波:《宋庆龄是中国妇女的骄傲》,上海宋庆龄研究会编:《回忆宋庆龄》,东方出版中心2013 年版,第 599 页。

敬爱的毛主席:

承惠赠山东大白菜已收领。这样大的白菜是我出生后头一次看到的。十分感谢！您回来后一定很忙,希望您好好休息。

致以

敬礼!

宋庆龄

1957 年 12 月 1 日[①]

毛泽东的巨大人格魅力和杰出的领导能力,使得宋庆龄对毛泽东的领导十分信任,无比崇拜。时任中国福利会秘书长的李云回忆:

(宋庆龄说:)“我对毛主席、刘副主席、周总理、朱总司令等非常敬佩和信任,对他们领导我们国家,我是绝对放心,我可以多放些精力于中国福利会了。”正是出于这种信心,宋庆龄对于解放后发布的各种政策和开展的各种运动,她都是坚决拥护的。就是在“大跃进”时期,中央号召大炼钢铁,宋也积极响应。她在北京住房的后花园建立了一个炼钢炉,和工作人员一起炼钢。[②]

后来有人说宋庆龄是坚决反对“大跃进”的,从李云的回忆来看并非事实。宋庆龄是支持“大跃进”的。她在自家花园中炼钢,除了作为国家领导人的以身作则外,更有一份与毛泽东等人一起为国家尽快脱贫而出力之心。

1959 年,党中央决定召开第二届全国人民代表大会,选举新的国家领

①《宋庆龄书信集》(下),人民出版社 1999 年版,第 538 页。

②李云:《党派我给宋庆龄当秘书》,上海宋庆龄研究会编:《回忆宋庆龄》,东方出版中心 2013 年版,第 461—462 页。

导人。毛泽东等人决定宋庆龄由副委员长改任国家副主席。而宋庆龄希望专门去做妇女儿童和社会福利工作。为此,毛泽东和刘少奇专程登门做她的思想工作。陈翰笙后来回忆说:

过去有一次孙夫人告我,毛主席和刘少奇同志曾亲自看望她,要她接受国家副主席的职务,她不便推辞。事实上她最热心于妇女儿童和组织社会福利的工作,把在上海的中国福利会当作她一生的事业,要为少年儿童谋福利,要给他们很好的教育。

1959年4月,第二届全国人民代表大会在北京召开,4月28日,宋庆龄与董必武当选为国家副主席,刘少奇为主席。这一年,宋庆龄66岁。

8."他是一位目光远大,举世无双的领袖和导师"

毛泽东和宋庆龄为党和国家大事日夜操劳,他们之间一直保持着诚挚的友谊、亲切的交往。

由于三年自然灾害,国家经济出现严重困难。1960年成为国家经济最困难的时期。毛泽东心忧天下,带头不吃肉,常常是一盘马齿苋便充一餐饭,有时候是一盘子炒菠菜就支撑一天。保健医生替他按摩时,发现他脚背踝部的肌肤按下去就是一个坑,久久不能平复。这是浮肿。周恩来知道情况后,一次又一次来劝说他:"主席,吃口猪肉吧,为全党全国人民吃一口吧!"

毛泽东摇头:"你不是也不吃吗?大家都不吃。"

面对国家的困难,远在上海的宋庆龄拒绝了党中央要为她另建住宅的建议。她听到毛泽东也不吃肉时,心里着急了。3月20日,她特意从上海赶到北京,并带了一网兜的螃蟹,亲自来到中南海送给毛泽东。此事也得到毛

泽东的卫士长李银桥的证实。他说:

> 毛泽东不喜欢吃牛羊肉,只喜欢吃猪肉。但是,在国家最困难的日子里,他曾经七个月没吃过一口猪肉。有时工作一天只吃一盘马齿苋或炒菠菜。宋庆龄同志曾关切地由上海赶到北京,送毛泽东一兜螃蟹,叫毛泽东吃。[①]

1960 年宋庆龄在上海访问工人家庭

毛泽东一贯不收礼,但对宋庆龄的螃蟹破例收下了。然而,随后毛泽东还是没有自己吃,把螃蟹转送给了警卫战士。

1961 年春,宋庆龄因坐骨神经痛和神经痛卧床很久。5 月 11 日,毛泽东在上海开会时特地前去看望宋庆龄。

宋庆龄在上海的寓所是一个二层小楼,她曾在上下楼梯时摔过一跤。毛泽东知道此事。为了让年事已高的宋庆龄上下楼梯时更安全,他特地带了一条绣有梅花图案的红地毯,送给宋庆龄铺在楼梯上。

两人见面后,进行了亲切地交谈。宋庆龄后来回忆说:

> 我在上海时毛主席亦曾访谈,和毛主席的几次见面和谈话,给我留下很深刻印象。[②]

---

①李银桥:《在毛泽东身边十五年》,河北人民出版社 1993 年版,第 267 页。

②《追念毛主席》,《宋庆龄选集》(下),人民出版社 1999 年版,第 541 页。

毛泽东送的地毯,宋庆龄很珍惜,看得很重。宋庆龄上海寓所的管理员周和康后来说:

寓所的唱片保存得很好,书籍、地毯都没有发过霉。这些地毯都是毛主席送的,若有损坏不仅可惜,我们也负不了这个责任。①

毛泽东关心宋庆龄,宋庆龄对毛泽东也满怀深情。

1963 年 8 月的一天中午,宋庆龄同志在院内散步,看到池塘里水很清,就对当时的排长说,毛主席很会游泳,战士们会游吗?叫他们游一游,我看看会不会。战士们来到池塘边,见宋庆龄同志坐在大树下,有点不好意思。她鼓励大家下水。我们无拘无束地一边游泳,一边逗乐戏水。水里的鱼不时地跳出水面,有的战士就去抓鱼。宋庆龄同志看得津津有味,不时发出爽朗的笑声。②

1964 年 12 月 21 日,第三届全国人民代表大会在北京召开。1965 年 1 月大会举行选举时,宋庆龄再次当选为中华人民共和国副主席,继续与毛泽东等人一起进行各项国务活动,在儿童、救济和对外友好方面发挥作用。

岁月荏苒,当时光进入 1966 年夏的时候,"文化大革命"爆发。在这场运动中,宋庆龄也和不少人一样经历了一个从支持到不理解的过程。宋庆龄的秘书杜述周说:

---

①谭明德、陆天麟、刘春生、周和康、唐江、顾金凤口述:《品质高洁,唯菊与石——宋庆龄身边工作人员的回忆》,上海宋庆龄研究会编:《回忆宋庆龄》,东方出版中心 2013 年版,第 771 页。

②北京卫戍区某部警卫战士口述,整理者张纯志、贺一连:《宋庆龄名誉主席关心战士的成长》,《解放军报》1981 年 6 月 2 日。

宋庆龄会见斯诺

"文化大革命"开始的时候，宋庆龄出于对中国共产党的信任，对毛主席的敬仰，认为这场"革命"能使"我国的社会主义革命进入了一个更深入、更广阔的新阶段"，……她像每一个善良的人们一样对这场"大革命"存有幻想，还满腔热情地买了一些"红宝书"分送给周围的工作人员。

可是，后来事态的发展，越来越让她失望，甚至气愤。国家主席刘少奇被打倒，她的亲友被迫害致死，孙中山先生的旧部属成了"封建余孽"被批斗，隔墙的大喇叭不停地喊叫……这一切使她忧国忧民之心更为沉重，常常日夜不能安宁，虽然毛主席、周总理和邓大姐对宋庆龄同志十分关心，亲自找红卫兵做工作，保护她的安全，她的健康还是受到了损害。①

杜述周所说的毛泽东和周恩来保护宋庆龄的情况确实是事实，且孙中山也受到了他们的维护。

---

①杜述周：《伟大的女性，人生的楷模——深切怀念宋庆龄同志》，上海宋庆龄研究会编：《回忆宋庆龄》，东方出版中心2013年版，第718页。

1966年夏秋之际,著名的民主人士章士钊被红卫兵抄家后,气愤地向毛泽东写信报告。8月30日,毛泽东复信章士钊,并对红卫兵抄家之事做出批示。周恩来趁机开列一份要保护的干部名单,宋庆龄名列第一名。毛泽东表示同意。①

9月1日,周恩来接见首都红卫兵领袖,发表讲话。针对红卫兵要捣毁孙中山铜像和冲击宋庆龄寓所的过激言论,他强调指出:

> 宋庆龄是孙中山的夫人。孙中山的功绩,毛主席在北京解放后写的一篇重要文章《论人民民主专政》中肯定了的。他的功绩也记在人民英雄纪念碑上。南京的同学一定要毁掉孙中山的铜像,我们决不赞成。每年"五一"、"十一"在天安门对面放孙中山的像是毛主席决定的。孙中山是资产阶级革命家,他有功绩,也有缺点。他的夫人自从与我们合作以后,从来没有向蒋介石低过头。大革命失败后她到了外国,营救过我党地下工作的同志;抗日战争时期与我们合作;解放战争时期也同情我们。她和共产党的长期合作是始终如一的。我们应当尊重她。她年纪很大了。今年还要纪念孙中山诞辰一百周年,她出面写文章,在国际上影响很大。到她家里贴大字报不合适。她兄弟三人姐妹三人就出了她一个革命的,不能因为她妹妹是蒋介石的妻子就要打倒她。她的房子是国家拨给她住的。有人说:"我敢说敢闯,就要去。"这是不对的,我们无论如何要劝阻。②

可是,在周恩来这番讲话后第二日,北京街头还是出现要求撤销宋庆

① 中共中央文献研究室编:《周恩来年谱(1949—1976)》(下卷),中央文献出版社1997年版,第53页。

② 《周恩来选集》(下卷),人民出版社1980年版,第451页。

龄国家副主席职务的大字报。国务院秘书长周荣鑫立即向有关部门传达毛泽东、周恩来保护宋庆龄的指示,于是,首都卫戍区一师、公安部八局、北京市西城公安分局、国务院机关事务管理局服务处都派人进驻宋庆龄住地,以制止红卫兵的冲击。这样,便没人再敢冲击宋庆龄了。

宋庆龄在处理公务

随后,宋庆龄多次与毛泽东、周恩来、朱德等人在天安门城楼检阅台检阅红卫兵。

针对一些造反派冲击孙中山的现象,11 月 12 日下午,党中央在北京召开首都纪念孙中山诞辰 100 周年的万人集会,周恩来、董必武、陶铸、陈伯达、邓小平、刘少奇、朱德等人出席。宋庆龄在大会上做了长篇演讲,详尽介绍孙中山的生平和革命业绩。

这次纪念大会,宋庆龄事先是不知道的。纪念大会规模宏大,党中央主要领导人都参加,有关部门出版了《孙中山选集》《宋庆龄选集》,还制作了孙中山纪念章,影响极大。因此,以后无论“文化大革命”如何“疾风暴雨”,无论如何“横扫一切”,都无人再敢攻击或否定孙中山了。

尽管运动如火如荼,宋庆龄还是那么国务繁忙,但此时她已 73 岁了,身体大不如以前。李云说:

随着年龄的增长,宋庆龄的身体越来越差。

1966年10月，鉴于宋庆龄年纪大了，身体也不好，在一次工作会议上，毛泽东批示把她定为“二线领导人”，即退出一线。

宋庆龄的身体不好是确凿的。11月21日，她在致罗叔章的信中说：“我一直因腿疼、脚肿，没有看到朋友们，很想念。现在送一些纪念物给你，因为在外边买不到。”①

她所说的纪念物，就是孙中山诞辰100周年的纪念章和《孙中山选集》《宋庆龄选集》等。

但是，在这场轰轰烈烈的运动中，由于一些亲属和孙中山的老部下受到冲击，宋庆龄开始变得想不通了，毛泽东知道后没有不闻不问，置之不管，曾派江青往访宋庆龄，向她解释“文化大革命”。

对这场史无前例的“文化大革命”，不理解的人很多，而毛泽东派江青去做解释的，却只有宋庆龄一人，可见毛泽东对她是如何尊重。何况宋庆龄并没在打倒之列。

尽管宋庆龄对运动不理解，但进入1967年后，她的工作并不见减少，还是经常与毛泽东等人一起接见外国友人，接受外国使者的国书，出席各种重大庆典和其他国务活动。她还凭自己的地位保护了不少受冲击的人，甚至还为刘少奇说情。

刘少奇被完全打倒后，夫人王光美也关起来了。几个孩子不知父母亲的消息，无奈中想起了“宋妈妈”，于是写信请宋庆龄寻找父母亲的下落。宋庆龄接到信后，写了一封信，附上孩子们的信笺，派人转交给毛泽东。然后，自己给孩子们写了回信，鼓励他们振奋精神，好好工作和学习。王光美后来深情地说：

> 1967年，孩子们被强迫离家，天各一方，随后，我进了监牢。狱

①杜述周手抄原信复印件，宋庆龄陵园管理处藏。

中,我日夜挂念孩子们。孩子们也千方百计寻找父母。万般无奈,他们只好给宋妈妈写信。在当时也身受冷遇的宋妈妈接到了信,又一次无私地帮助孩子们,立即把信转给了毛主席。

刘少奇被打倒后,为他说情的没有几人。宋庆龄敢向毛泽东递送刘少奇孩子的信件,可见她既与刘少奇也与毛泽东均交情匪浅。

到了年末,宋庆龄的工作量才真正减少下来,开始步入老年生活,但仍然保留担任的职务。在毛泽东、周恩来等人关怀下,她进入了比较清闲的时期。

随着年龄的增大,宋庆龄的病痛多起来,情绪时起时落。1971 年,宋庆龄萌生了退意。2 月 11 日,在给廖梦醒的信中说:

“人大”很快就要召开了。我真心真意地希望当局不再任命我任何职务,因为我不能继续干下去了。我的背和膝关节疼得受不了,即使站着也不能坚持了。①

接着,宋庆龄又发了一次高烧,医生给她服了 24 粒过敏性药片,结果使得她得上了荨麻疹,痒得不行。

但是,党中央和毛泽东还是保留了宋庆龄的职务,每逢重要会议和如十一、接见主要外宾等国务活动,宋庆龄还是参加,且与毛泽东见面,两人互致问候。

宋庆龄的晚年生活多为疾病折磨,廖梦醒的女儿李湄回忆:

①宋庆龄基金会、中国福利会、宋庆龄陵园管理处编:《宋庆龄书信集》续编,人民出版社 2004 年版,第 401—402 页。

除了神经性皮炎,她(宋庆龄)的另一个问题就是与妈妈一样,动不动就骨折。这是因为常年待在家里,缺少阳光和运动,造成骨质疏松的缘故。从1973年到1975年,三年内两个老太太各跌伤四次,以致宋庆龄叹息道:"我真对命运愤愤不平,你和我总是一次又一次受罪,特别是给我们带来那么多不幸。"

宋庆龄虽然退居二线,但毛泽东对宋庆龄的关心还是如初。宋庆龄不时收到毛泽东等人的关心。李云回忆说:

宋主席告诉我说,周总理来上海,去看她时,她将手伤的事告诉了总理,周总理马上通知卫生部领导来上海,坐镇为宋手伤进行会诊和治疗。

中央、毛主席得悉宋庆龄摔伤,立即将宋在北京和上海的住房全都铺上地毯,作为毛主席送的礼物。后来宋好多次摔跤,但未造成严重后果。①

然而,岁月荏苒,时光不饶人。与宋庆龄同岁的毛泽东此时身体也不好,在林彪事件后身体急剧变坏。1976年9月9日,毛泽东先宋庆龄而去。这让宋庆龄悲伤欲绝。她的保健医生胡允平回忆她带病去北京的经过:

9月9日那天,当时我正在给宋庆龄看病,广播里忽然播送了一条重要新闻——毛主席逝世。宋庆龄决定赴京悼唁。9月10日

①李云:《随宋庆龄走过最后三十年》,上海宋庆龄研究会编:《回忆宋庆龄》,东方出版中心2013年版,第468页。

下午，我和护士沈秋华陪同她赴京悼念毛主席，这一次我们仍旧住在北京饭店新楼。①

到了北京,83 岁的宋庆龄担任毛泽东治丧委员会委员，参加一系列的悼念毛泽东的活动。

11 日上午,宋庆龄在人民大会堂吊唁毛泽东,敬献花圈,并参加守灵。

12 日,她再赴人民大会堂,向毛泽东遗体告别。

9 月 17 日,吊唁仪式结束后,宋庆龄不顾年迈,与其他人一起,再次为毛泽东守灵。

在此期间，宋庆龄不顾身体不好两次为毛泽东守灵，可见她之于毛泽东的深厚感情。然而，更感人的一幕发生在毛泽东的追悼大会上。何大章说：

宋庆龄参加毛泽东主席追悼大会

……18 日在天安门广场出席追悼大会时,拄着拐杖的她已经衰弱得站立不住。起初,宋庆龄还能斜靠着搀扶自己的杜述周勉力支撑;后来,她再也坚持不住,身体直往下坠。在场的党和国家领导人急忙请人搬来一把椅子,她扑通坐了下去!就这样,宋庆龄

①胡允平:《我给宋庆龄做保健医生》,上海宋庆龄研究会编:《回忆宋庆龄》,东方出版中心2013 年版,第 607 页。

成了毛泽东追悼大会上唯一坐着与会的人。[①]

跟随照顾宋庆龄的保健医生胡允平回忆：

> 18 日下午 3 时，毛主席追悼大会在天安门广场隆重举行。宋庆龄参加了这次追悼会，由于年事已高，她站立不住，先是半靠在沈秋华的腿上，后来实在支撑不住，要了椅子坐下来。

9 月 30 日晚，党中央在天安门城楼上举行国庆座谈会。宋庆龄以身体原因请假没有出席。这是新中国成立以来她第一次缺席。宋庆龄第一次没有参加国庆活动，而带着巨大的痛苦来坚持参加毛泽东的追悼大会，完全是情深所致。

10 月 8 日，身疲力竭的宋庆龄匆匆地回了上海。

岁月如歌，故人情深。1977 年 12 月 26 日，是毛泽东诞辰 84 周年，宋庆龄怀着深情撰写了《追念毛主席》一文，寄托自己对这位伟人的哀思。在文章中，宋庆龄回顾了自己与毛泽东的多次重要交往，由衷地说：

> 回忆起来，他是一位目光远大，举世无双的领袖和导师，他是伟大事业的引路人，而朱总司令和周总理是伟大事业的得力助手。[②]

---

①何大章：《宋庆龄往事》，人民文学出版社 2011 年版，第 201 页。

②《追念毛主席》，《宋庆龄选集》(下)，人民出版社 1999 年版，第 541 页。

大河向东

THE
GREAT RIVER
FLOWS EAST

★第四章★

叶剑英：

“导师创业垂千古，侪辈跟随愧望尘”

1.“他下决心拜毛泽东为师”

叶剑英和毛泽东相互知道对方的名字,应该是在国共合作时期。广东叶剑英研究会副会长黄子云说:

> 毛泽东的大名,叶剑英早在大革命时期就仰慕已久了。那时,毛泽东是共产党人参与孙中山的国民党合作的骨干分子,叶剑英是追随孙中山的民主革命的积极分子,两人都曾是国民党党员,一个活跃在政界,积极主办广州农民运动讲习所;一个活跃在军界,参加创办黄埔军校和两次“东征”。①

但是,两人没有正式的交往。

---

①黄子云:《波澜壮阔的历史诗篇——叶剑英与毛泽东》,广东叶剑英研究会、广东省叶剑英基金会编:《文韬武略,功勋卓著——纪念叶剑英元帅诞辰110周年文集》,中国社会科学出版社2007年版,第278页。

1927 年 7 月大革命失败后，毛泽东领导了秋收起义，叶剑英参加了广州起义，他们仍然没有交集。

叶 剑 英

1929 年 1 月，叶剑英在党中央的安排下抵达苏联，进入莫斯科东方劳动者共产主义大学学习，与董必武、林伯渠、徐特立、吴玉章等人同在特别班学习，并担任班支部委员。

董必武、林伯渠、徐特立与毛泽东很熟悉，甚至与毛泽东一起参加过建党工作。通过与他们的交谈，尤其是和徐特立下棋，叶剑英对毛泽东有了更深入的了解，对毛泽东的仰慕之心更深。

经过一年多的学习，次年秋，叶剑英从莫斯科回国，到达上海，在周恩来的领导下工作。1931 年 4 月初，叶剑英由上海经香港、汕头、闽西到达江西瑞金，随后负责苏区中央军委参谋部工作。正是在这时，他第一次见到了毛泽东。

军事科学院原军职研究员范硕，是研究叶剑英的权威专家、《叶剑英传》编写组组长。他谈起叶剑英和毛泽东的关系时说：

叶帅仰慕毛泽东好久了，说到感情的交流，至少要从 1931 年说起。那一年叶剑英从上海来到中央苏区，正好赶上第二次反"围剿"。当时就如何退敌问题，毛泽东和项英等人之间产生了争论。毛泽东主张诱敌深入，项英等人主张大撤退、大转移，退出中央苏区，到云贵川去。叶剑英因为刚从苏联回到国内，又是从上海才来到苏区，对情况不很了解，所以他几乎没有发言。开始时态度不明朗。结果呢？第二次反“围剿”按毛泽东的意见办了，并且胜利了。第三次反“围剿”也是如此。这使叶剑英的思想产生了飞跃。①

叶剑英与毛泽东的交往，以对毛泽东杰出的军事指挥艺术的亲身感受开始，由此而产生敬佩之心。护送叶剑英从香港去瑞金后在军委参谋部工作的卢伟良证实：

在闽西逗留几个月后，叶剑英等同志才去中央苏区。以后，叶剑英同志参加了第二、三次反“围剿”。后来他曾同我谈过，反“围剿”时毛泽东同志提出的战略方针如何如何英明正确。②

“如何如何英明正确”，是叶剑英对毛泽东军事才华的真切感受。中央苏区第二、三次反“围剿”战役，是 1931 年 5 月至 9 月连续进行的，敌强我弱，毛泽东以高超的军事才智，在四个月内，指挥红军硬是战胜强敌，取得空前的大胜利。叶剑英在参谋部参加了毛泽东指挥这两次连战连捷的战役全过程，亲身见证和体会了毛泽东杰出的智慧和思想，由原来的仰慕变为敬慕，于是他要拜毛泽东为师。

以前对毛泽东他是只闻其名，未见其人，现在他感到毛泽东料事如神，是我党我军最杰出的政治家、军事家和战略家，并且深孚众望，很得人心。因此他下决心拜毛泽东为师。他找到毛泽东

①张素华、边彦军、吴晓梅编著：《说不尽的毛泽东——百位名人学者访谈录》（下），辽宁人民出版社、中央文献出版社 1995 年版，第 605 页。

②卢伟良：《回顾同叶剑英同志相处的片断》，《羊城晚报》1986 年 11 月 5 日。

说,我刚从苏联回来,不了解情况,现在认识到你的意见是正确的。①

20 世纪 20 年代的叶剑英

叶剑英只比毛泽东小四岁,但他是云南陆军讲武堂毕业的毕业生,受过正规军事教育,且护卫过孙中山,当过营长、旅长、师长、军参谋长,北伐时期指挥正规部队打过不少仗,还参加过广州起义,正规作战的军事经历比毛泽东久得多,但几个月中,他在红军总司令部出席军事会议,参与作战谋划,亲身体会到毛泽东料敌如神的魅力,对毛泽东崇拜不已,他自己后来说:那几个月,使我对毛泽东的思想认识产生了关键性的“飞跃”。②

毛泽东很欣赏叶剑英这种谨慎谦虚的态度,说:你刚到苏区,不了解情况,项英又是中央局代理书记,这不是你的问题,可以理解。③

---

①张素华、边彦军、吴晓梅编著:《说不尽的毛泽东——百位名人学者访谈录》(下),辽宁人民出版社、中央文献出版社 1995 年版,第 605—606 页。

②《叶剑英传》编写组:《叶剑英传》,当代中国出版社 1995 年版,第 142 页。

③张素华、边彦军、吴晓梅编著:《说不尽的毛泽东——百位名人学者访谈录》(下),辽宁人民出版社、中央文献出版社 1995 年版,第 606 页。

毛泽东说“这不是你的问题”,是因为叶剑英在第二次反“围剿”作战发生争议时投了毛泽东一票:

> 叶剑英到达苏区时,正值领导机关为如何进行第二次反“围剿”争论不休。……但毛泽东的意见只得到少数人的支持。一向办事谨慎的叶剑英根据自己的丰富的军事经验,认为毛泽东的意见是正确的,于是义无反顾地投了处于少数地位的毛泽东一张票,坚定地支持毛泽东。经过反复讨论,毛泽东的意见最终被大家接受。①

这一票,也让毛泽东发现了初来乍到的叶剑英。

> 会后,毛泽东专门见了叶剑英,高兴地说:“早闻大名,不愧是粤军名将,你居然连项英同志都敢顶撞!”叶剑英说:“正确的就应该坚持。”毛泽东对他这番话非常满意,后来他在回忆这件事时动情地说:“二次反‘围剿’的时候,我的意见坚持的人不多,剑英算是一个,剑英很厉害,刚到苏区就把项英给顶了。”②

就是从“投了毛泽东一票”到随后的“拜师”开始,叶剑英与毛泽东有了正式的交往。

叶剑英敬佩毛泽东,但毛泽东的高超军事指挥才能并不为“左”倾路线

---

①黄子云:《波澜壮阔的历史诗篇——叶剑英与毛泽东》,广东叶剑英研究会、广东省叶剑英基金会编:《文韬武略,功勋卓著——纪念叶剑英元帅诞辰110周年文集》,中国社会科学出版社2007年版,第279页。

②黄子云:《波澜壮阔的历史诗篇——叶剑英与毛泽东》,广东叶剑英研究会、广东省叶剑英基金会编:《文韬武略,功勋卓著——纪念叶剑英元帅诞辰110周年文集》,中国社会科学出版社2007年版,第279页。

叶剑英在中央苏区

者认可,相反,他们出于宗派主义对毛泽东进行打击。11月初,毛泽东在赣南会议上被排挤出红军领导层之外。而叶剑英由于其苏联留学经历在军内的地位得到上升。11月25日,中华苏维埃共和国中央革命军事委员会在瑞金成立,朱德为主席,王稼祥、彭德怀为副主席,叶剑英升任军委委员兼参谋部部长。

次年10月,在江西宁都召开的中共苏区中央局会议上,毛泽东受到“左”倾错误的打击,会后被撤销红一方面军总政委,前往福建长汀养病。与此同时,叶剑英也离开总参谋部,调任红军学校校长兼瑞金卫戍司令员。

后来,有人在文章中谈到叶剑英这次调职时暗示是因为他与毛泽东接触太多,追随毛泽东太紧而受到牵连。

但是,范硕认为叶剑英的调职是受毛泽东牵连的说法根据不足。

我们在访问中,有些老同志这样跟我们讲过,但我们经查历史材料，认为根据不足，但也不能完全排除这一因素。因为他的军委总参谋长一职，确实被撤了，从前方被召回了后方。……当时他和朱德、周恩来的关系都很好，和项英也不错，就是和李德搞得不好。①

就此事有人专门问过范硕："宁都会议前毛泽东和叶剑英在一起行动，两人接触较多。会后毛泽东处在被动挨批的地位，叶剑英和毛泽东接触多吗？"范硕明确回答："接触不很多。"② 接触不多，自然不会受到牵连。

正因为叶剑英与周恩来、朱德、项英等人关系都不错，几个月后，1933年5月30日，叶剑英再次被任命为中央军委总参谋部部长并兼红一方面军参谋长。没过半年，他又兼任建宁警备区司令员、闽赣军区司令员。从这些职务的增加来看，叶剑英可以说是十分受重用的。而与此同时，与毛泽东关系亲密的罗荣桓、郭化若等人，因受毛泽东牵连一再受到排挤，其中与叶剑英同在参谋部时共事过的郭化若，由红一方面军代参谋长降到司令部秘书长，再降到军委二局局长，再贬到红军学校当教员，连党籍都被开除了。这说明叶剑英没受到过毛泽东的牵连。

但是，作为一个曾经长期带兵打仗的人，叶剑英对毛泽东还是很信服的。叶剑英担任总参谋部部长等职后，还兼任着红军学校校长和政委，在红军学校继续推行毛泽东领导红军时的那些政治和军事原则。时为红军学校政治部青年科干事的吕黎平回忆：

当时，毛泽东同志离开红军领导岗位不久，红军学校面临的

---

①张素华、边彦军、吴晓梅编著：《说不尽的毛泽东——百位名人学者访谈录》（下），辽宁人民出版社、中央文献出版社1995年版，第606页。

②张素华、边彦军、吴晓梅编著：《说不尽的毛泽东——百位名人学者访谈录》（下），辽宁人民出版社、中央文献出版社1995年版，第606页。

一个迫切问题,是按什么方针办校。是按“左”的一套办?还是按照古田会议精神来办? 在这个原则问题上,叶剑英同志在召开全校干部会议讨论办校方针时毫不含糊地指出:应坚持古田会议的精神,训练课目从红军的实际情况出发,吸收几次反“围剿”战争的经验,着重讲解现有武器装备,使干部通晓本行业务,提高阶级觉悟和基本战术素质。①

古田会议的决议是得到党中央支持而形成的,因此,在一定程度上,可以理解叶剑英是按党中央的精神办校,也许这尚不足以说明叶剑英对毛泽东思想的认识。其实,这种“也许”还是不准确的。吕黎平回忆叶剑英此时对毛泽东建军思想是真心认可的:

1932 年 10 月,宁都会议以后,毛泽东同志受王明“左”倾路线的排挤,离开了红军的领导岗位。可是,红军学校在叶剑英同志主持下,还是按照毛主席亲自主持制定的古田会议决议办校。那时他就说过:“照毛主席指引的路上无往不胜!”②

叶剑英“照毛主席指引的路上无往不胜!”就是他对处于批评之中的毛泽东的认识。也就是说,叶剑英是最早认识毛泽东思想正确的少数人之一。他的这种认识,随后伴随着中国革命的曲折进程进一步得到证实。

在毛泽东受打击的时候,叶剑英没有与毛泽东同进退,但后来还是被撤了职。先是 1934 年 2 月,他被降职为副总参谋部部长,两个月后干脆被

①吕黎平:《非凡胆略功勋著》,《萦思录——怀念叶剑英》,人民出版社 1987 年版,第 100—101 页。

②吕黎平:《非凡胆略功勋著》,《萦思录——怀念叶剑英》,人民出版社 1987 年版,第 109页。

撤。撤职的原因,不是跟随毛泽东太紧,而是一次指挥战斗失利。范硕说:

第四次反"围剿"后李德把他的参谋长职务撤了……叶帅自己讲,在前线他指挥下的一个师战斗失利,李德以此为借口撤了他的职。

红军时期的叶剑英

叶剑英随后又被任命为福建军区司令员。但是,李德等人的瞎指挥使红军处处被动,根据地由于战斗失利一再缩小。面对难解的困境,叶剑英对毛泽东的军事胜利更加怀念。

据叶帅自己讲,那段时间有人反对毛主席,但他始终认为毛主席还是了不起。尤其李德来了之后,叶帅认为李德的这一套不行,很留恋毛泽东的指挥。[①]

叶剑英认为毛泽东了不起,但她不能改变红军的劣势,也没改变他本人与李德的关系。不久,他再次被降职,调任中革军委四局局长。

1934 年 10 月,红军被迫进行战略转移,中央军委和中央机关编为两个

①张素华、边彦军、吴晓梅编著:《说不尽的毛泽东——百位名人学者访谈录》(下),辽宁人民出版社、中央文献出版社 1995 年版,第 606 页。

纵队,叶剑英又被任命为中央军委第一纵队司令员,负责率领红军总部机关和干部团随主力前进。

在短短两年时间中,叶剑英的职务几上几下,落差很大。对此,后来他回忆说:“那时李德打击我,把我参谋长撤了,我当时考虑到,革命事业还很长,我做什么工作都是为革命,不能斤斤计较。”他不斤斤计较,是一种革命者的胸怀,其他人看在眼中,却见到的是他能上能下的品质。这时叶剑英与毛泽东的交往,虽然不是那种密友型,但毛泽东对这段历史很了解,后来多次说:“叶剑英这个人对前几把交椅是不争的!”①

2.“吕端大事不糊涂”

对于长征,叶剑英在几十年之后说:“长征是没有办法了,才采取的行动。”② 这种“没有办法”使得叶剑英和当时多数人一样,开始反思第五次反“围剿”失败的根本原因。在这种反思中,他对毛泽东的正确指挥更加怀念。叶剑英回忆:

> 长征开始时,中央和军委机关、直属部队编成两个纵队,第一纵队的司令是我,第二纵队的司令是罗迈。
>
> 我们行军很艰苦,突破几道封锁线后,部队减员很大。我在一路上都看到有许多战友牺牲,心情十分沉重。有一天,爬到一座高

---

①《叶剑英传》编写组:《叶剑英传》,当代中国出版社 1995 年版,第 163 页。

②叶剑英:《叶剑英军事文选》,解放军出版社 1997 年版,第 58 页。

> 山上,休息的时候,我想起毛主席、朱老总苦心创造的中央根据地丢给了敌人,苏区群众在受苦受难,我们转移的队伍前路漫漫,便哼了几句诗:越过千山与万水,问君西游何时还? ……①

这几句诗,很能说明叶剑英当时的心境:对李德等人失望,对苏区、对毛泽东的领导非常留恋和怀念。一句“问君西游何时还”,表达了叶剑英希望毛泽东回到红军领导岗位的心情。

为此,叶剑英做了不少促进毛泽东和周恩来走近的有益工作。

> 红军过草地前,周恩来突然发高烧,有时整天昏迷不醒。叶剑英陪毛泽东去看望周恩来,对此大家都很着急,而当时长征中最好的医生傅连暲跟着朱德在红五、九军团行动,因为距离太远无法赶回。当叶剑英听卫生部的工作人员说,他们这支部队里还有个医术较高的医生时,叶剑英立即吩咐人去请那位医生,经过几天治疗周恩来终于转危为安。②

叶剑英的陪同是有效的,促进了周毛的走近。

1935 年 1 月,遵义会议召开,毛泽东终于重新回到了党和红军的领导层,叶剑英的愿望实现了。

> ……遵义会议上毛泽东回到了领导岗位,他(叶剑英)知道后非常高兴,坚决拥护,连夜到下面传达遵义会议精神。③

---

①《叶剑英军事文选》,解放军出版社 1997 年版,第 59 页。

②苗体君:《周恩来与叶剑英的生死之交》,《福建党史月刊》2012 年第 5 期。

③张素华、边彦军、吴晓梅编著:《说不尽的毛泽东——百位名人学者访谈录》(下),辽宁人民出版社、中央文献出版社 1995 年版,第 606—607 页。

其实,叶剑英是没有参加遵义会议的。

他没有参加遵义会议,是因为不久前在一次敌机空袭中负了伤。叶剑英说:

> 我们进入广西境界以后,在一座山上,敌人的飞机发现了我们,飞过来扔炸弹。有一颗炸弹正巧在我不远的地方爆炸,把我震倒了。等我爬起来,才发现右大腿上部被一块弹片击中,流出的血把裤子染红了。手上拎的大衣也炸了几十个小洞。警卫员范希贤马上跑过来扶起我。总卫生部的贺诚闻讯赶来,给我包扎止血,扶上担架。由于当时技术条件的限制,弹片留在肉里一直没有取出来。后来我就坐担架行军。
>
> 到了遵义以后,遵义会议我没有参加。当时,我的伤还没有全好,我在军委管作战。

遵义会议确立了毛泽东在党和红军中的领导地位,叶剑英喜悦之情溢于言表:

> 当(叶剑英)他得知会议的正确决定,拥护毛泽东领导时,十分高兴,冒着大雨连夜向部队传达贯彻会议精神。[①]

叶剑英“连夜”“冒着大雨”的做法,足见此时此刻叶剑英对毛泽东正确领导的认识。叶剑英的“兴奋”给在干部团工作的宋时轮很深刻的印象。宋

---

①黄子云:《波澜壮阔的历史诗篇——叶剑英与毛泽东》,广东叶剑英研究会、广东省叶剑英基金会编:《文韬武略, 功勋卓著——纪念叶剑英元帅诞辰 110 周年文集》,中国社会科学出版社 2007 年版,第 281 页。

时轮回忆：

> 那时，我也因为受“左”倾错误打击而调到干部团当“教员”，幸能常常见到剑英同志，遵义会议确立了毛泽东同志在红军和党中央的领导地位，剑英同志多次对大家讲话，表示衷心拥护会议决议，拥护毛泽东同志的领导。①

叶剑英认识到毛泽东的正确，但他为毛泽东所了解和认识且奠定其在党内的重要地位，则是被称为与毛泽东“患难之交”的三次救命故事。

第一次是遵义会议之后。范硕说：

> 1935 年遵义会议后，中央和军委机关在遵义附近进进出出兜圈子。一天路过一个小山谷，突然遭到敌军的袭击，那时毛、朱、周都在伏袭圈里，敌军喊着活捉“朱毛”，就冲下山来，情况非常危急。在这千钧一发时刻，叶剑英带领通讯排从后面赶来，很快占领对面山头，从上面往下打，赶跑了敌人。事后人们说，这次没有叶“参座”来，我们的命就没了。

叶剑英及时赶来，救了毛泽东、朱德、周恩来三人。

事后不久，叶剑英被任命为红三军团参谋长，接替刚牺牲的邓萍，与彭德怀、杨尚昆等人一起做搭档。在红三军团的时候，又发生第二次危难时刻。

> ……1935 年 3 月在打鼓新场附近的一个地方开军委会，讨论

①宋时轮：《最艰难处显奇才》，《光明日报》1986 年 10 月 29 日。

成立指挥小组问题。这次会议三军团的领导人杨尚昆、彭德怀、叶剑英(任三军团参谋长)、刘少奇等都参加了。会议期间蒋介石的飞机突然来了，当时他(叶剑英——引者注)什么都顾不得了，眼疾手快，大喊“主席跟我来！”拉着毛主席就跑，跑到一个山沟，和毛泽东藏在草丛中，直到敌机离去，才安全走出。①

张国焘

叶剑英这种举动，自然是出自内心对毛泽东的爱护感情，是不由自主的。

第三件则是叶剑英截获张国焘的密电之事。

1935年6月，毛泽东等人率领红一方面军翻越大雪山后，与张国焘等人率领的红四方面军胜利实现了大会师。7月21日，叶剑英调红军前敌总指挥部任参谋长。对这次调任，叶剑英后来说：

红一、四方面军会师后，张国焘提出，让叶剑英同志来当参谋

①张素华、边彦军、吴晓梅编著：《说不尽的毛泽东——百位名人学者访谈录》(下)，辽宁人民出版社、中央文献出版社1995年版，第607页。

长。毛主席和周恩来商量同意，我就去了。早在北伐的时候，我和张国焘就认识了。

随后，党中央决定红军兵分两路北上抗日，毛泽东与前敌总指挥徐向前、前敌总政委陈昌浩、前敌参谋长叶剑英率部为右路军，红军总政委张国焘与总司令朱德、总参谋长刘伯承等人率部为左路军。两军在班佑会合后一起北上。

但张国焘野心膨胀，开始闹分裂，不愿意北上，使得红军内部矛盾重重。叶剑英尽管是由张国焘推荐过来当参谋长的，但坚定地站在党中央和毛泽东一边。叶剑英回忆：

那时候，张国焘不愿意北上，他闹分裂。从理论上讲，徐向前、陈昌浩的认识都一样：北上抗日才有出路。但是，讨论该不该采取北上行动时，徐向前、陈昌浩两个争辩，徐向前赞成北上。

……当时，红军分成左右两路行动，我们在右路，张国焘在左路。从毛儿盖出发时，陈昌浩强调困难大，草地走不过去，我说我愿当开路先锋。毛主席支持我。我和30军军长程世才找了一位向导叫老李，向他调查行军路线，问他过草地怎样走，需要多少时间，可能会遇到哪些困难。我们调查清楚以后，向毛主席汇报。毛主席召集徐向前、陈昌浩和我几个同志开会研究后，决定让陈昌浩给我带两个团。那时，一军团已经走了，我带两个团为中央、军委机关和右路军开路。

陈昌浩不愿意走，叶剑英便主动提出当开路先锋，显然是为了执行党中央和毛泽东北上的路线。从此可以看出，叶剑英是坚信毛泽东定下的北上路线是正确的。

时任叶剑英机要秘书的吕黎平回忆：

翻过雪山，叶参谋长和大家一起徒步行军。一路上,他不辞辛苦地给我们讲述两个方面军会师后的新形势,阐明北上抗日的伟大战略意义。他有一句话,给我的印象十分深刻:“照毛主席指引的路走无往不胜，北上抗日一定会胜利！”

叶剑英和徐向前

但是,过了草地,两军还没会合，右路军到达巴西一个村子时就差点发生内讧。叶剑英回忆了当时惊险的一幕：

大概在1935年9月上旬，我们到了巴西一带一个叫潘州的村子里。我和徐向前、陈昌浩同住在一间喇嘛庙里。中央机关和毛主席他们也住在附近。张国焘率左路军到了阿坝,就不走了,不愿再北进。中央多次催他北上,他就是不干。他还阻止陈昌浩等人北上。我们在巴西那一带等他。

9号那天，前敌总指挥部开会，新任总政治部主任陈昌浩讲话。他正讲得兴高采烈的时候,译电员进来,把一份电报交给了我,是张国焘发来的,语气很强硬。我觉得这是大事情,应该马上报告毛主席。我心里很着急,但表面上仍很沉着,把电报装进口袋里。过了一个时候,我借故走出会场,去找毛主席。他看完电报后很紧张，从口袋里拿出一根很短的铅笔和一张卷烟纸，迅速把电报内容记了下来，然后对我说："你赶紧先回去，不要让他们发现你到这来了。"我赶忙跑回去，会还没有开完，陈昌浩还在讲话，我把电报交回给他，没有出漏子。那个时候，中央要赶快离开，否则会出危险。到哪里去呢？只有到三军团去，依靠彭德怀。

毛主席提议上三军团开政治局会议。他们临走的时候，张闻天和秦邦宪找到我，对我说，"老叶，你要走啊，这里危险。"我知道有危险。但是我想，军委直属队还在这里。我一走，整个直属队就带不出来了。我要等直属队走后才能走。我对他们说：我不能走，你们先走吧。如果我一走，恐怕大家都走不了啦。我以后会来的。

……（次日——引者注）大约一点四十五分就起来了。我预先曾派了一个小参谋叫吕继熙，把甘肃全图拿来。我把它藏在我床底下的藤箱子里。我起来后，把大衣一穿，从床底下把地图拿出来，就往外走。

……

走到天亮，见到毛主席。毛主席说："哎呀！剑英同志你出来了。好！好！"毛主席看到我很高兴。[1]

毛泽东的担心，不是空穴来风的。叶剑英这次带兵出走，确实是很危险的。叶剑英后来回忆：

到了俄界。秦邦宪看到我，说："老叶，好在你走了。好危险啊！

---

①《叶剑英军事文选》，解放军出版社 1997 年版，第 60—61 页。

你走了大约十多二十分钟的时候，追上来四个持驳壳枪的人,到处找叶剑英。我问:‘找他干什么?’他们说:‘把他打死后再说。’”我说:“谢谢你提醒了我。”①

毛泽东等人紧急脱离右路军,就是靠叶剑英截获了张国焘那份密电。②但是,后来关于对有无这份密电,在一些当事人中出现争论。范硕说:

9月9日这一天有好几封电报。关于叶帅拿到的这一封,当时的作战科副科长,后任沈阳军区空军副司令吕黎平、译电员陈茂生可以作证,这份电报是他们两人译出的。电报内容虽然不一定有“武力解决”字样,但提出要右路军南下,有“彻底解决”,“彻底开展党内斗争”这类字样,这是毛主席说的。……现在这个电报查不到了,想想也是自然的。陈昌浩南下后,这个电报肯定到了张国焘手里,到了张国焘那里自然也就保存不下来了。再说,战争时期电报散失的也不止这一份,这是人所共知的。

在非常危险的时候,叶剑英机智地救了党中央,还带出了军委直属纵队,功莫大焉。宋时轮后来说:叶剑英“他大智大勇,临危不惧,果断机智,化险为夷,从而为党立了大功。”③

对于这次与张国焘的斗争,宋时轮还说:

剑英同志同张国焘分裂主义的斗争,在我党历史上具有极其

①《叶剑英军事文选》,解放军出版社1997年版,第61页。

②《叶剑英传》编写组:《叶剑英传》,当代中国出版社1995年版,第186页。

③宋时轮:《最艰难处显奇才》,《光明日报》1986年10月29日。

重要的意义。对于这一点，从党中央领导同志，到所有熟悉这一历史的干部、党员，无不十分钦佩。[1]

后来，“毛泽东曾多次谈到它，并充分肯定的”。[2] 范硕说：

毛泽东谈到这件事较早的时间是1935年9月，据杨成武回忆，毛泽东在哈达铺曾向陕甘支队的干部说过，这次一、四方面军分家，在关键时刻是叶剑英送了一份电报给我，他立了一大功。

1937年3月30日在延安会议（政治局扩大会议）上，毛泽东谈到长征左右路军时，说张国焘一到毛儿盖就反了，他就在那里大开督军会议，用枪杆子来审查党中央路线……叶剑英将那份秘密命令偷来给我们看，我们便不得不单独北上了。因为电报上说：“南下，彻底开展党内斗争。”当时如果稍有不慎，那么就会打起来的。这是毛泽东的原话，是有案可查的，原件就存在中央档案馆。……毛主席不仅讲了叶帅“偷”电报的经过，红一方面军单独北上的理由，还讲了那封电报的主要内容：“南下，彻底开展党内斗争”。当时，张国焘出席了那次会议，并没有提出异议。……

1967年夏，毛泽东视察大江南北，会见杨成武时，还摸着自己的脑袋，很风趣地说，叶剑英在关键时刻立了大功，如果没有他，我们就没有这个了。他救了党，救了红军，救了我们这些人。这件

---

①宋时轮：《最艰难处显奇才》，《光明日报》1986年10月29日。

②张素华、边彦军、吴晓梅编著：《说不尽的毛泽东——百位名人学者访谈录》（下），辽宁人民出版社、中央文献出版社1995年版，第607页。

事杨成武和我们谈过多次。

毛泽东于 1936 年在保安

除杨成武说起过此事外，宋时轮也回忆毛泽东、周恩来多次说起过这件事：

记得 50 年代中期，毛泽东同志在怀仁堂召开的一次会议上说到：剑英同志在关键的时候是立了大功的，如果没有他，就没有这个了（毛泽东同志边说边摸脑袋），他救了党，救了红军，救了我们这些人。毛泽东同志指着剑英同志又说：这件事可不简单啰，张国焘当时要是抓住你，脑袋就保不住了。周恩来同志在一次讲话中也提到：如果没有剑英同志，那个局势就坏了，在关键时刻才显出是同志嘛！[1]

而作为当事人之一的张国焘后来对此事也有一个说法。

后来，张国焘投靠国民党后，蒋介石特意接见他，两人谈起往事，不知怎么的又扯到了叶剑英身上，两人同感“受其害”，蒋介石

①宋时轮：《最艰难处显奇才》，《光明日报》1986 年 10 月 29 日。

说："我被他折腾掉了一个师。"

张国焘说："我被他折腾得从此在红军中抬不起头了。"[①]

叶剑英这次在反张国焘分裂主义的斗争中贡献确实很大，不久党中央就对叶剑英做出了肯定。叶剑英本人回忆：

在俄界，中央开了会，作出了《关于张国焘同志错误的决定》，还决定将红一方面军主力和中央军委纵队改编为中国工农红军陕甘支队，彭德怀当司令员、毛主席当政治委员，我当参谋长。然后，我们又继续北上了。[②]

从此，叶剑英在多数时间就和毛泽东等人工作、生活在一起了。

1936 年 7 月，党中央、中央军委从瓦窑堡搬到保安（现志丹县）。那时候，房子很少，军委主席毛泽东住一孔石窑洞，周恩来副主席和邓颖超夫妇住在靠围墙盖的小平房里。参谋长叶剑英没地方住，就把围墙中间的一座小门楼，前后用土坯一堵，留个小门、小窗户，权作居室和办公室。[③]

叶剑英住在毛泽东和周恩来两家的中间，可见他和毛泽东与周恩来关系之融洽以及毛泽东、周恩来对他的信任。

---

①孟庆春、陈重伊：《共和国省长》，华文出版社 2005 年版，第 41 页。

②叶剑英：《长征的艰险历程》，中国共产党新闻网。

③童小鹏：《从事统一战线工作的楷模》，《光明日报》1986 年 11 月 2 日。

经过长征途中同张国焘分裂主义作斗争的考验,叶剑英得到了毛泽东的高度信任。在此后错综复杂的长期斗争中,毛泽东对叶剑英总是每临大事赋大任,几十在其垂暮之年也是如此。[①]

3.“他(叶剑英)说自己是在毛主席领导下‘打杂’的,让干什么就干什么”

毛泽东说叶剑英对“前几把交椅是不争的”,叶剑英本人也承认。其实,叶剑英不争“前几把交椅”,不仅仅是在中央苏区时期,在以后的岁月中也是如此。范硕说:他(叶剑英——引者注)说自己是在毛主席领导下“打杂”的,让干什么就干什么。[②] 在长征结束后较长时间内,叶剑英工作变化的跨度是比较大的。叶剑英说“打杂”,其实则是黄子云所说的,毛泽东对他“每临大事赋大任”。

为什么?

因为,总的来说,叶剑英在军中资历不算低,参加革命也不算晚,但相对红军各级年轻的将领来说,处理事情要更加老练、成熟、稳重,所以深得毛泽东的信任。

---

①黄子云:《波澜壮阔的历史诗篇——叶剑英与毛泽东》,广东叶剑英研究会、广东省叶剑英基金会编:《文韬武略,功勋卓著——纪念叶剑英元帅诞辰110周年文集》,中国社会科学出版社2007年版,第283—284页。

②张素华、边彦军、吴晓梅编著:《说不尽的毛泽东——百位名人学者访谈录》(下),辽宁人民出版社、中央文献出版社1995年版,第613页。

1937 年叶剑英在武汉

毛泽东对叶剑英每临大事赋大任,自然,两人在一起朝夕相处的时间不可能很多。1936 年夏,叶剑英随毛泽东东征后,就离开了毛泽东。

因为国内外形势的变化,叶剑英首先被党中央派去做东北军的统战工作,开始与毛泽东分别, 他此去便是四年。随后,他又随周恩来在国统区负责与国民党谈判和统战工作。直到 1941 年,叶剑英才回到延安,与毛泽东再次汇聚。

在离开毛泽东的时间里,叶剑英的工作多次获得毛泽东的肯定。值得一说的是叶剑英"舌战群儒"的事。

事情的经过如下:

1940 年 3 月,蒋介石在重庆召开全国参谋长会议,策划在会议上围攻我第十八集团军(八路军)。叶剑英带病出席。当时的会场紧张极了,谁先发言,谁后发言,讲些什么内容都是蒋介石事先安排好的。会议一开始,蒋介石就把共产党、第十八集团军训斥一顿,说冬季攻势打得不好,没有完成任务,是第十八集团军造成的;第十八集团军"游而不击",制造摩擦,袭击友军,包庇叛军,破坏抗战等等一大串罪名,并且声言,一定要彻查此事,以整肃军纪军令。蒋介石讲完后,各军参谋长一齐响应,纷纷向我军发难。我军参谋长只有叶剑英一个人坐在那里,应该说是很孤立的。可以说是"单刀赴会"。会议开到第三天叶剑英发言,他不卑不亢、不慌不忙地逐条回答和反驳。关于发生在河北、山西、陕西等地的摩擦问题，他当场拿出这些省国民党军官制造摩擦的一道道命令和证据念给大家听，使在座军官无不为之惊愕。后来军委会参谋次长刘斐按铃说，一人讲半小时，警告到时间了，不让他再讲话。叶剑英把脸朝向蒋介石，说，我还没有讲完！蒋无奈只好让他再讲下去，结果叶剑英一口气讲了一个半小时。弄得蒋介石很狼狈，他本想围攻第十八集团军，动员反共，没想到搬起石头砸了自己的脚。会后叶剑英将会议的情况连同他的发言稿，一同报给党中央。①

毛泽东是什么反应呢？

毛泽东看后很高兴，在上面批了话：此报告得到了大多数的同情。并请在延安的中央领导同志传阅。董必武称赞叶剑英这次讲话是"舌战群儒"。后来毛泽东又提到这件事，他在中共七大上讲，叶剑英在长征中获取张国焘的密电立了一功，挽救了中央，避免了损失。在重庆与国民党斗争舌战群儒又立了一功．有这两件事是完全可以信赖的。②

1937 年 7 月抗日战争全面爆发后，叶剑英主要随周恩来在国统区进行统战工作。毛泽东为什么不把他留在延安或派往前线？原因有二：一是叶剑英在黄埔军校当过教授部副主任，许多国民党将领是他的学生；二是叶剑英善于做外交工作，他曾被誉为"中共外交三骑士之一"（另两位是周恩来和董必武）。

①张素华、边彦军、吴晓梅编著：《说不尽的毛泽东——百位名人学者访谈录》（下），辽宁人民出版社、中央文献出版社 1995 年版，第 611—612 页。

②张素华、边彦军、吴晓梅编著：《说不尽的毛泽东——百位名人学者访谈录》（下），辽宁人民出版社、中央文献出版社 1995 年版，第 612 页。

1941 年 2 月，叶剑英再次回到阔别五载的延安，随即被党中央任命为中央军委参谋长，担当毛泽东和朱德指挥全国敌后抗战的助手。

叶剑英的工作并不轻松。这时中央军委总部的一切工作节奏都是随着毛泽东转。毛泽东习惯于夜间工作，叶剑英也通宵达旦地坚守岗位，每天要办理几十件乃至上百件文电。凡军委机要处来的电报，送谁，抄谁，都要经过他来批发，急件随到随办；由他代军委起草的文电，多数要呈毛泽东、朱德审批，签发时则大多以“毛、朱、王(稼祥)、叶”的联名发出。

叶剑英在抗战中

除了处理各种日常工作外，叶剑英也参与重大的军事决策，甚至提出自己的建议，其中他摆过一个“空城计”，得到了毛泽东等人的采纳。

1943 年夏，国民党借共产国际解散之机，妄图发动第三次反共高潮，调动 50 万大军进攻陕甘宁边区。这时八路军主力大多在抗日前线，延安只有三四万留守部队。大兵压境情况之下，叶剑英提了一个建议，一方面加紧军事防卫，部署部队准备反击；一方面用我们侦察到的敌军动态，公开揭露国民党。毛泽东、朱德很感兴趣，表示可以一试。他找到当时负责情报工作的戴镜之同志，问能不能把我们掌握的敌人情况公布一下，会不会给我们今后的工作带来困难等等。戴镜之说，问题不大。这样我们通过各种形式和途径公布了胡宗南调兵围攻陕甘宁边区的情况,毛泽东亲自给《解放日报》写了社论《质问国民党》,警告蒋介石必须立即撤退进犯边区的军队,纠正一切错误。社会各界闻此情况,一下子热闹起来,纷纷发表通电、声明,责问国民党为什么不打日本打自己的同胞,弄得蒋介石狼狈不堪,最后胡宗南出来讲话,表示这是一场误会。

当然,打退第三次反共高潮也还有其他诸多因素,但叶剑英摆出的“空城计”确也立了一大功劳。①

叶剑英做事有勇有智,是非常合适的参谋长人选,在军委的工作深得毛泽东等人的依重。

在共事的过程中,毛泽东等人也对叶剑英本人也有了更加深入的了解。1945年春夏之际,在党的第七次全国代表大会上,叶剑英当选为中央委员。在此之前,他虽然当过红军总参谋部部长、八路军参谋长甚至军委参谋长,并参加过广州起义,但一直连中央候补委员都不是的。这次虽然由于工作原因他由中央军委参谋长改为副总参谋长(彭德怀为总参谋长),但是第一次进入了党中央的领导层,名列44名中央委员之中。

叶剑英进入中央领导层,自然与毛泽东对他工作的认可和重视不无关系,对此,叶剑英在党的七大上发言中也说:自己搞好工作,“主要靠毛主席和中央同志的教导、帮助进步”。②

党的七大结束后不久,抗日战争也取得了最后的胜利,国共两党开始了新的和平谈判进程,随即叶剑英奉命离开延安,去北平担任由国共两党以及美国人一起组成的军事调处执行部的中共代表。在毛泽东的直接领

①张素华、边彦军、吴晓梅编著:《说不尽的毛泽东——百位名人学者访谈录》(下),辽宁人民出版社、中央文献出版社1995年版,第611页。

②《叶剑英传》编写组:《叶剑英传》,当代中国出版社1995年版,第335页。

导下,叶剑英在军调部与国民党进行了针锋相对的斗争。但是,蒋介石无心和平建国,1946 年 6 月,派兵大举进攻中原解放区,全面内战爆发,军事调处很快陷入僵局。次年 2 月,叶剑英等人撤离北平,回到延安,与毛泽东等人会合一起。

这时,蒋介石正准备对陕北发起重点进攻,延安笼罩着紧张的备战气氛。面对强敌,毛泽东决定避敌锋芒,主动放弃延安,为此,党中央和毛泽东指定叶剑英和杨尚昆负责延安各机关的撤退组织工作。于是,延安开始了大撤离。

为了彻底战胜进攻之敌,3 月底, 毛泽东等人决定党中央领导机关分为三个部分,一是毛泽东和周恩来率精干机关,留在陕北,指挥全国战场;二是刘少奇、朱德等人组成中央工作委员会,去华北地区,担负部分中央领导工作;三是叶剑英、杨尚昆等组成中央后方委员会,前去晋西北,统筹后方工作。这次分兵,是党中央和毛泽东在敌人重兵压境的情况下做出的应对之策,每个部分都承担着重要的领导责任。

> 行前,毛泽东与他们约定:一旦他这一部分发生意外,由刘少奇部承担领导中国革命的征途的责任; 再万一刘等也出现意外,由叶剑英的后方工作委员会担起领导全党的责任。[①]

这个工作安排,正如黄子云所言“可见毛泽东对叶剑英是何等信任”。在三支队伍分开后,叶剑英在艰苦的斗争环境中严格执行党中央和毛泽东

①黄子云:《波澜壮阔的历史诗篇——叶剑英与毛泽东》, 广东叶剑英研究会、广东省叶剑英基金会编:《文韬武略, 功勋卓著——纪念叶剑英元帅诞辰 110 周年文集》,中国社会科学出版社 2007 年版,第 285 页。

的指示,甚至,在生活上处处仿效毛泽东等人。在他身边工作的路宝银后来回忆:

叶剑英在晋西北

1947年深秋,我们见叶参谋长的棉衣穿了多年,已经补了好几块补丁,觉得实在过意不去,就想给他做一件新棉衣。我刚把这个想法说出口,叶参谋长就耐心地解释说,现在是集中全力,推翻压在中国人民头上的三座大山的紧要关头,解放区人民正在节衣缩食支援我们,我们要全心全意为人民服务,衣服能穿就行了,不应该再做新的。他拍着我的肩头说:“小路,你的心情我理解,但是你们不也是穿着旧衣服吗?你看毛主席、朱总司令、彭总他们穿的衣服不也是补钉摞补钉吗?再看看邓大姐,好些年都是穿的那一套衣服……”听了叶参谋长的这一席话,心里虽然没有完全想通,但也只好照着他的话去做,叶参谋长又穿着这件旧棉衣过冬了。[①]

在工作上,叶剑英等人也没辜负毛泽东等人的期望。

①路宝银:《在叶帅身边工作的日子里》,《萦思录——怀念叶剑英》,人民出版社1987年版,第252页。

> 后委担负着繁重的中央后方保障和参谋工作。叶剑英充分利用驻地固定电台集中的有利时机，开展通讯和情报工作，及时掌握国内外特别是国民党军的动态，整理上报中央和毛泽东，通报各个战区，同时负责沟通中央与全国党政军各方面的通讯联络，成为中央和各地的"耳目"，为保证毛泽东直接指挥陕北作战和全国解放战争，起到了重要保证作用。后委被赞誉为中央的"最佳参谋部"。毛泽东非常满意。①

叶剑英和中央后委在晋西北活动了一年多。1948年2月，他带着中央后委抵达西柏坡，随后出任华北军政大学校长，开始办军校。为了工作方便，在毛泽东等人的指示下，叶剑英又兼任了华北局成员。

随着解放战争胜利的临近，北平解放在即。1948年底，毛泽东决定由叶剑英、彭真届时接管北平。当平津战役还在进行的时候，毛泽东把叶剑英和彭真召到了西柏坡，亲自与他们谈话，并交代说：

> 这次接管北平，影响中外，你们务必办到如同沈阳、济南那样的接收和管理成绩，不要落在沈阳和济南之后，特别要注意，不要犯接收石家庄初期时那些"左"的错误。②

带着毛泽东的嘱托，叶剑英和彭真开始组建北平市委、军管会、市政府机构。

---

①黄子云：《波澜壮阔的历史诗篇——叶剑英与毛泽东》，广东叶剑英研究会、广东省叶剑英基金会编：《文韬武略，功勋卓著——纪念叶剑英元帅诞辰110周年文集》，中国社会科学出版社2007年版，第285页。

②纪学：《每临大事》，解放军出版社2002年版，第190页。

1949 年北平解放

1949 年 1 月 31 日,北平和平解放,叶剑英担任军管会主任和北平市市长。2 月 3 日,人民解放军举行盛大的入城式。2 月 12 日,北平市各界人民在天安门广场集会,欢庆解放。叶剑英在大会上发表了激昂人心的讲话。在西柏坡的毛泽东十分关注着北平,听到叶剑英的讲话后十分赞赏。

后来,毛泽东主席见到叶剑英,风趣地说:“我听收音机了,你那个讲话真是‘声嘶力竭’啊,为新政权呐喊,就是要有这么一股劲头!”①

3 月初,党中央决定离开西柏坡,迁入北平城办公。3 月 24 日,叶剑英

①《叶剑英传》编写组:《叶剑英传》,当代中国出版社 1995 年版,第 411—412 页。

坐着吉普车来到河北涿县,亲自迎接毛泽东等人进京。次日,大队伍到达北平后,叶剑英陪同毛泽东、朱德、刘少奇等人在北苑机场检阅了人民解放军。随后,毛泽东住进了西郊的香山双清别墅。

此时叶剑英等人已经进驻了中南海。因为工作关系,他多次上香山向毛泽东请示汇报工作,毛泽东也不时进城参加各种会议,很不方便。不久,中南海被清扫干净了,叶剑英视察一番后决定请党中央搬进中南海里来办公。为此,他亲自写一份报告送给了周恩来,接着向党中央呈送了一份建议。

> 最初,周恩来电告叶剑英接收中南海时,并没想到把中南海作为党中央的办公地,只是考虑以此作为筹备和召开政协会议的场地。周恩来看了报告呈送毛泽东,并请毛泽东拿出意见。可是好几天,毛泽东都没理会这件事,他不愿搬进中南海……[①]

毛泽东很长时间没给叶剑英回信,叶剑英于是专门跑到香山,催问毛泽东,请他率中央机关移住中南海。

> 毛泽东等叶剑英走后,很严肃地对周恩来说:“我不搬,我不做皇帝,这个剑英真固执。”
>
> ……
>
> 后来,周恩来找准机会谈起此事,朱老总也表示赞同叶剑英提出的关于党中央入驻中南海的报告和意见。
>
> 或许是毛泽东想通了,免得以后来来回回跑路进城折腾,党

①孟庆春、陈重伊:《共和国省长》,华文出版社2008年版,第45页。

中央终于以少数服从多数决定搬进中南海。

6 月 15 日,毛泽东从香山移住中南海,从此,中南海成为中共中央办公所在地。①

叶剑英在北平

毛泽东等人进中南海办公，竟然是听从了叶剑英的建议，这个事实说明了叶剑英的远见，也由此确定了党中央机关所在地。

北平是闻名中外的历史文化名城，在叶剑英和彭真领导下，社会很快恢复了正常的秩序，完全达到了毛泽东当初“你们务必办到如同沈阳、济南那样的接收和管理成绩”的要求。毛泽东对叶剑英表扬说:“北平的接收和管理搞得不错。”②

在解放战争和新中国成立前这个时期,毛泽东每次派出叶剑英,都是

①孟庆春、陈重伊:《共和国省长》,华文出版社 2008 年版,第 47 页。

②黄子云:《波澜壮阔的历史诗篇——叶剑英与毛泽东》,广东叶剑英研究会、广东省叶剑英基金会编:《文韬武略,功勋卓著——纪念叶剑英元帅诞辰 110 周年文集》,中国社会科学出版社 2007 年版,第 286 页。

让其担当重任；毛泽东对叶剑英很看重，而叶剑英每次也总能圆满完成毛泽东交给工作，用范硕的话说，每次交托重任，“总的说毛泽东对叶剑英比较放心”。[①]

毛泽东信任叶剑英，叶剑英也不负期望；两人之间的交往，是同志式的，是统帅与被统帅的领导关系，别无其他。

这种关系的形成，是与叶剑英的个人特点有关系的。范硕说：“叶帅自己讲，他没有山头，也没有野心。”[②] 叶剑英参加革命很早，与周恩来长期共事过，中央苏区时与博古、项英等人的关系也不错，红三军团时与彭德怀共事过，长征末期又与陈浩昌等人共事过，解放战争时期还与华北局的薄一波、彭真等人共事过，但一直“没有山头”。从这些可以看出叶剑英为人很独立，他的这种性格，体现在与他共事过的同志之间的关系中，也体现在他和毛泽东的个人关系上。

4.“他始终是敬仰、爱戴毛主席的”

1949 年 6 月 21 日，新政协筹备会议在中南海勤政殿召开，叶剑英以筹备会第六组副组长身份出席会议。

如果这么下去，叶剑英则继续在中央工作了。但是，随着华南地区解放战争凯歌式行进，毛泽东调整了叶剑英的工作。为了加强对广东、广西的领导，党中央决定组建中共中央华南分局，隶属华中局领导。1949 年 8 月 1

---

①张素华、边彦军、吴晓梅编著：《说不尽的毛泽东——百位名人学者访谈录》（下），辽宁人民出版社、中央文献出版社 1995 年版，第 613 页。

②张素华、边彦军、吴晓梅编著：《说不尽的毛泽东——百位名人学者访谈录》（下），辽宁人民出版社、中央文献出版社 1995 年版，第 613 页。

日,党中央任命叶剑英为华南分局第一书记,张云逸为第二书记,方方为第三书记;且叶剑英兼广东军区司令员、政委,并与兵团负责人率二野四兵团、四野十五兵团向两广进军,负责解放广东、广西全境。

毛泽东的这个安排,一是考虑叶剑英是广东人,熟悉那里的情况;二是对叶剑英在北平的工作相当满意。所以,这次又委派他负责华南地区的领导工作,并担任南部重镇——广州市市长。

但是,在此之前,叶剑英还没独当一面主持过党政军全面工作(在北平时,市委书记是彭真)。因此,毛泽东多次找叶剑英谈话,就解放广东、广西问题做出指示。在交谈时,毛泽东对工作交代非常细致,什么行程、着重点、步骤和主要工作,等等,一一做出交代,并且还特别强调要搞好团结问题。

> 他(毛泽东——引者注)告诉叶剑英,这次南下,先到江西赣州同四兵团、十五兵团负责人及方方等人会合,然后召开会议,着重解决好党、政、军领导机构的组成和各级干部的配备,解放广东的作战步骤、接收及管理广东的各项政策、准备对付帝国主义的经济封锁和军事干涉等八个方面的问题。毛泽东特别强调了团结问题,要求叶剑英和南下的同志,对原华南分局及各级党委在广东工作的成绩要有恰当的估计,要处理好南下的部队官兵、地方干部同当地干部之间的关系。①

从这些安排的交代来看,毛泽东是无微不至地悉心指导。但是,在谈话中,叶剑英向毛泽东提出了广东干部不足的问题:

①《叶剑英传》编写组:《叶剑英传》,当代中国出版社 1995 年版,第 430—431 页。

……(叶剑英——引者注)风趣地说“主席,华南解放晚,别处都把干部要走了,剩下能分配给我们的干部太少了,好比我们客家的‘水尾田’,流到最后剩的水就不多了。您看怎么办?”

毛泽东一听笑了。他借叶剑英的比喻,也很风趣地回答:“‘水尾田’是‘水尾田’,但那里有一股泉水嘛。”①

毛泽东和叶剑英,一个是湖南人,一个是广东人,所谓的“水尾田”是湖广地区稻田种植中的一个说法。俗话说:“湖广一家亲。”“水尾田”这个说法,说明毛泽东和叶剑英都深谙农活,而且谈话十分亲热,颇有乡土味。但是,毛泽东说的“泉水”是什么意思呢?

叶剑英心里明白,毛泽东讲的“泉水”,是指以方方为主要领导的原华南分局、两广纵队和人民群众,在那里蕴藏着取之不尽,用之不竭的人才资源。②

带着毛泽东的嘱托,叶剑英启程上路了。

为了搞好华南分局的工作,叶剑英在赣州见到方方等人后,立即与他们进行了合作。

因为有了毛泽东的话,也出于对方方的了解,叶剑英不但与方方进行了长时间单独的交谈,认真听其意见和建议,还专门请方方在华南分局的干部会上介绍广东的情况。方方以生动的语言讲了广东的风俗民情、广东人的性格特点、饮食文化、生活习惯及

①《叶剑英传》编写组:《叶剑英传》,当代中国出版社1995年版,第431页。

②《叶剑英传》编写组:《叶剑英传》,当代中国出版社1995年版,第431页。

宗教信仰等,令到会的人特别是北方人听得津津有味。①

叶剑英在解放战争时期

但是,毛泽东并没有因为叶剑英有了“泉水”就此打住。

毛泽东要求叶剑英自力更生地解决干部问题,同时也指示中央组织部尽力为华南多分配一些干部。中组部从北平、山东、华北军大及一些大学生中,挑选了一大批干部,陆续输送到华南。②

10月14日,广州解放。毛泽东任命叶剑英担任广东省人民政府主席兼广州市市长。对于广州的解放,叶剑英认为是共产党和毛泽东正确领导的胜利。11月27日,他在广州市第一届各界人民代表会议上深情地说:

①纪学:《每临大事》,解放军出版社2002年版,第215页。

②《叶剑英传》编写组:《叶剑英传》,当代中国出版社1995年版,第431页。

“广东人民应该特别记住,我们的祖先奋斗了一百几十年,得不到胜利。如果没有共产党和毛主席的领导,我们今天仍不可能在解放了的广州,举行盛大的各界代表会议。”①

广州解放后,如何搞好城市和接管工作,是一项更加重要的工作。如何搞好这项工作呢?叶剑英认为应该去学习,如何学习?他提出应该像毛泽东那样去“谦虚谨慎,积极学习”。为此他对干部们说:

> 像主席如此源深博学,全党很少。他还如此的谦虚谨慎,积极学习,我们更应力戒自满。②

叶剑英的号召,成为干部们的自觉行为。

新生的广州充满着风险,叶剑英的工作也引起了败退台湾的国民党特务的仇恨。1950年初,国民党特务机关在香港专门成立了一个特别行动小组,来刺杀中共华南地区的党政军最高负责人叶剑英。一天下午,叶剑英在中山五路一个剧场参加民主人士座谈会后,驱车返回东山的住所。当汽车行驶在农林路时,突然,后面一辆卡车后厢上对着叶剑英的座车,“嗒嗒嗒”射出一长串子弹,警卫员立即举枪还击。卡车上的特务见势不妙,慌忙驾车逃走了。事后,广州市公安局将叶剑英遇险的情况报告了华中局和党中央。

毛泽东看到这份报告后,对叶剑英的安全极为关心,亲自给叶剑英和华南分局、中南局(由华中局改)第二书记邓子恢发了一份标明“AAAA”的电报:

---

①叶剑英:《在广州市第一届各界人民代表会议上的开幕词》,广东叶剑英研究会、中共广东省委党史研究室编:《叶剑英在广东》,中央文献出版社1996年版,第107页。

②广东叶剑英研究会、中共广东省委党史研究室编:《叶剑英在广东》,中央文献出版社1996年版,第80页。

华南局及叶剑英,并告子恢同志:

(一)用一切可能的力量迅速侦破四邑特别站及行动队,务必彻底肃清。

(二)……

(三)剑英同志行动要特别小心谨慎,不可靠和不必要的群众集会不要去参加。

此外要加强警卫。

叶剑英在广东

毛泽东[①]

6 月 19 日

对于毛泽东的关心,叶剑英由衷感谢,随后复电毛泽东:

我及分局同志,应遵来示,提高警惕,加强保卫,免遭暗算,同时加强侦察破案,镇压敌之阴谋。[②]

毛泽东亲自打电报要求对某个人加强警卫工作的事情并不多,由此可见毛泽东对叶剑英的关心和不一般的爱护。

①孙洪林、朱东辰、赵世华、谭叔明、王晓明:《深切怀念老首长李广祥》,中国警察网。

②《叶剑英传》编写组:《叶剑英传》,当代中国出版社 1995 年版,第 461 页。

毛泽东不仅关心叶剑英的人身安全，在政治上对他也是极其关怀的。1952 年夏，中南局和华南分局有的人向毛泽东反映说华南分局在农民问题上“右倾”,并存在“地方主义”。叶剑英由此也卷入了漩涡之中。

不久,叶剑英在华南分局召开的几次会议上,做了自我批评,承担了“未能及时发现”的领导责任。

在 6 月 30 日的会议上,叶剑英为了顾全大局,作了检讨,7 月 6 日又对会议作了总结报告。在这两个报告中,他对所谓农民问题上的“错误”和“地方主义”错误,都承担了责任,反复说:“在农民问题与地方主义倾向问题上,我都应负主要责任,因为我是分局的主要负责人。”“总之,分局领导及方方同志在工作上的错误,我要负总责任。”①

尽管如此,这次反“右倾”和反“地方主义”对叶剑英的波及和影响还是比较大的。范硕后来说:

这一次尽管毛泽东讲了叶帅的好话,但当时下面有些人通不过,叶帅还是挨了批评,违心地作了检讨,并因此调回北京。

事实上,叶剑英调回北京,虽有反“右倾”和反“地方主义”因素,但更多的是毛泽东等人对他的关心和爱护。其中，主要原因还是叶剑英的身体出了问题。

8 月中旬,叶剑英开始感到胸部疼痛,有时心律失常。这是心脏病的症状。

---

①《叶剑英传》编写组:《叶剑英传》,当代中国出版社 1995 年版,第 491 页。

叶剑英这次患病,与到华南三年来的紧张工作、过度劳累有关,同时与在党内受到不公正的批评,致使精神上受到某些压抑也有关系。①

毛泽东获悉叶剑英的病情后,立即派医疗专家到广州为他治疗。接着,又派飞机将他接到北京治疗。这样,叶剑英在北京疗养了八个月。

叶剑英在 20 世纪 50 年代

1953 年 2 月,叶剑英的病情基本好转,便写信给毛泽东,要求回华南工作,并给予指示。

然而,毛泽东对他的工作已另有考虑。

5 月,叶剑英在名义上仍保留华南分局第一书记职务,但被任命为中南局代书记、中南行政委员会代主席。这个职务的安排,表明叶剑英没有受到反“右倾”和反“地方主义”的影响,反而升职了——毛泽东等人对叶剑英是善待的。

10 月,党中央正式决定调叶剑英回中央军委工作,担任中央军委委员

①《叶剑英传》编写组:《叶剑英传》,当代中国出版社 1995 年版,第 496 页。

和中央人民政府人民革命军事委员会委员。叶剑英从此“走向中央的领导岗位”。①

事实确实是如此,这次从地方到中央工作,成为了叶剑英人生的一个新起点。

不到一年时间,1954 年 6 月,叶剑英又被任命为中央人民政府军事委员会副主席。9 月,在第一届全国人民代表大会第一次会议上,他当选为全国人大常委,并被任命为国防委员会副主席。11 月 9 日,叶剑英被任命为解放军武装力量监察部部长。这样,叶剑英成为了国家和军队领导人了。

叶剑英与刘少奇等视察海防

值得一说的是,当初叶剑英与毛泽东在土改反“右倾”上是有过分歧的,之所以广东的土改没有那么“骤风暴雨”,是叶剑英等人认为广东有自己的特殊情况,即广东侨胞多。为此,叶剑英挨了批评,甚至做过自我检查,但是,他在内心还是不改初衷,仍坚持自己的做法。而毛泽东尽管批评了叶剑英,但对他仍然是很信任,甚至曾表扬过叶剑英在广东调整工商业的做法。总的来说,两人的分歧只是个别工作上的分歧,而这种分歧并没有影响他们之间的个人关系。叶剑英挨了批评可能有过抱怨,但对毛泽东的赤诚、敬仰,没有改变。

①《叶剑英传》编写组:《叶剑英传》,当代中国出版社 1995 年版,第 497 页。

5.“叶剑英在自己的诗词中不止一次地称毛泽东为导师”

1955 年 9 月,新中国首次实行军衔制度。叶剑英被授予元帅军衔。在此之前,叶剑英已由 4 月担任解放军训练总监部代部长,代替刘伯承主持全军军事训练工作。叶剑英这次被授予元帅军衔,后来有人认为他没有显赫的战功,没有实际战绩,比不上其他元帅曾经征战四方,横扫千军。对这个争论,范硕说:

> 当时授予元帅军衔是有比较有标准的,论资历、论贡献给叶剑英评为元帅,党中央和毛泽东是公正的,叶帅本人也是当之无愧的。

授予元帅军衔,先由有关方面评定,最后由毛泽东审定,所以范硕说毛泽东是公正的。首先,叶剑英从北伐到新中国成立,在资历方面,他的军事生涯仅次于朱德、刘伯承和彭德怀。其次,叶剑英是我军参谋工作的创始人,在军内一直地位很高。因此,按照评军衔的条件,就他的特殊资历和地位,是符合授予元帅资格的。

> 叶帅一生都坚决贯彻毛泽东的意图和指示,凡毛泽东交待的任务,他都积极完成,不打折扣,为中国革命和社会主义四化建设作出了杰出贡献。这从各个历史时期都可以看出来。①

---

①张素华、边彦军、吴晓梅编著:《说不尽的毛泽东——百位名人学者访谈录》(下), 辽宁人民出版社、中央文献出版社 1995 年版,第 604 页。

毛泽东的思想正确,但需要贯彻下去才能化为行为,变成化腐朽为神奇的强大力量。叶剑英积极、不折不扣地完成毛泽东交给的任务,自然也成为毛泽东军事胜利的一部分,因此,他对中国革命的贡献也是十分显赫的。所以,他在贡献上也是有资格被授予元帅军衔的。

授衔之后,叶剑英继续为人民军队建设发挥作用。1956 年冬,他向毛泽东建议筹建军事科学院。

叶剑英为什么建议筹建军事科学院呢?

> 新中国成立后,我军建设进入了一个新的阶段。叶剑英同志……研究了我军的历史和现状,认为我军有 20 多年丰富的建军和作战经验,这对未来战争无疑是有重要作用的。但是,由于条件限制,系统地总结这些经验还很不够。同时我军还缺乏现代条件下诸军兵种协同作战的经验,部队在战备、训练等方面还没有我们自己的一套条令条例可作依据。
>
> 这些问题不解决,势必影响我军现代化,正规化建设。他还研究了世界各国军事技术与军事理论的状况,感到现代科学技术的发展,原子、导弹、化学等尖端武器的出现,常规武器和器材的不断改进,对未来战争将产生重大的影响。战争的规模、样式、组织指挥以及协同、保障等都将出现许多新的特点。这就要求我们在不断发展我军的军事技术的同时,加强我军的军事学术研究。为此,叶剑英同志经过深思熟虑,于 1956 年冬向中央军委和毛泽东主席提出了建立军事科学院,全面系统地开展军事科学研究工作的建议。①

---

①军事科学院:《军事科学研究的卓越领导者》,《萦思录——怀念叶剑英》,人民出版社 1987 年版,第 136 页。

叶剑英接见军事科研人员

对于叶剑英的建议,毛泽东是什么态度呢?

这一具有远见卓识的建议,立即得到中央军委和毛泽东主席的批准,并委托叶剑英同志负责筹建工作。

1958 年 1 月,叶剑英同志被任命为军事科学院临时党委书记。①

在这个时期,国家建设出现欣欣向荣的景象,整个社会进入了社会主义,叶剑英对毛泽东更加赤诚和服膺,作为军队领导人,他处处注意宣传毛泽东的军事思想。在辽东军事演习中,针对一些人说毛泽东军事思想不能解决现代化作战的论调,叶剑英结合演习一一进行解说。1956 年年底,他率军事代表团访问印度,特地接见抗战时期担任白求恩国际和平医院院长的印度籍国际主义战士柯棣华的亲属。柯棣华三妹后来谈到叶剑英

①军事科学院:《军事科学研究的卓越领导者》,引自《萦思录——怀念叶剑英》,人民出版社 1987 年版,第 136 页。

访问印度到她家探望全家人的情景时说:

那天,叶帅和两位陪同人员到我们家,叶帅亲自把毛主席为哥哥写的挽词,摆在桌子上,给老母亲一句一句地读完,并告诉老母亲这是中国人民的领袖毛泽东写的,他代表了中国人民对柯棣华同志的怀念。老母亲听后非常高兴,全家人都把这当作一种少有的荣誉。[①]

在出访繁忙的时候,若不是出于对毛泽东的深厚感情,谁还带上毛泽东写的挽词?叶剑英做到了。这不仅仅是细心,既是他对国际主义战士的尊重,也是心中装着毛泽东,拿着毛泽东的挽词表达中国人民对印度人民的友好之情。

叶剑英对毛泽东的推崇,从他的诗歌中也能体现出来。毛泽东和叶剑英都是军事家,并且都是诗人。有人说:“毛泽东和叶剑英的关系确实比较好,我们觉得与他们都是诗人,诗人的心容易沟通也有关系。”[②] 范硕也比较认可两人之间的“诗情”:

当然他们的关系亲密,不仅仅是因为是诗人,有其他许多因素。……但,从他们在诗歌方面,尤其从古典诗词的交流、欣赏、爱好来看,这两位政治家兼诗人确有共同之处,彼此间的呼吸是相通的,“心有灵犀一点通”嘛!首先来讲,叶剑英对毛泽东的诗很推崇、很热爱,延安时期,他对毛泽东的诗口吟笔记,背诵如流,建国后 1957 年《诗刊》第一次公开发表毛泽东 18 首诗词,叶帅读后极为兴奋,如获至宝。他不仅自己反复背诵,而且给孩子讲,给身边

---

①郭庆兰:《忆叶帅》,《蒙思录——怀念叶剑英》,人民出版社 1987 年版,第 354 页。

②张素华、边彦军、吴晓梅编著:《说不尽的毛泽东——百位名人学者访谈录》(下),辽宁人民出版社、中央文献出版社 1995 年版,第 619 页。

的工作人员讲诗词里的典故。[1]

叶剑英与许光达大将在一起

当初叶剑英一到中央苏区就要拜毛泽东为师，他爱毛泽东的诗，除毛泽东的诗词确实水平很高外，叶剑英的爱人和爱诗从某种意义上说是完全一致的。范硕说：

叶帅不仅爱毛诗，而且写诗来讴歌毛主席。除了前面提到的韶山一首外,1958 年他随毛主席、周总理在十三陵水库劳动,还写过“万众欢呼毛主席,普通劳者出堤旁”的诗句。

范硕“前面提到的韶山一首”诗,是一首七言绝句：

六亿同胞呼万岁,五洲志士称导师。
欲溯河源到星宿,韶山风物耐人思。[2]

这是叶剑英 1963 年 3 月 26 日去韶山时作的。范硕后来说：

---

①张素华、边彦军、吴晓梅编著:《说不尽的毛泽东——百位名人学者访谈录》(下),辽宁人民出版社、中央文献出版社 1995 年版,第 618 页。

②《叶剑英诗词选集》,人民文学出版社 1983 年版,第 50 页。

这首诗虽然留有当年时代的色彩和痕迹,但我认为作者在诗中对毛泽东的爱戴是发自内心的,深刻地表达了他对人民领袖的由衷的敬爱之情。

在中央一层的党和国家、军队领导人中不乏会写诗的人,但像叶剑英这样热烈讴歌毛泽东的诗并不多。叶剑英毫不忌讳地写诗讴歌毛泽东,一则他写的是纪实诗,二则他是出自真实情感的情不自禁。

在这个时期,叶剑英与毛泽东接触很多,他对毛泽东敬佩更上了一个层次。

吕黎平有一个回忆:

1959 年 6 月,空军在大连举办了第一期师以上干部毛主席著作读书班。……刘亚楼司令员请叶帅向读书班作了重要的启发报告。叶剑英同志着重阐述了毛泽东思想是马列主义的普遍原理与中国革命具体实践相结合的产物与发展过程。他从进入中央革命根据地后的亲身经历中体会到毛泽东同志是在总结了大革命失败的经验教训后,运用调查研究的方法,根据南昌、秋收、广州起义的实践,找到了建立乡村革命根据地,掌握枪杆子,发展武装力量,走农村包围城市的发展道路。以武装斗争、党的建设、统一战线的三个法宝,同蒋介石进行了 22 年的武装较量,才推翻了压在中国人民头上的三座大山——帝国主义、封建主义、官僚资本主义,夺取了全国胜利,建立了社会主义的新中国。毛泽东思想是党的集体智慧,是在长期的实践中而产生的,中国革命的胜利来之不易。他号召空军干部认真学习《实践论》、《矛盾论》、《中国革命战争的战略问题》和辽沈、平津、淮海三大战役的战略思想,指出以毛泽东思想的核心——实事求是,分析研究问题,坚持辩证唯物主义与历史唯物主义的观点,才能在社会主义建设与我军革命化、现代化、正规化建设中,取得更大的胜利。叶帅要求空军的同志们一定要把毛泽东思想的真理同自己的实际、特点密切结合起来。他说:“你们空军的飞机已进入喷气、超音速时代,武器不仅是炮弹和炸弹,而且发明了火箭、导弹,而战斗又在空间进行。往往是几分钟甚至几十秒钟之内决定一次战斗的胜负。这就要求有高度的时间性与准确性,真是‘差之一毫,失之千里’哟!所以不能套用‘持久战’的战术,应该分秒必争,因为错过一秒的几分之几,一个微小动作的差错,就可招致一次空战的失利。你们在抗美援朝战争中,已经有了喷气飞机作战的经验,取得了很大的胜利。这是非常宝贵的,应该继续研究与提高,才能把毛主席的军事思想随着时间、空间、条件的推移,向前发展。”

我们听了叶帅这场三小时的生动而又实际的讲话,很受启迪,开阔了思路,提高了对毛泽东思想的认识,对联系空军实际学习毛主席著作,起了良好的示范作用。[①]

叶剑英对毛泽东的宣传,不是空穴来风说瞎话,也不是吹捧,而是对毛泽东的真诚服膺,这是他自己的亲身经历和体会。另外一个重要原因,就是他对毛泽东的思想做了深入的研究,在研究之中更加认识到了毛泽东思想的正确、伟大。范硕说:

叶帅对毛泽东思想比较注意研究,特别是对毛泽东军事思想的研究,有独到之处。他善于学习和运用毛泽东军事思想,创造性地从理论和实践的结合上回答和解决中国革命战争与军队

①吕黎平:《非凡胆略功勋著》,《萦思录——怀念叶剑英》,人民出版社 1987 年版,第 117—118 页。

建设、国防建设中的实际问题，尤其在现代条件下，人民军队、人民战争、军事训练、军事科研等方面形成比较全面系统的理论体系……此外，叶剑英对毛泽东的教育思想、文艺思想、外交思想等也有所研究和创见。①

叶剑英通过研究，对毛泽东思想的认识从感性上升到了理性，由此也克服了感性的局限，因而对毛泽东思想的认识更加全面、准确，对毛泽东的信仰更加牢不可破了。这种认识使得叶剑英在毛泽东指引的道路上不会偏离轨道，也使得他本人在中央领导层的地位继续上升。

1959 年 9 月 26 日，根据中央政治局决定，叶剑英担任中央军委常委。

叶剑英对毛泽东的敬仰是真实的。叶剑英的女儿凌子回忆：

记得 60 年代初，我在大学读书时，因为营养不良，得了浮肿病。父亲见我面孔苍白浮肿，什么话也没有说过。上大学后，和父亲在一起的时间不像儿时那样多了。能和父亲聚一聚，见见他慈祥的面容，成了一件经常盼望的美事。正巧一天下午没课，中午我就回了家，和父亲共进午餐。桌上的菜虽然简单，但对我来说也是"久违了"，心想可以饱餐一顿了。我端起饭碗大口吃起来。过了一会儿，才发现，父亲根本没动筷子，只是用一种异样的神情望着我。

"爸，您怎么不吃呀？您不舒服？"

"女儿，你知道不知道，这几天，毛主席都不吃肉了。他对炊事员讲：'全国人民都没有肉吃，为什么还要给我肉吃？'每次端

①张素华、边彦军、吴晓梅编著：《说不尽的毛泽东——百位名人学者访谈录》(下)，辽宁人民出版社、中央文献出版社 1995 年版，第 604 页。

上肉来给他,他都让端回去……”“他不是别人哟,连他都不肯吃肉了……”父亲的声音开始颤动,说不下去了。一个饱经风霜的老人,表情忧伤而痛楚,眼圈都红了,我作为女儿在他身边,心里说不出地难过。[①]

毛泽东与解放军在一起

凌子记述的这件事是感人的。叶剑英对主席的关心爱护之情跃然纸上。

毛泽东对叶剑英的工作也是满意的,多次在大会上对他进行表彰。1962 年 9 月 24 日,毛泽东在中共八届十中全会的讲话中又谈到了叶剑英:

叶剑英同志搞了一篇文章,很尖锐,大关节是不糊涂的。我送你两句话,“诸葛一生唯谨慎,吕端大事不糊涂”。诸葛,大家都知道,是诸葛亮,吕端是宋朝的一个宰相,说这个人大事不糊涂。[②]

毛泽东说叶剑英的这两句话不止说一次:

①凌子:《可敬的父亲》,《萦思录——怀念叶剑英》,人民出版社 1987 年版,第 260—261 页。

②陈晋:《毛泽东看叶剑英的“大关节”》,《党的文献》2008 年第 2 期。

> 据薄一波回忆，大概在上世纪 50 年代末 60 年代初，他（叶剑英）在一次中央工作会议上讲到旧戏中王佐断臂“为国家尽忠心，昼夜奔忙”时，毛泽东插话说：我曾送给叶剑英同志两句话：“诸葛一生唯谨慎，吕端大事不糊涂。”①

因此陈晋说：“看来，毛泽东不止一次说过这两句话，故流传甚广。”②

在 20 世纪五六十年代，叶剑英与毛泽东的交往是密切的。1963 年底，在毛泽东的支持下，叶剑英推广了郭兴福教学法。

郭兴福教学法是解放军第 12 军军长李德生在探索练兵方法时在基层发现的教学方法。1963 年秋，叶剑英在《军训简报》上看到这个教学方法的报道后，立即引起了关注。12 月下旬，总参军训部在江苏镇江地区小衣庄召开训练现场会议，推广郭兴福教学方法。叶剑英非常重视，乘飞机赶往参加。在训练场，他冒着严寒，在野外实地观看了郭兴福教的单兵进攻战术作业，与郭兴福和战士们谈话，了解情况，并与大家座谈讨论，总结经验。李德生回忆：

> 经过周密的调查研究，叶帅肯定，郭兴福教学法，是我军传统的练兵方法的继承和发扬，是领导培养，群众坚持和他人努力的结果。为了使它更加系统化和条理化，叶帅将其归纳为五个突出的特点……叶帅认为这些方法，不仅适合于各部队，而且适合于学校，不仅适合于步兵，而且适合于各军种、兵种。③

随后，叶剑英向中央军委报告了这个练兵方法，获得了毛泽东的支持。

---

①陈晋：《毛泽东看叶剑英的“大关节”》，《党的文献》2008 年第 2 期。

②陈晋：《毛泽东看叶剑英的“大关节”》，《党的文献》2008 年第 2 期。

③李德生：《高风亮节大智大勇》，《人民日报》1986 年 12 月 14 日。

李德生回忆说:

叶剑英接见郭兴福

他（叶剑英——引者注)向军委报告，建议在全军推广郭兴福教学法，掀起军事训练的高潮，得到了党中央、中央军委和毛泽东同志的赞许。毛泽东同志仔细看了叶帅的报告。当看到"把兵练得一个个都像小老虎一样"时，在下面划了一条杠说:"这一条我最感兴趣。"当看到报告中说"郭兴福教学法继承了我军传统方法"后，他高兴地指出:"这不仅是继承，而且是我军传统练兵方法的发展。"毛泽东同志还说，叶帅找到了一个好方法。①

杨成武回忆:

1963年(叶剑英——引者注)发现了郭兴福教学法，专门给毛主席发了电报，得到了毛主席的赞许。毛主席就找了贺龙、罗瑞卿同志和我，到他那里，当面指示要向全军推广。②

①李德生:《高风亮节大智大勇》,《人民日报》1986年12月14日。

②杨成武:《丹心向党，功炳千秋》,《光明日报》1986年11月5日。

于是，一个广泛深入的学习郭兴福教学方法和大练兵的群众运动，在全军轰轰烈烈地展开。毛泽东还带着一些中央领导人观看了北京、济南部队的“尖子”军事表演，并且指出：光有“尖子”是不够的，普及“尖子”经验要很快布置，要抓紧这项工作。

叶剑英遵照毛泽东的指示，立即向全军提出了当前军事训练工作的意见，指出：“今后军事训练的中心任务是落实毛主席的指示。狠抓普及。”并对普及工作提出了具体要求。①

尽管后来林彪抓住训练中出现的某些个别现象，说“大练兵冲击了政治”，“犯了路线错误”，给全军轰轰烈烈的练兵热潮泼了冷水，对中央军委工作产生了不好的影响。但叶剑英并未受到什么大的影响。

为什么？

因为叶剑英是毛泽东的“红人”。

1964年秋，叶剑英在大连开会，有感于国际形势的动荡和苏联国情的演变，吟成一首七律《远望》：

忧患元元忆逝翁，红旗缥缈没遥空。
昏鸦三匝迷枯树，回雁兼程溯旧踪。
赤道雕弓能射虎，椰林匕首敢屠龙。
景升父子皆豚犬，旋转还凭革命功。②

这首诗得到了毛泽东的赞赏。

这首诗由董必武辗转传到北京，发表在1965年10月16日

①《叶剑英传》编写组：《叶剑英传》，当代中国出版社1995年版，第556页。

②《叶剑英诗词选集》，人民文学出版社1983年版，第52页。

《光明日报》上。毛泽东看后十分欣赏,熟记在心。1965 年年底毛岸青和邵华来看望他,便当场一字不错地默写给他们夫妇,并嘱咐他们向叶伯伯学习,好好干革命。后来,他们把毛泽东手书稿送给叶剑英,附信云:“父亲对伯伯是很尊敬的,对伯伯的诗也是十分喜爱的。”“父亲是那样喜爱伯伯这首诗,不仅把诗中句句都记入脑海,而且连什么时候,刊登哪个报纸都记得。”可见,毛泽东对叶剑英诗词的熟悉和珍爱了。①

毛泽东对叶剑英这首诗歌的赞赏,一是因其文学水平高,“叶诗‘酣醇劲爽,形象亲切,律对精严’”;② 二是有着高昂的革命气概。而从诗歌创作来看,这首诗多少又有一些毛泽东诗词的影子,比如“赤道雕弓能射虎,椰林匕首敢屠龙”是不是毛诗“今日长缨在手,何时缚住苍龙”的翻版,“景升父子皆豚犬”又有没有毛诗“一代天骄,成吉思汗,只识弯弓射大雕”的意境?在读毛泽东诗的过程中,叶剑英更增加了对毛泽东的敬佩之情。

叶剑英在自己的诗词中不止一次地称毛泽东为导师,他热爱毛泽东的诗词,并在诗词创作中借鉴毛诗。③

“叶帅在自己的诗词创作中也借鉴毛泽东的诗词,从中汲取营养。”④因此,在叶诗中见到毛诗的影子就不足奇怪。

这种“诗情”,使得“叶剑英和毛泽东之间存在着一种特殊的友谊”。⑤

---

①《叶剑英传》编写组:《叶剑英传》,当代中国出版社 1995 年版,第 565 页。

②《叶剑英传》编写组:《叶剑英传》,当代中国出版社 1995 年版,第 565 页。

③《叶剑英传》编写组:《叶剑英传》,当代中国出版社 1995 年版,第 565 页。

④张素华、边彦军、吴晓梅编著:《说不尽的毛泽东——百位名人学者访谈录》(下),辽宁人民出版社、中央文献出版社 1995 年版,第 619 页。

⑤《叶剑英传》编写组:《叶剑英传》,当代中国出版社 1995 年版,第 565 页。

在战争年代，叶剑英和毛泽东有着患难之交，在和平年代，他们又有着难得的诗情，两人在工作之外便有了另外一种沟通和相知渠道。因此，他们之间的情谊弥久愈深。

叶剑英喜欢毛泽东的诗词，著名作家刘白羽特别有印象。1965 年前后，第三届全国人民代表大会和第四届全国政治协商会议同时在北京召开。会议期间，刘白羽和叶剑英之间发生一件事情，刘白羽回忆：

刘 白 羽

那好像是 1964 年，我们都是人民代表大会主席团成员，我的位子排在叶剑英、史良之间。因为《诗刊》急着发排，我从皮夹子里取出校样来看。他先是注目，而后伸过头来："啊，诗……"原来那是胡乔木同志从南方写了一组旧体诗寄给毛主席，由毛主席修改过，决定给《诗刊》发表(后来先在《人民日报》上发表了)。他微笑着，带着浓重的广东口音问我："怎么样，可以看吗？"我告诉他有一份毛泽东同志修改的原稿，那才真值得看一看呢，真是生花妙笔，点铁成金，凡是他改的地方特别气度不凡，高出一筹。剑英同志忽然那样急迫、那样热诚地说；"你把那原稿送给我看一下，一定！"我连夜送给他，他又连夜退给我。后来，在主席台上又见面，他说："一字千金呀！"①

①刘白羽：《冬夜凝思》，《光明日报》1986 年 11 月 30 日。

叶剑英的“急迫”和“一定”“一字千金”,表现出他对毛泽东诗词的喜欢和对毛泽东诗词的赞赏和敬佩。

也是在这两次会议上,叶剑英当选为全国政协副主席、全国人大常委。1月4日,他又担任国防委员会副主席。

叶剑英在工作之余特别爱读书,甚至有人称他为“读书元帅”。1965年9月,在纪念抗日战争胜利20周年之际,叶剑英重读了毛泽东《论持久战》一文,随后又以此为题写出一首七律:

百万倭奴压海陬,神州沉陆使人愁。
内行内战资强虏,敌后敌前费运筹。
唱罢凯歌来灞上,集中全力破石头。
一篇持久重新读,眼底吴钩看不休。[①]

叶剑英说过,他一生佩服四个人,最佩服的人就是毛泽东。[②] 因此,他多次称毛泽东为自己的导师,并不是奇怪的事情。

①张素华、边彦军、吴晓梅编著:《说不尽的毛泽东——百位名人学者访谈录》(下),辽宁人民出版社、中央文献出版社1995年版,第619页。

②汤佳玉:《长征途中的叶剑英与毛泽东》,引自《文韬武略,功勋卓著——纪念叶剑英元帅诞辰110周年文集》,中国社会科学出版社2007年版,第301页。

6."令我主持军委日常工作，我十分感戴主席的信任"

范硕说：

据我看毛泽东对叶剑英有长期的全面的了解，一直还是很信任的。即使在"文革"期间也是如此。[①]

这话没错。叶剑英在"文化大革命"发动前后开始进入党中央领导层，且开始主持中央军委日常工作。这对叶剑英来说，是之前从没有过的事情。

1966年1月8日，中共中央发出通知："中央决定：增加陈毅、刘伯承、徐向前、叶剑英为中共中央军事委员会副主席。"加上原来的副主席林彪、贺龙、聂荣臻，共7人。叶剑英在副主席中排名第七位。几个月后，他的地位就得到提升。

5月4日至26日，中共中央政治局扩大会议在北京举行，会议批判了彭真、罗瑞卿、陆定一、杨尚昆等人的"反党错误"，并停止或撤销他们的职务。16日，会议通过由毛泽东主持制定的中共中央通知，后简称"五一六通知"。5月召开的中央政治局扩大会议与随后的八届十一中全会，成为"文化大革命"全面发动的标志。5月23日，根据毛泽东的提议，叶剑英担任中央书记处书记、中央军委副主席兼秘书长，并主持中央军委日常工作。

原来中央军委日常工作由副主席贺龙主持。1965年12月上海会议结

①张素华、边彦军、吴晓梅编著：《说不尽的毛泽东——百位名人学者访谈录》(下)，辽宁人民出版社、中央文献出版社1995年版，第616页。

1965年10月,叶剑英与贺龙在广州看望战斗英雄

束后,林彪召开军委常委会,罢免了罗瑞卿的总参谋长职务,且不让贺龙主持军委日常工作。林彪正式复出。但林彪本人不管中央军委的日常工作,这便需要另一位副主席来承担这个重任。

为什么毛泽东选择了叶剑英呢?此时在十大元帅中,彭德怀已被打倒,贺龙不为林彪看好,罗荣桓已去世,朱德年事已高,刘伯承在养病,陈毅已转业当国务院副总理,要在林彪之下再设一位军委常务副主席,元帅中只有叶剑英与徐向前、聂荣臻三人。最终,毛泽东和林彪选择了叶剑英。

正是在“文化大革命”发动之时,叶剑英进入了中央书记处,且成为了军队中的主要领导人之一。于是,他面临的考验也随之而来了。

“文化大革命”发动后,“造反”成了风潮,国防部等单位也受到造反派的冲击。这与中央军委“军队不能乱”的思想是相悖的。1966年11月13日,解放军总政治部在北京工人体育馆召开军队院校和文体单位来京人员大会,即第一次十万人大会,以稳定军队。

大会由总政治部主任萧华主持。周恩来和陈毅等人也参加。叶剑英、陈毅等几位军委副主席都做了讲话。叶剑英在讲话中首先"检讨"1965年院校整风问题,然后,就谈军队院校在"文化大革命"中的任务和政策。

> 叶剑英引证毛泽东的话说,鲁迅的《阿Q正传》中有个人,是不准别人改正错误,不准人家革命。要允许人家犯错误,允许人家改正错误,允许人家革命。毛主席说,过去旧戏是《三娘教子》,"文化大革命"是"子教三娘"。我们要向青年学习。但是我们奉劝青年同志们,不要把毛主席著作当圣经念。不要再犯教条主义错误。①

叶剑英引用毛泽东的话语,劝告造反派"不要再犯教条主义错误",意思就是不要冲击军队。但是,有的造反派从陈毅、叶剑英等人的这些讲话中听出了弦外之音,认为这是"压制群众"。

> 正当叶剑英讲话时,解放军兽医大学"红色造反团"的一名"战士"(学员)递条子给会议主持人萧华,责问这个大会"林副主席批准没有?"、"你们四位副主席的讲话是不是林副主席批准的?"叶剑英在主席台上当众宣读了这张条子,气愤地问大家:"同志们,他怀疑我们大会是偷偷开的,同学们相信不相信我们?"台下回答:"相信军委。"叶剑英接着说"我代表军委的全体同志感谢同志们信任我们,请同志们信任我们。"他告诉大家,四个人的讲话是军委集体讨论过的。他重复说,现在"文化大革命"是"子教三娘",儿子教育老子,教育爷爷。但他希望递条子的那个学员也要接受教育帮助。②

---

①《叶剑英传》编写组:《叶剑英传》,当代中国出版社1995年版,第572—573页。

②《叶剑英传》编写组:《叶剑英传》,当代中国出版社1995年版,第573页。

叶剑英和毛泽东在天安门城楼上

会后,中央文革小组却认为陈毅、叶剑英的讲话违背了“五一六通知”精神,是“压制群众”,是“资产阶级反动路线的猖狂反攻”。11 月 29 日,中央军委在工人体育场再次召开了军队院校师生大会。然而,会场气氛比上次还紧张。陈毅和叶剑英再次做长篇讲话,否定了为上次递条子的学生恢复名誉的问题。结果,这次会议仍然没有解决问题。

之后,造反派抓住陈毅、叶剑英在两次大会上的讲话不放,硬逼他们进行检查。毛泽东出面了。

> 此事上告到毛泽东那里。毛泽东想为陈、叶开脱,说:“检讨一下,了此一案。”①

①《叶剑英传》编写组:《叶剑英传》,当代中国出版社 1995 年版,第 577 页。

12月31日，年末岁尾，叶剑英根据毛泽东的指示，被迫到军队院校革命师生大会，即“师生代表”会议上违心地进行“检讨”。

毛泽东出面保护了叶剑英，叶剑英对毛泽东也更加推崇。

这个时期叶剑英是紧跟毛泽东和运动的，并不反对“文化大革命”。但是，作为主持军委日常的工作领导人，叶剑英深知军队的重要性和自己身负的重任，所以力持军队不能乱，最终，在毛泽东的批准下，1967年1月14日，党中央发出《关于不得把斗争锋芒指向军队的通知》，指出军队担负着备战和保卫祖国的任务，不许任何人、任何组织冲击人民解放军的机关，要求稳定军队。

但是，军队如何开展“文化大革命”呢？1月19日，中央军委在京西宾馆召开扩大的碰头会，讨论军队搞不搞“四大”（即“大鸣、大放、大字报、大辩论”）的问题。叶剑英、徐向前、聂荣臻不同意在军队搞，与中央文革小组发生争论。会上，江青逼问总政治部主任萧华：今晚在工人体育馆召开十万人大会你敢不敢去？逼他到会上去说清所谓的“问题”。叶剑英发现情况不对，立即上报。

> 叶剑英回去后，立即将会议情况报告毛泽东、周恩来，要求制止批斗萧华。周恩来回电话说：“没有我的命令，萧华不能去大会检查。”①

但是，造反派还是连夜向萧华发起突然袭击，跑到景山东街去抓他。萧华从后门跑出，然后坐上车子到西山叶剑英住所，躲了起来。

第二天上午，军委扩大的碰头会在京西宾馆继续进行。江青坐在叶剑英的左侧，看到萧华没有来，便问道：“总政治部主任失踪，到哪里去了？”

---

①《叶剑英传》编写组：《叶剑英传》，当代中国出版社1995年版，第583页。

叶剑英没有回答。

接下来的情况就有些失控了。

“文化大革命”中的叶剑英

过了一会儿,萧华来了,徐向前问他,昨晚到哪里去了。萧华躲躲闪闪。徐向前生气地对萧华说:“你是胆小鬼!你怕什么?他们能把你吃掉吗?”他盛怒之下,拍了桌子,把茶杯盖子和碟子都摔了。这时,一直冷静沉默的叶剑英,面对江青的查问,也大声地说:“他昨天半夜里跑到我那里去了,是我把他收留下来的,如果有窝藏之罪,我来担当!”说话间按捺不住满腔怒火,猛拍桌子,伤及右掌。①

叶剑英之所以发火,一是保护萧华,为什么保护萧华?因为周恩来和毛泽东已有萧华“不能去检查”的指示;二是为了保持军队不能乱这个原则。

叶剑英的做法,是符合毛泽东的思想的。

1 月 22 日,毛泽东在人民大会堂接见参加军委扩大的碰头会的高级领导同志。周恩来和毛泽东坐在一起。毛泽东特意招呼叶剑英等坐在他的身边,并询问碰头会上的情况。叶剑英扼要地谈

①《叶剑英传》编写组:《叶剑英传》,当代中国出版社 1995 年版,第 584 页。

> 了自己的意见。军队一些高级领导同志此时此刻见到毛泽东主席，心情非常激动，纷纷向他汇报部队在“文化大革命”中遇到的问题……毛泽东说军队要抓紧战备，要稳定，要团结，不要你搞我，我搞你，不要闹分裂。①

随后，根据毛泽东的指示，叶剑英主持军委碰头会议，与其他几位军委负责人反复商量，一致认为无论如何要稳住军队。1 月 24 日晚，徐向前、叶剑英和聂荣臻来到毛家湾林彪住地，向林彪提出军队对“文化大革命”要有限制，希望尽快搞出一个条令和规定来。林彪表示同意，并且拟定了一个军委命令初稿，送中央文革小组讨论，并报请毛泽东批示。毛泽东亲自找几位元帅研究后，批示：很好，照发。

1 月 28 日，中央军委颁布军委《八条命令》，下令全军指战员必须坚守岗位不得擅离职守；不允许自由抓人、抄家、封门、体罚和变相体罚；一切外出串连的军人和职工等应迅速返回本地区、本单位；一律不许冲击军事机关、军队内战备系统和保密系统，不准冲击和串连，等等。这样，军队开始逐步稳定。

2 月 10 日，毛泽东在中央常委扩大会议上宣布：中央常委扩大会以后要扩大，提议增加叶剑英和徐向前参加。② 这样，叶剑英可以列席参加中央常委扩大会议了。

可是，2 月 14 日，他第一次参加常委扩大会议，就发生几位老帅“大闹怀仁堂”事件。16 日，继续开碰头会。谭震林再次发火。会后，张春桥、姚文元向毛泽东汇报，于是毛泽东对这些老同志很不满意。此事随后被称为“二月逆流”。在“二月逆流”中，叶剑英虽然发难了，但不是“首犯”。

---

①《叶剑英传》编写组：《叶剑英传》，当代中国出版社 1995 年版，第 585 页。

②刘树发主编：《陈毅年谱》，人民出版社 1995 年版，第 1184 页。

江青当时就发现:“陈毅、谭震林、徐向前是错误路线的代表,叶剑英、李先念、余秋里是附和错误路线。”[①]

毛泽东在天安门城楼上

加上毛泽东认为“二月逆流”是老帅们“发点牢骚”,[②]因此,“大闹怀仁堂”后,毛泽东对叶剑英信任如故。但是,江青、林彪等人没有罢休。7月底,北京街头出现“打倒叶剑英”“斩断叶剑英的黑手”等标语。但毛泽东还是保了叶剑英。

有些军内外的“造反派”揪斗叶剑英,在最危急的时刻,毛泽东总是站出来保护叶剑英,说他为党为人民立了大功……[③]

林彪等人打不倒叶剑英,便利用毛泽东说过军委秘书长“黄克诚、罗瑞卿都没有干好,以后,军委不要设(秘书长)了,国务院留一个”[④] 的话,说军委要有一个机构处理日常事务,按照毛泽东的意思不设秘书长、不搞秘

①范硕:《叶剑英在非常时期》,华文出版社2002年版,第181页。

②《叶剑英传》编写组:《叶剑英传》,当代中国出版社1995年版,第595页。

③张素华、边彦军、吴晓梅编著:《说不尽的毛泽东——百位名人学者访谈录》(下),辽宁人民出版社、中央文献出版社1995年版,第616页。

④尹家民:《军委办事组始末》,《党史博览》2003年第11期。

书处，提议设立军委办事组。毛泽东表示同意。8 月 17 日，根据中共中央、中央军委的决定，成立由吴法宪（副总参谋长兼空军司令员）、叶群（林彪办公室主任）、邱会作（副总参谋长兼总后勤部部长）、张秀川（海军副政委）组成的军委办事组，由吴法宪负责。9 月底，经周恩来提议，中央文革小组决定，由代总长杨成武兼任组长，吴法宪任副组长，成员又增加李作鹏。办事组对中央军委常委会负责，重大问题向常委会请示报告。

就这样，叶剑英主持中央军委工作的权力就削弱了。

1968 年 3 月下旬，林彪等人制造杨、余、傅事件，把杨成武打倒。第二天，毛泽东召集林彪、周恩来、康生等人开会，讨论总参谋长人选问题。林彪提议黄永胜出任总参谋长。毛泽东也没反对，于是，黄永胜担任总参谋长，同时兼任军委办事组组长。

黄永胜出任总参谋长后，便彻底剥夺了叶剑英等人的权力：

> 3 月 28 日，毛泽东、林彪接见黄永胜、吴法宪、温玉成，周恩来在座。毛泽东说：军委就是办事组。吴、叶、李、邱先后都进了军委办事组。改组后的军委办事组控制了军委很大一部分权力。4 月 1 日，吴法宪宣布：军队重要文电，今后不再抄送陈毅、徐向前、聂荣臻、叶剑英、刘伯承等军委常委。4 月 6 日，黄永胜在一次谈话中说："今后打电报找办事组和林副主席，军委常委不执行权力，办事组代替军委常委。"彻底剥夺了老帅们对办事组的领导权。黄、吴、李、邱在军委办事组专门设立了一个班子，编凑了一个《"二月逆流"反党集团在军内活动大事记》，共 50 条，11 月 19 日印出报送林彪、康生。[①]

年底，毛泽东便安排叶剑英和几位老帅去工厂搞调查研究，叶剑英去

①尹家民：《军委办事组始末》，《党史博览》2003 年第 11 期。

了北京新华印刷厂蹲点。过了几个月，调查结束。1969 年 4 月，党的第九次全国代表大会在北京召开，叶剑英参加了大会。尽管林彪在政治报告中再次批判"二月逆流"，但在毛泽东、周恩来亲自提议下，叶剑英不仅没有被打倒，反而在九届一中全会上继续当选为中央政治局委员。

党的九大后，鉴于中苏关系日趋紧张，毛泽东召集陈毅、叶剑英、徐向前、聂荣臻四人，要求他们去研究和分析国际局势以及战争的可能性等问题。几人于 7 月写出《对战争形势的初步估计》，认为"在可以预见的时期内，美帝、苏修单独或联合发动大规模侵华战争的可能性都还不大"。报告上送周恩来转呈毛泽东。

鉴于中苏形势的发展，10 月，党中央决定进行战备疏散。叶剑英被疏散到湖南，先在长沙，后辗转于岳阳、湘潭等地。这次疏散，叶剑英在湖南待了 300 多天。尽管长时间在湖南，叶剑英还是军委副主席。

> "文革"期间不少人被打倒了，他（叶剑英——引者注）是被半打倒，军委副主席始终没有撤。[①]

1970 年 7 月，毛泽东等人决定召开党的九届二中全会。叶剑英被召回北京。

> 8 月 23 日，中共九届二中全会在庐山召开。叶剑英同中央其他领导人于 8 月 20 日飞上庐山，参加会议。毛泽东主持会议。会上，林彪、陈伯达一伙早有预谋，搞突然袭击，抛出"称天才"的材料，坚持设国家主席，迫不及待地进行抢班夺权。当即受到毛泽东、周恩来以及与会多数同志的揭发批判。叶剑英坚定地站在毛

---

①张素华、边彦军、吴晓梅编著：《说不尽的毛泽东——百位名人学者访谈录》（下），辽宁人民出版社、中央文献出版社 1995 年版，第 614 页。

泽东一边，保持清醒的头脑，旗帜鲜明，实事求是地与林彪、陈伯达进行斗争。

中共中央宣布对陈伯达进行审查。①

晚年叶剑英

叶剑英回到毛泽东身边，立即就被启用了。

林彪、陈伯达的阴谋败露以后，毛泽东对叶剑英更加信赖，更加倚重了。这是有目共睹的。1970年庐山会议以后，开展“批陈整风”运动，许多重要工作，如揭露陈伯达的反革命面目，毛泽东和周恩来就交给叶剑英去办。②

这是毛泽东对叶剑英的重用。

会议结束后，毛泽东在庐山住地同周恩来、叶剑英连日研究“批陈”问题，确定逐步开展“批陈整风”运动，并把调查陈伯达反革命历史和政治面目的任务当面交给周、叶。③

①《叶剑英传》编写组：《叶剑英传》，当代中国出版社1995年版，第602页。
②张素华、边彦军、吴晓梅编著：《说不尽的毛泽东——百位名人学者访谈录》(下)，辽宁人民出版社、中央文献出版社1995年版，第616页。
③《叶剑英传》编写组：《叶剑英传》，当代中国出版社1995年版，第602页。

面对毛泽东交给的任务,叶剑英是什么态度呢?负责接待叶剑英和工作组的人员回忆:

他每天工作到深夜,直到第二天凌晨一两点钟才休息,天天如此,从不例外。叶帅为了完成毛主席、周总理委托他的任务,亲自掌握第一手材料,亲自同有关人员谈话,一谈就是好几个小时。

叶帅带来的工作组的同志们,担心叶帅过于劳累,身体吃不消,提出来由他们去同有关人员谈话,让叶帅休息。但叶帅不同意。他认为应该由他亲自谈话,不管多累,都要参加,有的调查对象虽然职位不高,他也亲自谈话。

叶帅自己动手写材料。我亲眼看见,凡是给毛主席、周总理的重要工作报告和信件,都由叶帅自己动手写,从不让秘书代笔。①

但是,庐山会议的事情还没有结束。在九届二中全会上,林彪与陈伯达等人进行阴谋活动,毛泽东只处理了陈伯达,保护了林彪等人。可是,林彪并没有就此罢休,最终导致 1971 年 9 月发生了九一三事件。之后,军委办事组的黄永胜、吴法宪等人手忙脚乱,忙着销毁证据,并且拒不交代问题。9月 24 日,党中央命令黄永胜、吴法宪等人离职反省,同时决定由军委副主席叶剑英主持中央军委的日常工作。

由叶剑英主持中央军委的日常工作,这是毛泽东的决定。

1971 年九一三事件后,毛泽东首先想到的是叶剑英,由叶帅主持中央军委日常工作。②

①马浩:《叶剑英同志二三事》,《羊城晚报》1986 年 11 月 9 日。

②张素华、边彦军、吴晓梅编著:《说不尽的毛泽东——百位名人学者访谈录》(下),辽宁人民出版社、中央文献出版社 1995 年版,第 616 页。

虽然在军委办事组之前,也是叶剑英主持中央军委日常工作,但这次与以前完全不一样了:一是叶剑英已是74岁的人,且是临危受命;二是他已经好几年没主持军委的日常工作了。但是,在宣布叶剑英主持中央军委日常工作后,10月3日,党中央又做出决定:撤销军委办事组,成立由叶剑英领导的军委办公会议,在中央军委领导下,负责处理军委日常工作。

此时军委副主席尚有徐向前、聂荣臻等人,毛泽东赋予叶剑英重任,叶剑英深感毛泽东信任的同时,感到责任十分重大。

> 叶剑英接受任务后,给毛泽东写了一个报告,在报告的末尾他吐露自己的心声说:令我主持军委日常工作,我十分感戴主席的信任,但十分害怕工作做不好,误了大事。他表示自己要努力学习,努力工作,希望毛主席、周总理及各位政治局委员能经常对军委工作作出指示,提出意见,以便使工作少出差错。他请求毛主席有时间请赐一见,得到指示以利工作。①

毛泽东看到这个报告后“马上接见了他”。

这个“马上”是什么时候?不是几天之后,而是当天。

毛泽东当天召见叶剑英和军委办公会议成员谈话。在谈话中,他就军委工作做出了不少重要的指示,以供叶剑英等人具体执行。

与此同时,毛泽东为叶剑英等人所谓的“二月逆流”进行了平反。

> 林彪事件给毛泽东精神上的打击是沉重的。他开始进行审视和反思,并在一些场合进行一定程度的自我批评,为一些人恢复名誉和工作。11月14日,毛泽东在接见成都地区座谈会人员时,

---

①张素华、边彦军、吴晓梅编著:《说不尽的毛泽东——百位名人学者访谈录》(下),辽宁人民出版社、中央文献出版社1995年版,第616页。

当着叶剑英的面对大家说:“你们再不要讲他们‘二月逆流’了。‘二月逆流’是什么性质? 是他们对付林彪、陈伯达,王(力)、关(锋)、戚(本禹)。”“大闹怀仁堂嘛! 缺点是有的,吵一下也是可以的。同我讲就好了。那时候我们也搞不清楚。”1972 年 1 月 6 日,毛泽东在同周恩来、叶剑英谈话时又表示:现已证明根本不存在“二月逆流”,今后不要再讲“二月逆流”了。①

就这样,叶剑英成为了中央军委的领班人。

1973 年 8 月,党的十大在北京召开,叶剑英当选中央委员,在随后的十届一中全会上,当选为中央政治局委员,并被选为党中央副主席,在五名副主席中排名第四。在毛泽东日益病重的情况下,叶剑英成为了解放军的实际最高领导人。

7.“毛主席是很伟大的。不论过去和现在,我们都仰仗毛主席!”

范硕在谈到叶剑英与毛泽东的感情时说:

当然谈到革命领袖之间的关系、毛泽东和叶剑英之间的关系,不能只限于感情。感情是友谊的基础。但这种感情经过升华,达到理性的高度,才更为可贵。他们在长达半个多世纪的交往中,彼此间,经过长期的观察和理解,使感性的认识达到理性认识,因

①袁小伦:《毛泽东、邓小平之间看叶帅》,《党史纵览》2006 年第 12 期。

而使革命友谊建立在更加牢固的基础之上。从叶剑英这一边来看，就我所知，他对毛泽东的为人和才智是十分敬佩的，非常爱戴这位中国人民的伟大领袖。

这是符合历史事实的。

叶剑英对毛泽东的敬仰、爱戴是理性的，是冷静的，所以经得起考验。

回顾毛泽东和叶剑英的关系，的确不一般，他们既是志同道合的革命战友，又是诗友，叶剑英对毛泽东心悦诚服，始终尊其为导师、领袖，毛泽东对叶剑英也是很信任，很尊重，彼此建立了深厚的友谊。①

毛泽东和叶剑英的这份情感一直持续到他们的晚年。

党的十大以后，毛泽东提出开展“批林批孔”运动，随即这场运动在全国展开。这时由于一些干部子女在招工、当兵、上大学“走后门”现象严重，带坏了社会风气，于是，一时间，全社会参军、入学、招工、病退回城要“走后门”，连看电影，买自行车、手表等紧俏商品也要“走后门”。可是，在批“走后门”风时，叶剑英受到了江青等人的冲击。

时在福建部队军校学习的叶剑英的女儿叶文珊回忆：

1974 年，“四人帮”加紧了篡党夺权的步伐，又搞了所谓“批林批孔”运动，把矛头指向了周总理和爸爸。元月 25 日在体育馆召

---

①张素华、边彦军、吴晓梅编著：《说不尽的毛泽东——百位名人学者访谈录》（下），辽宁人民出版社、中央文献出版社 1995 年版，第 620 页。

开的“批林批孔”动员大会上，江青突然发难说:“要叶剑英的女儿响应号召，到下边去劳动改造”。这样我不得不中断学习，去福建的一个农场劳动。①

叶剑英和儿女们在一起

正是这次大会上,在毛泽东身边工作的迟群和谢静宜也公开点了叶剑英的名字。

江青等人先后为此三次公开批评叶剑英:

> 1974年1月24日、25日,江青、王洪文在军队系统、党中央和国务院系统先后召开两次“批林批孔”万人动员大会,接着在中央政治局会议上,江青又打着“批林批孔”的旗号,借某些领导干部子弟当兵问题,点名批评叶剑英。②

①文珊:《无字的枫叶》,《萦思录——怀念叶剑英》,人民出版社1987年版,第265—266页。

②张素华、边彦军、吴晓梅编著:《说不尽的毛泽东——百位名人学者访谈录》(下),辽宁人民出版社、中央文献出版社1995年版,第617页。

其中,中央政治局会议的情况是这样:

1月27日晚,中央政治局召集解放军总政治部和军队宣传系统负责人开会。到会的有周恩来、叶剑英、康生、张春桥、江青、姚文元、汪东兴等领导人。

江青看着坐在她右侧的叶剑英,突然吊起嗓门大声问:“剑英啊,听说你有个儿子在空军,是不是走了后门啊?”叶剑英没有答话。①

叶剑英受到江青等人的冲击后,没有与他们发生面对面的冲突。

对于此事的回击,叶剑英采取了巧妙的方式。1月30日,他直接写信给毛泽东,进行自我批评。②

在这个“自我批评”中,叶剑英“表示接受江青等人在‘批林批孔’运动中对他的‘帮助’”。③ 之所以说“巧妙”,一是叶剑英在时间上没有拖延,几日之内就向党中央和毛泽东进行自我批评;二是以认错的方式进行,于是就完全化被动为主动。因此,也获得了毛泽东的支持。

2月15日,毛泽东在叶剑英的信上批示:

剑英同志:

此事关系甚大,从支部到北京牵涉几百万人,开后门的有好

①顾保孜:《最后七年风雨路》,人民文学出版社2010年版,第211页。

②张素华、边彦军、吴晓梅编著:《说不尽的毛泽东——百位名人学者访谈录》(下),辽宁人民出版社、中央文献出版社1995年版,第617页。

③《叶剑英传》编写组:《叶剑英传》,当代中国出版社1995年版,第622页。

人,从前门来的也有坏人。现在形而上学猖獗,片面性。批林批孔,又夹着走后门,有可能冲淡批林批孔。小谢、迟群讲话有缺点,不宜向下发。我的意见如此。[①]

毛泽东的批示使得江青等人对叶剑英的下一步行动戛然而止:

> 毛主席批示后,把批林批孔大会的录音收回了,制止了江青等在全国播放“一二五”大会录音的阴谋活动。[②]

2月20日,党中央根据毛泽东的意见发出通知,提出领导干部送子女参军、入学问题放在“批林批孔”运动后期解决。这引起了张春桥的不满。

> 张春桥因此发难,说叶剑英利用打报告,写检讨来告状是一大发明。[③]

可是毛泽东已经发话了,江青、张春桥等人再也无能无力了。

在这次批“走后门风”中,毛泽东在江青和叶剑英之间选择了支持叶剑英,除担心批“走后门”冲淡“批林批孔”运动外,更多的是对叶剑英的信任。范硕后来说:

> 从这件事我们可以看出,当时一方面江青一伙的干扰很大,

---

①《叶剑英传》编写组:《叶剑英传》,当代中国出版社1995年版,第622页。

②张素华、边彦军、吴晓梅编著:《说不尽的毛泽东——百位名人学者访谈录》(下),辽宁人民出版社、中央文献出版社1995年版,第617页。

③张素华、边彦军、吴晓梅编著:《说不尽的毛泽东——百位名人学者访谈录》(下),辽宁人民出版社、中央文献出版社1995年版,第617页。

一方面表明毛泽东对叶剑英还是很信任的。

1975年初,邓小平开始领导对各项工作进行全面整顿,叶剑英与他一起对军队进行整顿,调整人事。为此,叶剑英时常向毛泽东汇报,并参加毛泽东主持的会议。

> 1975年5月3日,中央政治局开会,毛泽东从外地刚回北京,谈到“长沙水”“武昌鱼”和孙权搬家南京的典故,突然想起辛弃疾《南乡子·登京口北固亭有怀》那首词,问叶帅你还记得那首词吗?叶帅当场念道:“何处望神州?满眼风光北固楼。千古兴亡多少事,悠悠,不尽长江滚滚流。年少万兜鍪,坐断江南战未休。天下英雄谁敌手? 曹刘,生子当如孙仲谋。”毛泽东很满意,当着大家的面说,此人有文化。然后改读辛词道:“天下英雄谁敌手,曹刘,当今惜无孙仲谋。”他指着叶剑英,继续说:“他看不起吴法宪。黄吴李邱不是曹刘,刘是刘震,曹是曹里怀,就是吴法宪不行。”①

这是毛泽东生前最后一次主持中央政治局会议。② 毛泽东叫叶剑英背诵和那一番话,是对叶剑英的褒彰:

> 这里,毛主席不仅赞赏叶帅的诗才,而且更重要的是表扬他与林彪、“四人帮”斗争的坚定性。③

---

①张素华、边彦军、吴晓梅编著:《说不尽的毛泽东——百位名人学者访谈录》(下),辽宁人民出版社、中央文献出版社1995年版,第619—620页。

②陈晋:《毛泽东看叶剑英的“大关节”》,《党的文献》2008年第2期。

③张素华、边彦军、吴晓梅编著:《说不尽的毛泽东——百位名人学者访谈录》(下),辽宁人民出版社、中央文献出版社1995年版,第620页。

然而，叶剑英与邓小平进行的全面整顿工作，是要去否定“文化大革命”。这便触及了毛泽东对“文化大革命”要“三七开”的底线。1975年底，随着“反击右倾翻案风”开始，全面整顿的工作陷入停顿状态，叶剑英与邓小平实际上被解除了工作。①

叶剑英在20世纪70年代

1976年2月2日，党中央发出一号文件，确定由华国锋任国务院代总理，并附通知：在叶剑英生病期间，由陈锡联负责主持中央军委的工作。

但是，叶剑英“靠边站”后，并没有休息。这时王震受邓小平、陈云等人之托，“串门子”，与叶剑英等人暗中商量对江青、王洪文等人采取行动。

4月初，以悼念周恩来为主题的四五运动爆发，叶剑英亲自去广场，暗中观察事态的发展。

在双方较量进入白热化的时候，病重的毛泽东越来越虚弱了。9月8日，他进入了弥留状态。中央政治局委员前去病榻前看望毛泽东。于是，发生后来传说的“毛泽东临终托孤”的事情。

---

①《叶剑英传》编写组：《叶剑英传》，当代中国出版社1995年版，第632页。

毛主席弥留之际，叶帅和其他政治局委员列队到他病榻前，与他诀别。毛主席看到叶帅突然睁大眼睛，想说什么。叶帅当时泪眼模糊，没有察觉。待他走出后，毛主席又忽然意识清醒，以手相招。护士见此情景，马上跑到休息室找到叶帅说："首长，主席招呼您呢！"叶帅返身回去，只见毛主席睁开双眼，嘴唇微微翕动，只是说不出来，叶帅握着他的手，又急又悲，陷入沉思。他后来告诉我们说，主席一定还要交代什么事情，为什么特意招呼我呢？叶帅想了很多，心情很沉重。①

这个流传甚广的毛泽东临终前招呼叶剑英的传说是真实的事实。毛泽东是不是"托孤"，无人知道。

这件传奇式的病榻诀别佳话，不是可从另一方面说明，两位老一辈革命家的相依之重，相知之深吗？我想，这确实是一种特殊的深情厚谊。②

9 月 9 日，毛泽东去世。次日，中共中央对外公布毛泽东治丧委员会，叶剑英名列华国锋、王洪文之后，排名第三。随后，他参加了毛泽东治丧的一系列活动。

然而，在毛泽东去世后，江青、王洪文等人与华国锋、叶剑英等人围绕中央最高权力的矛盾更加激化。叶剑英便果断决定对"四人帮"等人采取强制措施。10 月 6 日晚，叶剑英亲自来到中南海坐镇，和华国锋、汪东兴

①张素华、边彦军、吴晓梅编著：《说不尽的毛泽东——百位名人学者访谈录》（下），辽宁人民出版社、中央文献出版社 1995 年版，第 618 页。

②张素华、边彦军、吴晓梅编著：《说不尽的毛泽东——百位名人学者访谈录》（下），辽宁人民出版社、中央文献出版社 1995 年版，第 618 页。

等人先发制人，逮捕王洪文、张春桥、江青和姚文元等人。

逮捕"四人帮"是叶剑英提议的，华国锋后来说：

叶剑英元帅

> 叶副主席同"四人帮"斗争是很坚决的。他找到我那儿，和我商量，他说，我们和"四人帮"的斗争是你死我活的斗争。在那段时间里，我和政治局不少同志都进行了接触，进行过酝酿。①

也就是说，在叶剑英的劝说下，华国锋接受了逮捕"四人帮"的建议，并且开始行动。叶剑英是粉碎"四人帮"中起决定性的人物，由此也奠定了他在毛泽东去世后在党中央的地位。

粉碎"四人帮"之后，叶剑英再请邓小平复出，反对"两个凡是"，并开始拨乱反正工作，成为共和国航向的掌舵人之一。1978年春，叶剑英当选第五届全国人大委员长。

斗转星移。在晚年，叶剑英对毛泽东的情感不仅没有改变，反而弥久愈新。这个时期和叶剑英接触较多的范硕回忆说：

> 70年代末80年代初，社会上曾掀起一段"非毛化"浪潮，从我

---

①《叶剑英传》编写组：《叶剑英传》，当代中国出版社1995年版，第645页。

> 们和叶帅接触所了解的情况看,在对待毛泽东问题上,他态度非常鲜明,从来没有动摇过对毛泽东的信仰。[①]

毛泽东去世了,但是叶剑英对毛泽东本人和毛泽东思想的信仰没有改变,并且愈发坚定。范硕回忆叶剑英85岁生日这一天发生的事情:

> 1982年4月16日,他85岁诞辰,我们传记组的同志去给他祝寿,并写了诗词作为祝文,念给他听,祝他老人家健康长寿。他听了很激动也很高兴,讲了很长一段话,基本意思是:我很惭愧,没做多少事,我是打杂的。如果不跟毛主席,我很平庸,在南洋做做生意呀!在家里教教书呀!所以说历史是偶然的。一想到毛主席一生,我就伤心。说到这里,他流了泪。他自吟《八十书怀》的诗句:"导师创业垂千古,侪辈跟随愧望尘。"然后说,这是我对毛主席的评价。有人批评毛主席,不能说他一无是处,还是我常讲的,如果没有毛主席,就没有中国现在的状况,中国现在还在黑暗中徘徊。我们中央开会,还要上法租界、英租界呢!他回顾党和军队的历史,说不能因为毛主席晚年犯了些错误,就否定他。毛主席是很伟大的。不论过去和现在,我们都仰仗毛主席!他说得很动情,最后唏嘘呜咽,说不下去了。

---

①张素华、边彦军、吴晓梅编著:《说不尽的毛泽东——百位名人学者访谈录》(下),辽宁人民出版社、中央文献出版社1995年版,第604页。

作为叶剑英晚年生活的见证人,范硕说:“叶帅给我的印象,只要谈到毛泽东、周恩来,多数时间他都要流泪,他对毛泽东的感情非常深。”①

这大概就是叶剑英对于领袖们的情感吧。

在自己85岁高龄的生日之时，叶剑英感慨不已，但他想到的不是别的,而是自己无比怀念且称之为导师的毛泽东。这确实不是一般人所能理解的情感。叶毛之情也由此可见。

①张素华、边彦军、吴晓梅编著:《说不尽的毛泽东——百位名人学者访谈录》(下),辽宁人民出版社、中央文献出版社1995年版,第605页。